REVELAÇÕES INÉDITAS
da História do Brasil

ROSELIS VON SASS

REVELAÇÕES INÉDITAS
da História do Brasil

7ª edição
(Atualizada com a Nova Ortografia da Língua Portuguesa)

ORDEM DO GRAAL NA TERRA

Editado pela:
ORDEM DO GRAAL NA TERRA
Caixa Postal 128
06803-971 – Embu – São Paulo – Brasil
www.graal.org.br

1ª edição: 1973
7ª edição: 2010
(Atualizada com a Nova Ortografia da Língua Portuguesa)

Dados Internacionais de Catalogação na Publicação (CIP)
(Câmara Brasileira do Livro, SP, Brasil)

S264r
7ª ed

Sass, Roselis von, 1906–1997
   Revelações inéditas da história do Brasil, 7ª ed., revisada /
Roselis von Sass. – Embu, SP : Ordem do Graal na Terra, 2010.

ISBN 978-85-7279-112-0

   1. Enigmas 2. Índios – Brasil – Religião e mitologia
   I. Título   **CDD-001.94**
73-0512   **-299.81**

Índices para catálogo sistemático:

1. Brasil : Índios : Mitologia 299.8
2. Enigmas : Conhecimento controvertido e suposto 001.94
3. Índios : Brasil : Mitologia 299.8
4. Mitologia indígena : Brasil 299.8

Direitos autorais: ORDEM DO GRAAL NA TERRA
Registrados sob nº 20.420 na Biblioteca Nacional
Impresso no Brasil

10   9   8   7   6   5   4   3   2   1

"Atrás de cada acontecimento está uma vontade superior! Uma sábia previsão e uma condução firme! Não existem acasos."

Roselis von Sass

"REMOVER O MAL E CRIAR UMA VIDA NOVA, ALEGRE E RICA NOS PAÍSES DE ALÉM-MAR É UMA MISSÃO INCISIVA. TAL OBRA É DE CARÁTER REVOLVENTE, PORQUE ATINGIRÁ, EM SUAS CONSEQUÊNCIAS, *TODOS* OS POVOS DA TERRA, DE MODO BENEFICIADOR E SANEADOR, E ATÉ FELIZ!"

Abdruschin
"NA LUZ DA VERDADE"
(Beleza dos Povos, vol. 3)

INTRODUÇÃO

O Brasil sempre esteve sob uma proteção especial, pois foi escolhido outrora para servir como ponto de ancoragem da Verdade na época do Juízo.

Dos primeiros habitantes vindos ao Brasil de uma região dos Andes, há muitos milênios, nada mais se sabe hoje. Esses seres humanos descendiam também do povo do Sol, tal como os demais que haviam se estabelecido em tempos remotos na América do Sul. O "berço" da raça do povo do Sol * se encontrava outrora num país que ligava a África com o continente sul-americano. Hoje, essas terras estão cobertas pelo mar.

Tupan-an era como se chamava o grande espírito protetor do escolhido país Brasil. Os componentes do povo do Sol, que viviam aqui já antes da submersão da Atlântida, sentiam-se, através do amor que tinham por tudo quanto era criado, tão ligados a esse grande protetor, que eles próprios se denominavam "tupanos".

Os tupanos eram sadios, belos e ligados à Luz. A força espiritual que irradiava das suas almas puras e sem máculas aumentava o brilho do país escolhido, preparando ao mesmo tempo o solo para os acontecimentos vindouros.

Nesse tempo longínquo, o Brasil era chamado "o país que se situa no lado da felicidade da vida". O país que se situa no lado da felicidade da vida! Essa expressão já há muito não mais corresponde à verdade. O Brasil assemelha-se cada vez mais a outros países, cujos povos já há muito se encontram no lado sombrio da vida. Pois aqui também os caminhos dos seres humanos, com poucas exceções, não mais conduzem ao encontro da Luz.

---
* Vide livro: "OS PRIMEIROS SERES HUMANOS", da mesma autora.

Relativamente são poucas as pessoas ainda capazes de assimilar algo que vai além do tão estreitado intelecto. Entre essas poucas pessoas encontram-se tupanos e guaranis, que outrora viveram no país, estando agora novamente encarnados aqui. São os melhores do povo! Para essas pessoas foi escrito o presente livro! Pois nelas ainda vive, consciente ou inconscientemente, o anseio por verdadeiro saber espiritual, igualmente o mesmo amor protetor à natureza ainda está vivo nos seus corações. Que essas pessoas, agora no Juízo, reconheçam a Luz da Verdade, para que ela lhes ilumine o caminho à almejada pátria espiritual!

DA HISTÓRIA DOS ANTIGOS POVOS DO BRASIL

Os leitores que se interessam pela história dos antigos povos do Brasil precisam saber o seguinte:
Todos os povos que habitavam as Américas do Sul e Central em épocas passadas descenderam da mesma raça humana. Da raça humana que se desenvolveu outrora no país do Sol, "Ophir". Essa terra, já há muito desaparecida, situava-se entre a África e a América do Sul, ligando entre si ambos os continentes.

As criaturas humanas que viviam no país do Sol, Ophir, foram conduzidas antes do soçobro da sua pátria a diversas regiões muito afastadas, onde fixaram residência, continuando a desenvolver-se.

Todos se denominavam: "povo do Sol, filhos do Sol, criaturas do Sol e também filhos do Sol e da Terra" e eles eram orgulhosos de poderem chamar-se assim.

O nome "índio", com o qual todos os descendentes dos povos do Sol são hoje designados, originou-se de Colombo. Ele descobriu a América do Norte, supondo, porém, erroneamente ter desembarcado na Índia... chamando por isso de "índios" os seres humanos que ali encontrou...

Os portugueses, que depois de Colombo descobriram o Brasil, adotaram essa denominação e utilizaram-na irresponsavelmente para os povos que se encontravam aqui...

O Brasil não possuiu sempre a mesma forma por nós hoje conhecida. Braços de mar que adentravam a terra, lagos e rios dividiam o país em várias partes, dando-lhe o aspecto de um arquipélago. Somente as últimas transformações terrestres, ligadas ao afundamento da Atlântida e as ocorridas no hemisfério sul, provocando também uma modificação da circulação das águas na Terra, alteraram esse aspecto.

Os braços de mar, os lagos – em parte de água salgada – desapareceram. Desapareceram também alguns rios, enquanto outros alteraram seus cursos, transformando-se em caudalosas e volumosas correntes de água... O país fechou-se num todo, recebendo a forma que hoje conhecemos. Podia-se denominar esse acontecimento, ocorrido há muitos milhares de anos, de "o nascimento do Brasil"!

Naquele tempo viviam no Brasil seres humanos estreitamente ligados aos entes da natureza e cujos espíritos puros tinham condições de receber vibrações mais elevadas da Luz. Tratava-se de seres humanos sadios e belos, de olhos de cor castanho-dourado e pele igualmente dessa cor, com vislumbre vermelho. Eles chamavam-se filhos do pai-Sol e da mãe-Terra, pois a Terra que habitavam era para eles transitoriamente pátria, e o Sol proporcionava-lhes a luz e o calor de que necessitavam para sua existência terrenal.

Esse povo, em épocas remotas, teve de percorrer um longo caminho até chegar ao país de seu destino: o país que hoje conhecemos como Brasil. Eram mais ou menos seiscentas pessoas que se separaram de uma tribo principal, numa região dos Andes. Fizeram isso por ordem de um "amauta", um dos espíritos que, de regiões situadas fora do mundo terreno, determinavam, naquele longínquo tempo, os caminhos dos seres humanos. O chefe do grupo chamava-se Manco Capac. Ele guiou os seus através de altas elevações e profundos despenhadeiros, pois muitas vezes tinham de contornar vulcões fumegantes, bem como atravessar florestas pantanosas... Contudo, os peregrinadores eram bem-humorados, alegrando-se infantilmente com todo o novo que vivenciavam. Chegaram ao seu destino, domiciliando-se em meio a uma maravilhosa paisagem que se tornaria a sua pátria... No país de Tupan-an, Brasil!

Muitos milênios depois, um outro homem saía da mesma região dos Andes, o qual também tinha o nome de Manco Capac. Ele saiu com um grupo de pessoas, porém conduziu-as em direção diferente que a do seu desconhecido antepassado. Esse segundo Manco Capac é considerado, na História, como o fundador do reino inca! Isso, contudo, não corresponde à verdade! Manco Capac foi o fundador de outro reino. O reino dos tiahuanacos! Os incas, que se originaram da mesma raça, chegaram ao domínio somente depois da decadência da cultura tiahuanaco.

Os sucessores de Manco Capac, que viviam no Brasil quando o país se constituiu em um continente firme, eram governados por um homem muito sábio e que via e ouvia mais do que outros seres humanos. Ele era considerado um dos espíritos que chegavam, de tempos em tempos à Terra, a fim de "alimentar" os seres humanos com sabedoria e de revelar-lhes segredos do supremo reino da Luz. Dizia-se que tais espíritos extraordinários se encarnavam apenas mui raras vezes na Terra.

A mulher que vivia ao seu lado e com quem tivera duas filhas superava-o ainda em sabedoria, pois as suas capacidades espirituais alcançavam mais longe do que as dele.

O homem chamava-se Akário e a mulher Maira!

Certo dia, Maira, sentada diante do tear, escutou um chamado. Esse chamado tinha um som todo especial e provocou um forte tinir na cabeça e nos ouvidos dela. Antes que pudesse pensar mais sobre isso, escutou as palavras que lhe eram dirigidas:

"Maira! Eu sou Tupan-an, o protetor do país que se tornou vossa pátria! Sagrados são o país e o solo onde caminhais! Escolhida foi esta parte da Terra! Escolhida! Daqui deverá, um dia, quando a hora soar, ecoar a voz que contém em si vida e Luz, alcançando distâncias longínquas!"

No mesmo momento em que Maira recebia essa mensagem, tornou-se-lhe visível de relance uma gigantesca figura que reluzia metalicamente e que desapareceu logo a seguir. Ela pôde ver por um tempo mais longo apenas os olhos que resplandeciam como fogo e que pareciam perpassá-la.

Antes que Maira pudesse formular um pensamento, já ouviu novamente a voz de Tupan-an:

"Estais vivendo no país que foi escolhido para ser um país da sabedoria. Vossa tribo deverá tornar-se grande e forte, expandindo-se em todas as direções! Contudo, sempre deveis lembrar-vos de que o mundo onde vos é permitido viver é propriedade do onipotente Criador! Cada árvore, cada pedra, cada flor, cada animal, qualquer água, cada raio de sol e cada sopro de ar que aspirais, originaram-se da força criadora Dele! Guardareis com fidelidade a propriedade do Criador, conservando-a pura. Vosso anseio em direção à Luz e vosso amor aos entes da natureza são a melhor garantia para isso! Grava tudo o que recebeste em teu espírito, pois deverá tornar-se consciente em ti novamente, quando em época posterior reencarnares no país escolhido!"

Tupan-an havia transmitido a sua mensagem, afastando-se. Maíra ficou sentada, silenciosa e aguardando, não ouvindo mais nada, procurou Akário para contar-lhe o que vivenciara.

Akário aceitou tudo confiantemente. Com referência ao fato de ser "escolhido", nem ele nem ela podiam formar um conceito definido. Contudo intuíram nitidamente que isso se referia a um grande acontecimento... Ambos alegraram-se de todo o coração de o país, que era a sua pátria, ter um protetor tão poderoso...

Poucos dias mais tarde, Akário convocou toda a tribo, e Maíra repetiu fielmente a mensagem de Tupan-an... Todo o saber era propriedade comum e tinha de ser retransmitido...

Todos da tribo haviam recebido com grande alegria a mensagem de Tupan-an. A fim de honrar o grande protetor do país, dessa data em diante eles chamaram sua pátria terrenal de "o mundo de Tupan-an" ou "o país de Tupan-an"! Eles próprios denominaram-se "tupanos"! Acharam adequado chamarem-se assim, uma vez que se consideravam auxiliares dele...*

O povo tupano tornou-se grande e forte. Felicidade e paz habitavam entre eles. Muitos descendentes separaram-se da tribo

---

* Milênios depois, na época colonial, a palavra "Tupána" era usada como designação do Deus dos cristãos.

principal, domiciliando-se em outras regiões do país. Assim surgiram tribos grandes, das quais, de tempos em tempos, vários grupos se afastavam, a fim de iniciar uma nova vida em outras regiões.

A mulher ocupava nos povos tupanos, bem como posteriormente em todos os descendentes, uma posição de liderança. Isto é, "a sua palavra era ouvida". Era amada e venerada e consideravam-na um ser superior.

As meninas viviam, até o seu amadurecimento, junto da mãe numa casa, onde nem o pai nem os irmãos podiam entrar. Era um costume mantido por muitos povos antigos.

Os moços construíam para si, tão logo se tornavam aptos a casar, uma espaçosa cabana, composta de troncos de árvores novas, onde viviam sozinhos até se casarem. Eles enfeitavam as paredes dessas cabanas com esteiras coloridas, cobrindo também o piso com grossas esteiras.

A posição destacada assumida pela mulher nos antigos povos do Brasil patenteava-se também na escolha do marido. A iniciativa não era do homem, mas, sim, dela. A moça apta a casar, escolhia o homem com quem queria passar a sua vida. Para essa finalidade, ela dirigia-se à cabana do homem, oferecendo-lhe uma tigelinha de comida. Se o homem aceitasse a tigelinha e comesse o alimento, nada mais impedia a concretização do matrimônio. Não havia um tempo de noivado. Esse costume era totalmente desconhecido. Surgiu somente sob a influência da Igreja Católica.

A cerimônia do casamento era muito simples. Realizava-se sob a lua cheia, nas primeiras horas do anoitecer. Além dos noivos participavam somente os pais de ambos.

A noiva tinha, em lugar da usual testeira,[*] uma grinalda de flores. A larga faixa, toscamente tecida, que protegia seu peito, também era enfeitada com flores. A testeira do homem consistia em dois cordões de grandes sementes vermelhas. As saias usadas por ambos, e que iam até os joelhos, eram tingidas de vermelho vivo. Esse vermelho era usado somente em ocasiões especiais. Normalmente essas saias eram tingidas de marrom, azul ou verde.

---

[*] Estreita tira de tecido colorido utilizada na testa. Os índios americanos ainda a usam hoje.

No dia previsto ao anoitecer, a noiva dirigia-se com os pais à casa de seu escolhido. Contudo, ela não entrava na casa, mas sim dirigia-se logo até o lugar do fogo, situado no pátio, acendendo os galhos ali empilhados pelo noivo. Quando o fogo estava aceso e a fumaça aromática se elevava, a mãe de um deles evocava as "anyaias",* pedindo-lhes que protegessem o novo lar.

A seguir a noiva e o noivo davam-se as mãos por sobre o fogo, e a noiva prometia jamais deixar esfriar a chama que teria de aquecer seu novo lar. O noivo, por sua vez, prometia que nunca deixaria de alimentar a chama, conservando-a viva. Depois de ambos terem pronunciado as suas promessas, o pai do noivo entregava à noiva uma cesta com frutas. O pai da noiva presenteava o novo genro com uma lança e uma cesta de fibra para pescar.

Os tupanos tinham poucos filhos. Era uma raridade crescer em uma família mais de duas crianças. Eles consideravam filhos como hóspedes e eram de opinião que mais de dois não se sentiriam bem junto deles.

Igual a outros povos antigos, os tupanos também sabiam que cada ser humano reencarnava várias vezes na Terra. Por isso eles não poupavam nenhum esforço em educar direito os filhos. Pois os espíritos deles tinham vindo para aprender e adquirir mais conhecimentos, conhecimentos que poderiam precisar numa vida terrenal posterior...

Os tupanos e seus descendentes amavam, acima de tudo, o silêncio. Palavras altas ou gritaria jamais eram ouvidas. O ficar calado era-lhes, por assim dizer, inato. Sons humanos desarmoniosos eram considerados entre eles como uma ofensa para os seres da natureza, em cujo mundo lhes era permitido viver.

A primeira coisa por eles ensinada aos filhos era o respeito e consideração perante tudo o que se referisse à natureza...

As criaturas humanas daquele tempo possuíam um dom especial. Podiam expressar através do canto tudo o que se passava

---

* As anyaias eram os mesmos entes chamados pelos romanos de "larens", protetoras do fogo do lar.

em suas almas. Contudo, mesmo as canções, designadas por eles de "língua cantada", nunca eram muito altas. Tinham aprendido outrora a língua cantada, aliás, com os entes da natureza. E desde então ela ocupava um lugar importante em suas vidas.

Quando, por exemplo, os homens estavam planejando uma caçada, antes eles procuravam uma ligação com a grande protetora dos animais, com a maravilhosa Marabá. Uma ligação através de uma melodia, cujas ondas sonoras chegavam até ela. Por meio dessa melodia eles informavam-na de que sairiam para uma caçada, a fim de buscar a carne necessária à sua alimentação. Ao mesmo tempo asseguravam-lhe que os animais não sofreriam, pois as flechas, guiadas por mãos firmes, causariam uma morte rápida e sem dor...

Os tupanos possuíam um sistema de transmissão de notícias que funcionava com perfeição. Uma espécie de telegrafia sem fio. Para tal finalidade utilizavam-se também da língua cantada. Por meio de uma canção monótona e baixa, que produzia vibrações muito especiais, o "transmissor de notícias" efetuava uma ligação com o "receptor". Distâncias aí não tinham importância. Cada notícia emitida podia ser recebida por várias tribos, muitas vezes bem longe uma da outra. Pressuposto que entre eles houvesse alguém que possuísse tal capacidade.

Havia sempre apenas poucas pessoas capazes de emitir e receber notícias, pois tratava-se aí de um dom impossível de ser aprendido. Essas pessoas precisavam trazer consigo desde o berço as condições preliminares.

A posição de destaque que o canto ocupava entre os povos antigos do Brasil, em todos os tempos, pode-se deduzir das poucas linhas escritas milênios depois por Rocha Pombo em seu livro "História do Brasil", com relação aos "selvagens". Eis aqui:

"Para tratar das suas doenças, eles utilizavam, além de ervas e óleos, também a sarjadura... O estranho, porém, era que eles, além disso, se curavam ainda com música, cantos e até por sugestões..."

A vida dos tupanos era uma festa ininterrupta. Isso, contudo, não quer dizer que eles passavam a vida em inatividade. Pelo contrário! Eram seres humanos extraordinariamente ativos, ocupando-se integralmente desde o nascer até o pôr do sol.

A disposição festiva que reinava entre eles constantemente vinha do seu íntimo. Era a expressão das suas almas puras e dos seus espíritos livres! A jubilosa alegria de viver que tomava conta, literalmente, da sua existência, desde o nascimento até a morte, tinha origem no reino dos enteais! A alegria é o elemento de vida dos enteais. Ela é o agradecimento que oferecem ao onipotente Criador! Essa alegria irradia-se reciprocamente para todas as criaturas humanas ligadas aos enteais em amor!

Mesmo a morte tinha ainda algo de festivo entre os tupanos. Medo da morte era desconhecido. Eles eram isentos de culpas, e por isso também não temiam a vida depois da morte. A morte terrena era considerada como uma viagem. Como uma viagem para o "país dos montes azuis"! Eles compunham canções, nas quais glorificavam a beleza dos montes azuis e o perfume das flores azuis que ali cresciam.

Cada pessoa, quando ia morrer, recebia um aviso, alguns dias antes, de que o seu tempo de vida na Terra terminara. Isso acontecia de um modo todo singular. A respectiva pessoa ouvia em sonho desconhecidos e estranhos sons de pássaros, cujos ecos soavam como chamados em sua alma. Os próprios pássaros somente se tornavam visíveis um pouco depois. Eles pareciam-se com as corujas brancas, que voavam tão perto a sua volta, a ponto de roçar o rosto. No momento em que isso ocorria, a pessoa acordava. A vivência do sonho ainda estava clara e nitidamente diante dela. Os pássaros tinham-lhe trazido a notícia de que teria de se preparar para a viagem. Para a viagem ao país dos montes azuis...

A respectiva pessoa não perdia tempo. Organizava tudo o que ainda tivesse de ser posto em ordem, pois era curto o prazo que ainda lhe restava. Raras vezes passavam-se mais do que três dias...

Quando se tratava de homem, ele mesmo fazia a cova. Aliás, no local por ele escolhido. Morrendo uma mulher, então alguns homens preparavam a cova para ela. Ela mesma designava o local.

O falecido permanecia ainda, aproximadamente, um dia e uma noite na sua casa. Durante esse tempo cantavam-se canções, alternadamente. Essas versavam sobre o país das almas dos montes azuis, o reencontro com pessoas queridas, e a volta para a Terra... Cantava-se somente baixinho, a fim de não assustar a alma prestes a "viajar".

Enquanto o falecido jazia em casa, ardia um fogo diante dela, onde eram queimadas madeiras aromáticas.

Pouco antes do sepultamento, o corpo do morto era enrolado num pano marrom de tecedura tosca, sobre o qual estava deitado, e depois era levado em sua rede até o local determinado. Antes de ser colocado na cova, uma mulher depositava um pequeno tapete de flor, por ela confeccionado, sobre o rosto do falecido como proteção. Feito isso, a cova onde ele agora jazia era preenchida com terra.

Entre muitas tribos posteriores, esses pássaros eram considerados como "mensageiros" de almas presas ainda tão fortemente a algumas criaturas humanas terrenas, que não podiam encontrar o caminho para o país dos montes azuis.

Tal suposição, contudo, é errada. Os "númens" – assim eram chamados os pássaros que apareciam às pessoas pouco antes da morte – são também hoje ainda os acompanhantes das "rudas". Ruda é a denominação de uma espécie particularmente grande de enteais, cuja incumbência é ajudar as almas humanas falecidas a se libertarem dos corpos terrenos e dos corpos astrais ligados a estes. Os fios que ligam uma alma com os invólucros são de espécie enteal e também são tecidos por enteais nos nascimentos terrenos. É compreensível que também tenham de ser desligados por enteais.

Hoje tudo se tornou diferente. Nada ocorre assim como fora previsto nas leis da Criação. A maioria das almas humanas não mais pode ser libertada dos seus invólucros, depois do falecimento terreno. Continuam atadas aos seus invólucros, até que os fios de ligações se deteriorem ou sequem. Os fardos cármicos não mais permitem um desligamento normal.

Rocha Pombo menciona em "História do Brasil" um "ruda e seu séquito, os númens"! Erroneamente ele o designa como "uma divindade do amor! Insaciável e espalhando horror..." A tradição em que ele se baseou era provavelmente errada, pois em nenhuma parte houve um "deus do amor" com esse nome.

Manco Capac havia mudado junto com os seus, muito antes do descalabro da Atlântida, para o país de "Tupan-an", para o país escolhido – Brasil! Depois desse grande acontecimento da natureza, ele não mais poderia ter executado seu plano, pois já naquele tempo em que ele emigrou, havia sido difícil, muitas vezes, desviar-se dos vulcões fumegantes. Quando então a enorme cordilheira dos Andes se elevou, as Américas do Sul e Central, com exceção do Brasil, pareciam totalmente repletas de vulcões em atividade. Por toda a parte abriam-se abismos, e profundas fendas surgiam onde antes existia terra firme. Violentas ventanias, terremotos e maremotos abalavam a superfície terrestre. Tinha-se a impressão de que o mar iria dividir-se. E realmente dividiu-se, embora por curto tempo. Pois quando a Atlântida afundou, os Andes elevaram-se mais ainda e a parte da Terra onde o Brasil se situa conglomerou-se em uma terra firme. Ao mesmo tempo afundou um outro país, embora de menor extensão. Um país situado mais ou menos onde hoje se encontra a costa de Yucatán. Com ele desapareceu um povo que possuía uma cultura muito elevada...

Manco Capac, o homem do Sol, emigrara em tempo certo, alcançando também o país escolhido no tempo certo... Ele e os seus formaram a tribo básica, da qual se originaram os demais povos antigos que aqui viveram.

Akário e Maira, que viveram durante o tempo do afundamento da Atlântida no país por eles denominado país dos tupanos, nada perceberam das tragédias humanas que lá se desenrolavam. A única coisa que lhes chamou a atenção foram os enormes bandos de pássaros que passavam quase ininterruptamente por cima deles, terra adentro. Parecia como se todos os pássaros da Terra se concentrassem no país dos tupanos...

O povo guiado por Akário e Maira não conhecia nenhum pecado. Se alguém lhes tivesse dito que distante deles grandes povos tiveram que ser destruídos por causa dos seus pecados, eles não teriam compreendido. Viviam integralmente de acordo com as leis da natureza, e a Terra, consequentemente, era para eles um jardim do éden, onde não havia nada de mal.

Quando Akário e Maira faleceram, deixaram um povo onde reinavam amor e paz, e cuja sabedoria de vida superava em muito a humanidade de hoje.

A vida do Universo efetua-se ordenadamente de acordo com as imutáveis leis da natureza ou leis da Criação. O ser humano sempre e eternamente fica ligado a essas leis que expressam a vontade do onipotente Criador. Os tupanos integravam-se totalmente nas leis vigentes, no ritmo da vida, e recebiam com profunda gratidão as bênçãos da Luz...

Manco Capac, o descendente do povo do Sol que conduziu em tempos remotos um grupo de seres humanos da região dos Andes para o Brasil, reencarnou-se há cerca de 5000 anos novamente na Terra. Maira e Akário aqui estiveram em intervalos curtos de tempo. Os três haviam sido enviados mais uma vez para o país escolhido, a fim de cumprir uma determinada missão.

Os descendentes dos tupanos haviam se transformado em povos grandes e fortes, quando os três seres humanos escolhidos, Manco Capac, Maira e Akário encarnaram-se novamente entre eles. Naquele tempo esses povos já habitavam várias regiões do Brasil. No sul, no centro e na costa. Tão logo um dos povos se tornava grande demais, um ou vários grupos se separavam, fixando-se em outras regiões. Perto ou distante, eles mantinham contato entre si, pois eram todos da mesma origem, formando a grande comunidade do povo do Sol.

Nessa comunidade existiam pessoas que se diferenciavam um pouco das demais. Parecia como se não tivessem exclusivamente sangue tupano correndo nas veias. Algumas dentre essas tinham olhos azul-acinzentados ou também verdes, e os seus reluzentes cabelos negros eram levemente ondulados. A diferença não era tanto exterior, mas principalmente se expressava em todo o seu modo de ser. Nessas criaturas humanas surgira o sangue dos atlantes, vindos para o país há milênios... Elas formaram mais tarde as tribos dos guaranis.

Os tupis eram descendentes dos tupanos. A diferença consistia apenas no nome, pois eram os mesmos seres humanos.

Manco Capac, Maira e Akário (chamado desta vez "Mimondo") encarnaram-se num povo tupano que viveu nas cercanias do centro do Brasil.

Maira, que viveu novamente na Terra com o mesmo nome, certo dia, lembrou-se do espírito protetor do Brasil que lhe havia aparecido em tempos passados, numa outra vida terrena... A mensagem que recebera desse espírito, outrora, continuava ainda viva e límpida no povo. Nenhuma palavra se havia perdido, pois tudo o que vinha de espíritos superiores ou de entes da natureza era considerado intocável. Isto é, nenhuma palavra poderia ser tirada ou adicionada...

Pouco antes do nascimento de Mimondo, Maira e Manco Capac receberam mensagens que anunciavam acontecimentos em alturas inacessíveis. Essas mensagens vieram do mundo da Luz e do amor, onde estava ancorada a origem de todo o ser!

O espírito que lhes transmitiu as mensagens designava-se "mensageiro". Eles viram-no uma só vez. Contudo, sua voz foi ouvida por eles várias vezes. As palavras por eles assimiladas, quando ele falava às suas almas, ressoavam em suas mentes igual a um eco. Claras, nítidas e dominantes!

Essa aparição ficou-lhes inesquecível por toda a vida. O mensageiro parecia um dos seus, não obstante era diferente. Vestia a mesma saia vermelha até os joelhos, como eles. A parte superior do seu corpo era descoberta, a pele bronzeada e reluzente, e o rosto era jovem e belo. Tinha os olhos brilhantes como estrelas, os quais pareciam traspassar tudo. A testeira, que impedia que os cabelos lhe caíssem no rosto, era de ouro.

O diferente nele era o brilho extraterrenal que o circundava, e que parecia vir de dentro dele, fazendo parte dele mesmo...

Manco Capac, o umina*, olhou fixamente para a lança que o mensageiro segurava de modo firme na mão direita. Uma lança comprida com três pontas reluzentes... "Por que o mensageiro vindo de um outro mundo precisa de uma lança?..."

Mal Manco Capac havia formado esse pensamento, e já veio a resposta: "A lança foi necessária! Com ela eu pude afastar os seres espirituais nocivos que queriam impedir-me o caminho!"

Manco Capac e também Maira haviam escutado nitidamente a explicação do mensageiro, contudo não compreendiam o que

---

* "Umina" significa "grande sábio".

ele queria dizer com isso... "Espíritos nocivos? Será que existiam espíritos nocivos no maravilhoso mundo do onipotente Criador?..."
O mensageiro não lhes deixou tempo para se ocuparem com pensamentos a respeito da lança. Ele os obrigou, com a força da sua vontade, a ouvi-lo com atenção integral:

"Eu vos revelo um acontecimento da Criação, que se realizou no início dos tempos na esfera luminosa da vida e do amor! Essa revelação deverá iluminar os vossos espíritos! Hoje e no futuro, até a época da grande transformação! Escutai:

No início dos tempos só existia o Onipotente. Além Dele nada existia... Certo dia Ele deixou atuar a Sua força criadora, criando a mãe primordial do Universo! Quando a mãe aí estava, ela, por vontade do Onipotente, deu à luz dois filhos gêmeos (Filho de Deus e Filho do Homem). A força criadora continuava a atuar, e assim surgiu o Universo!

O Onipotente transmitiu a um Filho a regência e o poder sobre o mundo! O segundo Filho permaneceu nas proximidades do irmão, ajudando-o em silêncio.

O poderoso Regente do Universo é também o nosso Regente!"

O mensageiro desapareceu. Manco Capac e Maira permaneceram sentados nas esteiras do piso sem se moverem, e com o olhar fixo sobre o lugar onde, um momento antes, o mensageiro se tornara visível.

— A mãe primordial do Universo! murmurou Maira. Ela vive muito acima de nós...

Manco Capac dirigiu-se a ela e, igualmente, disse bem baixinho:

— Existe um Regente que dirige o mundo por ordem do Onipotente! Nós somos os seus súditos! Manco Capac calou-se, olhando pensativamente à sua frente. O desejo de ver o "Regente" surgiu nele. Contudo, ele não ousou formular esse desejo em palavras.

Nesse momento apareceu novamente o mensageiro. Ele levantou o braço, indicando a direção do pôr do sol. Ambas as criaturas humanas olharam na direção indicada. Viam raios, raios coloridos que pareciam sair de um ponto central. Logo a seguir quase ficaram sem fôlego de susto e de alegria.

No centro encontrava-se uma figura, cujo corpo, braços, pernas e mesmo a cabeça estavam estreitamente cobertos por uma couraça de prata. Dessa figura emanava algo misterioso e maravilhoso, impossível de ser formulado em palavras. Os raios dividiram-se um pouco, e então tornou-se visível a comprida lança que parecia um raio dourado de luz tornado forma.

Manco Capac e Maira assustaram-se ao ver a lança na mão da irradiante figura de couraça de prata.

— É o nosso Senhor! Vimo-lo! murmurou Manco Capac emocionado, quando a aparição luminosa desapareceu.

— Para onde vai nosso Senhor? Ele estava caminhando para baixo com a lança! sussurrou Maira. Ela também não conseguia pronunciar alto palavra alguma, de tanta emoção.

— Para onde levava o caminho do Maravilhoso? Ele parecia caminhar à beira do Universo... Será que o Senhor está visitando súditos no fim do mundo?...

Essas perguntas permaneceram por muito tempo sem respostas, pois o mensageiro capaz de respondê-las continuava desaparecido.

No dia seguinte, Manco Capac e Maira reuniram o povo, relatando exatamente o que haviam escutado e visto. Cada um, mesmo as crianças maiores, repetiam várias vezes o que ouviam, para que se gravasse firmemente nas suas almas.

Manco Capac dias seguidos mandou retransmitir a revelação de dois Filhos de Deus e da "mãe primordial do Universo" pelo "telégrafo". Por toda a parte ela era recebida, mesmo por tribos muito afastadas. Era assimilada e nunca mais esquecida. E retransmitida fielmente às pessoas que vinham depois.

Nem sempre as revelações dadas aos povos do Sol no Brasil eram de origem espiritual. Também os entes da natureza faziam o que lhes competia para ensinar as criaturas humanas, às quais amavam, e preservá-las de influências malignas.

Certo dia Mimondo, nessa época com dez anos de idade, encontrava-se num rio raso, catando grãos de ouro na areia. Maira estava bem próximo dele na beira do rio, colhendo folhas suculentas de uma espécie de planta aquática e juntando-as cuidadosamente numa cesta.

Mimondo dirigiu-se à margem do rio depois de ter enchido com grãos de ouro a pequena calabaça que sempre levava consigo. Alegrava-se com os grãos da cor do sol, oferecendo-os, rindo, à sua mãe, ao sair do rio. Maira estendeu as mãos para pegar a calabaça. Nesse momento aconteceu algo inesperado.

Como que saído do solo, ali, de repente, encontrava-se um grande jurupari* diante deles, derrubando ao solo, com um golpe sobre a mão, a calabaça com os grãos de ouro de Mimondo. Maira e o menino, assustados, olhavam para cima. Eles percebiam que o jurupari estava embravecido, pois seus olhos brilhavam como fogo.

"São teus os grãos?" perguntou Mimondo com voz trêmula. "Nunca mais tocarei neles!"

Maira, observando medrosamente, aguardou atenta a resposta.

"O ouro não me pertence! É, como tudo o que foi criado, propriedade do onipotente Criador!" disse o jurupari.

"O ouro" – ele indicou então para os grãos espalhados no chão – "deveria trazer beleza para a vossa vida, ó criaturas humanas! Deveríeis enfeitar-vos com ele, comer em tigelas de ouro e beber em canecas de ouro... Contudo tornou-se diferente!"

"Tornou-se diferente?" perguntou Maira sem compreender.

Os olhos do jurupari, que já se haviam acalmado, começaram de novo a flamejar. Ele olhou para Maira e Mimondo com insistência e disse:

"Deixai o ouro onde está! Não tocai nele! A visão e a posse do ouro têm transformado muitos seres humanos em criaturas malignas! Inveja, cobiça e muitas outras asfixiantes forças demoníacas têm se apoderado das almas deles!"

---

* Vide capítulo: "A Mitologia dos Povos Antigos do Brasil!"

O jurupari olhou para Maira, respondendo à pergunta silenciosa que surgiu nela.

"Por quê? Por que é assim?"

"Não sabemos por que o ouro transforma os seres humanos! Também jamais o saberemos!" Depois desse esclarecimento o jurupari desapareceu. Maira ficou tão perplexa a respeito do que acabara de ouvir, que ela nem percebeu que Mimondo estava recolhendo os grãos de ouro do chão, enchendo com eles a calabaça. Somente prestou atenção nele, quando o menino caminhava no rio de um lado para outro, recolocando os grãos de ouro nos mesmos lugares da areia...

Ainda naquele dia Manco Capac convocou a tribo toda, e Maira contou o que acontecera no rio. Todos ouviram atentamente, contudo ninguém compreendia de que maneira um metal podia transformar uma criatura humana. Porém o jurupari havia dito! Tinham ouvido o que ele falara e assimilado o conselho e advertência dele. Agora queriam agir exatamente de acordo. Os entes da natureza sempre tinham razão! Eles viam os perigos muito antes que os seres humanos se tornassem conscientes disso...

O "telégrafo" entrou novamente em ação. A advertência do jurupari foi retransmitida e, por toda a parte, assimilada confiantemente. Desde esse tempo o ouro foi considerado misterioso e... um perigo pelos povos do Sol no Brasil. Tinha de ficar onde se encontrava, e a mão humana alguma era permitido tocar nele...

Em todas as aldeias havia grãos de ouro, colecionados geralmente por crianças quando brincavam nos córregos. Logo que a advertência do jurupari se tornou conhecida, todos queriam livrar-se o mais depressa possível do perigoso metal. Todos os grãos encontrados foram levados até os córregos e rios e lançados à água. O ouro era bonito. Assemelhava-se em sua cor ao Sol e à Lua, contudo ninguém queria transformar-se numa criatura má e estranha por causa desse metal... e ninguém queria entristecer os entes da natureza, desobedecendo-lhes.

Antes do início da época colonial e pouco tempo depois, havia em algumas tribos moças que colecionavam finas plaquinhas de

ouro para se enfeitarem. Elas achavam que o metal amarelo lhes aumentava a beleza. E por que não deveriam enfeitar-se com ele?
A advertência de que ninguém deveria tocar no ouro provavelmente era dirigida somente aos seus antepassados...
A desobediência da advertência trouxe às moças e às suas tribos muito infortúnio. A presença do ouro transformava os conquistadores realmente em criaturas más e estranhas. Em criaturas ávidas pela riqueza... ávidas em arrancar para si os tesouros da natureza o mais depressa possível...

Mimondo possuía o dom da "língua cantada". Ele podia, mal saído da infância, comunicar-se com tribos muito distantes. Através dele estabeleceu-se uma estreita ligação com todos os membros do povo do Sol. Ele era sábio, inteligente e superava espiritualmente todos os moços da sua tribo. Frequentemente falava de Tupan-an e das revelações espirituais que eles todos haviam recebido no decorrer do tempo.

— Não devemos nos esquecer de nada disso! exortava ele, muitas vezes, com insistência. Temos de retransmitir todo o nosso saber fielmente, de geração em geração, para que num futuro remoto ainda continue tão vivo entre os povos do Sol, como o é hoje entre nós...

Maira e Manco Capac observavam com silenciosa alegria o único filho. Tudo o que lhe haviam ensinado, ele retransmitia de múltiplas maneiras. Apesar da pouca idade, ele já era um "umina", um sábio, um sacerdote e um preceptor. Os antepassados dos incas aplicavam a palavra umina no mesmo sentido que os tupanos. Mais tarde surgiram outras designações para os sacerdotes e os preceptores.

A revelação que naquele tempo mais deu o que pensar ao povo do Sol foi a do Senhor do Universo com uma lança na mão, descendo no meio de raios de luz. As perguntas manifestadas a esse respeito, mesmo Maira e Manco Capac não podiam responder. O "mensageiro" capaz de acrescentar-lhes algo sobre isso não mais apareceu.

Foi Mimondo quem recebeu um esclarecimento mais elucidativo a esse respeito. Quando isso aconteceu, Maira e Manco

27

Capac não viviam mais na Terra havia muito tempo, e ele próprio já estava com mais de cinquenta anos de idade. Era o mesmo mensageiro que outrora aparecera a seus pais e agora vinha até ele. Mimondo logo o reconhecera, pois a sua mãe várias vezes o havia descrito minuciosamente...

Mimondo permanecia deitado na rede. Estava escuro ainda, contudo alguns passarinhos já cantavam, anunciando a aproximação do sol. Sentou-se, pois costumava ir ao rio a essa hora. O pensamento a respeito da água sempre o enchia de profunda gratidão... A água límpida! Conservava robustos e sadios os corpos... Ele havia composto canções, comparando a água a raios de luz líquidos...

No momento em que ele queria levantar-se, ficou tudo iluminado. O recinto estava preenchido pela luz rósea do sol. Na entrada estava um jovem sorrindo serenamente. Mimondo ficou alegremente surpreso. Reconhecera logo o estranho. Era o "mensageiro" de seus pais. A claridade não vinha do sol, pois ainda não surgira, mas sim da fulgurante luz que circundava o mensageiro. Mimondo queria levantar-se e ir ao encontro do visitante. Porém não conseguia movimentar-se. Seus membros estavam como que paralisados... Mas pelo menos podia ver e ouvir...

Ao contemplar o mensageiro, ele viu numa distância longínqua o Senhor do Universo descendo, assim como sua mãe, Maira, o descrevera. O mensageiro parecia ver a mesma coisa, pois levantou a mão e disse:

"Nosso Senhor está a caminho para combater o inimigo, eis por que traz a lança consigo."

"O inimigo? Quem é esse inimigo?"

O mensageiro parecia poder ler os pensamentos, pois respondeu prontamente:

"O inimigo é o grande espírito enviado outrora pelo Senhor do Universo aos seres humanos. Ele devia ajudá-los a desenvolver todas as suas capacitações!"

"Um grande espírito? Um inimigo?" Mimondo, profundamente assustado, olhou fixamente para o mensageiro.

"Ele tornou-se inimigo ao não cumprir sua missão como o Senhor do Universo lhe havia ordenado. Ele esqueceu-se da ordem

do Senhor, agindo conforme seu próprio julgamento! Feito isso, ele perdeu sua pátria para sempre. Ele queria ser senhor, e não servo. Com isso ele caiu! Fundo, cada vez mais fundo, e nessas profundezas ele criou seu próprio mundo..."
Mimondo acenou com a cabeça compreendendo.
"Nosso Senhor desceu para o mundo do inimigo... com a lança, a fim de matá-lo..."
A explicação era simples e clara. O Senhor não podia admitir um adversário no seu Universo... Mimondo queria saber agora se os seres humanos tinham ficado sem auxílio, e por que, aliás, precisavam de tal.

"Os seres humanos e seus mundos estão tão infinitamente distantes do reino do Senhor do Universo, que a mãe primordial comiserou-se deles. Por isso ela pediu ao Filho que enviasse para baixo um auxiliador... Os seres humanos nunca ficaram sem ajuda! Outros espíritos lhes foram enviados, embaixo... espíritos auxiliadores, espíritos sábios e poderosos... eles davam forças às criaturas humanas para que pudessem continuar a desenvolver-se no sentido certo... Contudo, os seres humanos não ouviam as vozes desses espíritos que falavam nitidamente às suas almas... Queriam seguir caminhos próprios... Sentiam-se inteligentes e fortes, não precisando de conselhos espirituais... Tornaram-se maus, vaidosos e cobiçosos, abrindo-se assim às influências do inimigo, o qual o Senhor do Universo está agora subjugando com a sua lança... pois o fim está próximo!"

Mimondo assustou-se tanto com o que acabara de ouvir, que a sua paralisação cedeu, podendo novamente mover os membros. "Os seres humanos tornaram-se maus..." Onde havia tais criaturas humanas?... Não as conhecia... também a respeito de cobiça e vaidade nada podia imaginar... Mimondo olhou para o mensageiro interrogativamente, contudo esse havia desaparecido...

No mesmo dia ainda, Mimondo explicou aos seus o significado de o Senhor do Universo descendo com a lança. Todos, sem exceção, alegraram-se de conhecerem agora, finalmente, o alvo do seu Senhor. Muito teriam gostado de estar junto dele, a fim de ajudá-lo a destruir o inimigo. Mimondo, contudo, não lhes contou o que o mensageiro lhe havia comunicado a respeito dos seres humanos... não por não acreditar, mas porque não podia sequer fazer uma imagem de seres humanos maus...

Não demorou muito e também as tribos mais afastadas ficaram conhecendo o significado de "o Senhor do Universo descendo com a lança". O próprio Mimondo retransmitia a notícia. Em determinados intervalos ele a repetia, a fim de convencer-se de que os uminas das diversas tribos a haviam recebido e retransmitido corretamente.

No decorrer do tempo todas as pessoas possuidoras do dom da língua cantada, e dessa forma capacitadas a receber e retransmitir mensagens, foram denominadas de uminas. Cada um levava muito a sério a dignidade sacerdotal a isso ligada. Zelavam para que o saber recebido permanecesse puro e puro passasse à posteridade.

Os uminas – havia também do sexo feminino – eram facilmente reconhecíveis por toda a parte, pois, diferentes dos demais, usavam exclusivamente saias brancas. E quando tinham de transmitir uma mensagem ao povo, eles vestiam mantos brancos de proteção que alcançavam os pés.

Foi uma umina, aconselhada por um "espírito-sacerdote" que apareceu a ela, que começou o uso dos mantos. Esse espírito havia-lhe explicado que o manto de proteção que a envolvia devia mostrar a todos que os ensinamentos e as mensagens espirituais, retransmitidos por ela, eram puros, não podendo ser turvados por nenhuma influência externa! E o espírito disse-lhe que também as almas vestiam mantos de proteção quando executavam uma missão sacerdotal...

Todos gostaram da ideia dos mantos, embora o alvejamento dos panos grosseiramente tecidos fosse demorado e custoso. No decorrer do tempo havia várias tribos que confeccionavam as suas vestimentas solenes com tecidos brancos enfeitados com penas coloridas.

Mimondo não tinha sossego nem de dia nem de noite, pois preocupava-se muito com o fato de não ter comunicado aos seus o que o mensageiro havia dito sobre os seres humanos. Certo dia, porém, recebeu um auxílio inesperado.

Entre as tribos andinas e as que viviam no Brasil ainda havia, na época de Cristo, uma ligação. Essa ligação existia desde o tempo em que Manco Capac conduzira um grupo de pessoas das regiões andinas para o país eleito. Os parentes dessas pessoas, os quais tinham ficado para trás, enviavam, de tempos em tempos, alguns homens a fim de verificar qual o destino dos seus no longínquo país.

Durante muitos milênios, sempre de novo vinham "visitantes" dos Andes. Os caminhos que tinham de seguir eram tão perigosos, que somente homens especialmente resistentes e robustos podiam esperar alcançar seu objetivo. Desde a submersão da Atlântida todo o maciço dos Andes estava em rebuliço. Gases venenosos, águas quentes e lava incandescente eram expelidos do solo em lugares menos esperados. Sem o auxílio de amigos enteais não teria sido possível nenhum avanço.

No passado, quando Mimondo estava com cerca de trinta anos de idade, a tribo recebeu visitantes dos distantes vales dos Andes. Esses visitantes, depois de vários anos, voltaram à sua pátria, aliás, viajaram com eles dois moços parentes de Maira, que permaneceram ausentes tanto tempo, que foram completamente esquecidos na tribo.

Agora voltavam, mas não sozinhos. Juntamente com eles vieram seis homens, a fim de conhecer os "parentes da tribo" no "país dos rios" (Brasil). A alegria foi grande, pois todos os povos do Sol eram muito hospitaleiros. No terceiro dia depois de sua chegada, os visitantes foram honrados com uma festa.

Pouca alegria brotou em Mimondo. Já no segundo dia os dois moços, que haviam saído há tempos e agora estavam de volta com bem mais idade, haviam descrito ocorrências vivenciadas por eles num dos povos andinos. Mimondo ficou horrorizado com aquilo que acabara de ouvir. Ao mesmo tempo ficou agradecido, pois de repente ele compreendia, pelo menos em parte, o que o mensageiro queria dizer quando falara de seres humanos maus.

— Essas criaturas humanas escolheram um novo amo, eis por que se tornaram más! Com essas palavras os dois homens finalizaram o longo relato.

— Um novo amo? perguntou Mimondo sem compreender.

— Soubemos existir muitos e muitos seres humanos na Terra que não mais adoram o onipotente Deus-Criador, mas sim, o poderoso demônio, o Tunpa, que se opõe às determinações do Criador!

— O Senhor do Universo já se encontra a caminho com a sua lança para destruir o inimigo! respondeu Mimondo triunfantemente. Logo depois contou a visão tida outrora pelos seus pais, acrescentando também a explicação. Os dois homens logo compreenderam por que o Senhor do Universo tinha de descer pessoalmente para enfrentar o inimigo. O Tunpa era tão poderoso, que somente poderia ser dominado pela força direta do Senhor do Universo...

Mimondo pediu aos dois homens que relatassem aos membros da tribo tudo o que haviam visto e ouvido no estrangeiro, pois cada um tinha o direito de saber o que ocorria em países estranhos.

Para as pessoas que escutavam os relatos, abriu-se um mundo novo. Um mundo onde havia criaturas humanas atormentadas pelo medo de demônios, e que abandonavam crianças pequenas nas montanhas como oferendas, a fim de apaziguar os demônios... Criaturas humanas que executavam repugnantes danças esconjuratórias e que designavam de deusas todas as moças consagradas a Tunpa...

Os ouvintes compreendiam somente pouca coisa do que estavam escutando. Incrédulos, eles tinham o olhar fixo nos homens que narravam alternadamente.

— Falais de seres humanos como nós? perguntou uma mulher.

Um suspiro de alívio passou pela multidão. A mulher havia formulado a pergunta certa.

— Deveis estar enganados! disse a mesma mulher com voz firme. Deve tratar-se de criaturas estranhas! Pois seres humanos jamais ofenderiam o seu onipotente Criador tão infamemente!

Agradecidos, os presentes olhavam para a mulher. Ela falara o que eles sentiam na alma, pois todos estavam pensando a mesma coisa. Seres humanos não realizariam atos tão infames... Não podia tratar-se de criaturas humanas...

O telégrafo depois disso entrou novamente em ação. Contudo, Mimondo retransmitiu com o coração pesado os horrorosos relatos. Contrário à opinião dos demais, ele estava convicto de que seres humanos sob a influência do inimigo de Deus seriam capazes de toda a sorte de atrocidades. Aliás, era um enigma para ele o que estava impulsionando as pessoas a agir contra todas as leis da vida...

Foi como um milagre ainda existirem, há cinco mil anos, povos inteiros, em alguns lugares na Terra, cujas almas estavam livres de nenhum mal. Naquela época a mentira triunfava por toda a parte, e as heresias nascidas da mentira alastravam-se epidemicamente de país em país. A notícia do vindouro e último Juízo da humanidade não podia reter a decadência.

Os espíritos puros e os entes da natureza observavam perplexos as incompreensíveis criaturas humanas que trabalhavam com incansável afinco para a autodestruição...

Os povos antigos do Brasil eram bem desenvolvidos não apenas espiritualmente, como também terrenalmente. Eles assemelhavam-se em muito aos primeiros sábios da Caldeia, que viveram há sete mil anos. Principalmente no que se referia aos conhecimentos de botânica, geologia, zoologia e astronomia. Em tudo o que se refere à natureza eles superavam amplamente a "civilizada" humanidade hodierna. Estavam, pois, bem familiarizados com todos os entes que se ocupavam desde o início com o desenvolvimento e a conservação da natureza...

O saber que esses seres humanos possuíam surpreenderia hoje muitos cientistas. Entre outras coisas, conheciam todos os corantes naturais, sabiam como deviam alimentar-se a fim de não perturbar as funções do corpo. Também como extrair o veneno da mandioca, era-lhes conhecido. Curavam doenças e feridas, e fabricavam óleos que apesar de seu aroma agradável espantavam todos os insetos... Até o sexo de uma criança em formação eles eram capazes de determinar antes do nascimento...

Mas havia entre eles também artistas. Estes confeccionavam pequenas obras de arte de madeira, ossos e barro, e também várias flautas, existentes em diversos tamanhos.

Cada tribo maior possuía um escudo, uma espécie de brasão chamado "oté". Geralmente era escolhido um pássaro para tal fim ou também um outro animal. Esse escudo nada tem em comum com o "totem" dos índios norte-americanos. Tinham o mesmo significado que os brasões com os animais das estirpes da nobreza europeia...

A anunciação do vindouro Juízo universal, os povos do Brasil somente a receberam cerca de duzentos anos depois da época de Cristo.

Maira, que vivia naquele tempo mais uma vez na Terra com o nome de "Amatiri", aliás numa tribo guarani, recebeu tal notícia, retransmitindo-a fielmente.

A tribo guarani onde ela nascera vivia na parte meridional do país e era composta principalmente de seres humanos incumbidos de uma missão no Brasil na época do Juízo, e que mediante essa vida terrenal deveriam ser solidamente ligados ao país e aos seus posteriores acontecimentos.

A mensagem recebida por Amatiri, dizia:

"Um dos dois irmãos – o Senhor do Universo – saiu de sua esfera de Luz, descendo mais e mais... até chegar à beira da Criação. Ele procurou e achou Akrikô (Lúcifer), seu servo, que se havia transformado num demônio. Akrikô enfrentou o seu amo num plano cujo solo estava coberto de pedras pretas. Ele tinha se postado, poderoso e invencível como um dragão, numa laje de pedra.

O Senhor do Universo aproximou-se de Akrikô. Ao acontecer isso, toda a Criação parecia reter a respiração. O Senhor ergueu a lança fulgurante que carregava na mão e apontou-a contra o traidor.

Akrikô, como que atingido por um raio, caiu de joelhos antes ainda que a lança o atingisse e o pusesse fora de combate. Impossibilitado de fazer algo, ficou estendido no chão, enquanto o mundo construído por ele ruía estrondosamente..."

O Juiz, o Herói, havia subjugado o inimigo com a sua lança! E Akrikô, que se postara diante do Senhor do Universo de modo invencível como um dragão, estava estirado no chão, incapaz de lutar, vencido...
Assim terminava a primeira parte da mensagem... Alguns dias mais tarde Amatiri recebia a segunda parte:

"O Senhor do Universo, o Herói que subjugou o dragão, virá também para o mundo dos seres humanos... como juiz e salvador...
Ele virá e destruirá todos os que transformaram Akrikô em seu senhor, adorando-o e venerando-o... Quando isso acontecer, a terra e as montanhas tremerão... As águas se levantarão das profundezas e o fogo solar queimará muitos dos maus... Nenhum ser humano que porta o signo do inimigo da luz poderá escapar do seu destino... Os entes da natureza desenvolverão todo o seu poder a fim de que nenhum dos marcados escape da destruição...
Os que não se deixaram envolver pelo mal, nada precisam temer! Para eles o Senhor do Universo não virá como juiz, mas sim como salvador! Ensinará a eles, mostrando-lhes o caminho que conduz para o país onde não existe nenhum mal!"

Desde o recebimento dessa mensagem, retransmitida fielmente como as anteriores, todos estavam esperando pelo Herói, pelo Salvador...
Conheciam agora o mal que viera ao mundo. Sabiam que tinha muitas faces e formas, e que estragava os seres humanos, perturbando a harmonia da comunidade.
As mensagens espirituais ou revelações aqui retransmitidas são referidas por Egon Schaden em seu livro "A Mitologia Heroica de Tribos Indígenas do Brasil".

O autor cita nele diversos etnólogos, antropólogos, missionários e outros pesquisadores... como por exemplo: Alfred Metraux, Van Deursen, Breysing, Curt Nimuendaju, Paul Ehrenreich, Herbert Baldus, Karl Steinen, os padres Colbacchini e Albisetti e outros ainda. Todos eles estudaram os costumes, os mitos e as religiões dos povos antigos da América do Sul, tendo escrito livros a tal respeito. Herbert Baldus escreveu, entre outros, um livro intitulado "Die Allmutter in der Mythologie zweier südamerikanischer Indianerstämme" (A Mãe Primordial na Mitologia de Duas Tribos de Índios Sul-Americanos). Outro livro, de Paul Ehrenreich, tem o título "Götter und Heilbringer" (Deuses e Portador da Salvação). Ehrenreich denominou o Herói, o Juiz e Salvador, esperado ansiosamente por todos os antigos povos do Sol, de "portador da salvação"!

A. H. Krappe, não mencionado acima, editou o livro "Zum antiken Zwillingskult im Lichte der Ethnologie" (O Antigo Culto Gêmeo à Luz da Etnologia). De Curt Nimuendaju é o livro "Die Sagen von der Erschaffung und Vernichtung der Welt als Grundlagen der Religion der Apapocuva-Guaranis" (As Lendas da Criação e da Destruição do Mundo como Base das Religiões dos Guaranis Apapocuva). Um dos livros de Th. K. Preuss tem o título "Glauben und Mystik im Schatten des höchsten Wesens" (Crença e Mística na Sombra do Supremo Ser).

Todos os pesquisadores, inclusive Egon Schaden, baseiam-se em suas explanações nas tradições e fragmentos de lendas, cheios de lacunas e imprecisões, e que em parte tinham sido retransmitidos de modo desfigurado, consciente ou inconscientemente. Nenhum deles teve a ideia de que os antigos povos que viviam aqui, antes do Descobrimento do Brasil e em parte ainda depois, possuíam realmente um saber espiritual mais elevado do que eles mesmos. Por isso lhes ficou despercebido também o verdadeiro sentido espiritual que se destaca nitidamente de várias tradições. Devido a essa ignorância, eles falam de "mitologia, mitos e lendas"...

Todos os antigos povos do Brasil veneravam um Ser supremo: Deus. Os tupis e guaranis que tinham, apesar de várias diferenças, uma doutrina uniforme de fé denominavam esse supremo Ser:

"Nyanderuvusu". Além de Deus, eles veneravam também uma "mãe primordial" ou "mãe universal" e seus filhos gêmeos, "Nyanderykey" e "Tyvyry"! (Filho do Homem e Filho de Deus).

Os irmãos gêmeos e a mãe primordial têm provocado muitas polêmicas entre os pesquisadores. As interpretações dadas por eles a esses "mitos" são confusas, além disso apresentam contradições.

A confusão é compreensível, pois nem a "mãe primordial" nem os irmãos gêmeos podiam ser enquadrados em alguma parte.

Por outro lado também não era possível afastá-los, pois formavam – como podia ser deduzido de todas as tradições – a base de crença de todos os antigos povos do Sol.

Os missionários, que em contraste aos demais imigrantes fizeram muitas e boas ações, teriam sido as pessoas mais apropriadas para decifrar esse enigma. Mas não podiam, uma vez que a religião cristã não conhece nenhuma mãe primordial nem dois Filhos de Deus. E, não obstante, justamente os servos da Igreja poderiam ter identificado com facilidade os "gêmeos divinos". Aliás, baseando-se na própria religião. Jesus anunciara expressamente o "Filho do Homem" para o Juízo.

Dessa anunciação depreende-se nitidamente que existem dois "Filhos de Deus" e não apenas um. Pela Igreja, porém, reconhece-se apenas Jesus e Maria, a sua mãe terrena...

No que se refere ao Juiz, Herói e Salvador (Filho do Homem), que matou o dragão, o mesmo está descrito no livro de Egon Schaden como "herói civilizador mítico" ou como "herói civilizador", cuja vinda estará ligada a graves catástrofes da natureza... Existem no livro dele várias indicações, embora muito obscurecidas, a respeito do Juiz... Num capítulo, onde se faz menção da vida religiosa de uma tribo guarani, podemos ler o seguinte:

"Quando Nyanderuvusu resolver pela destruição da Terra, caberá a Nyanderykey retirar a cruz de madeira que a suporta. E a Terra desabará..."

O texto correto, conhecido pelos guaranis, dizia o seguinte:

"Quando Nyanderykey, o Salvador e Herói, vier como juiz para as criaturas humanas, ele ordenará aos seus servos que derrubem a cruz de madeira, queimando-a. Pois a cruz de madeira foi implantada na Terra por 'Anyay' (Lúcifer) como sinal de seu domínio na Terra..."

Em outro capítulo do livro, Egon Schaden menciona um mito dos bororós. A palavra "bororó" significa "povo do centro". Os bororós viviam no Brasil central e também formavam uma parte da grande família tupi. Esse mito trata dos "jukos"*, os macacos sem pelo, e que tinham o aspecto de seres humanos, sim, o dos próprios bororós...

Havia entre os povos do Sol várias versões referentes aos jukos e ao aparecimento das criaturas humanas na Terra. O sentido, contudo, era sempre o mesmo. Uma das versões dizia o seguinte:

"No início não havia seres humanos. Havia apenas jukos. Os jukos não possuíam pelos e tinham a aparência de seres humanos. Eles eram, porém, animais... Quando os jukos se transformaram em criaturas humanas, vieram muitos juruparis por ordem de 'Ari', o senhor do Sol, ensinando os novos seres humanos a levantarem as cabeças para o céu. Como criaturas humanas tinham de chegar a conhecer a Luz. O Sol, os astros e a Lua... Pois nada sabiam ainda do céu! Enquanto eram apenas jukos, eles somente conheciam a terra e tudo o que nela crescia..."

Os povos do Sol, uma vez que não consideravam a terra que habitavam como sua posse, nada tinham contra as pessoas que descobriram o Brasil, abrindo o país aos imigrantes. Aliás, assustaram-se de início, preocupados, ao verem os rostos pálidos e barbudos dos estranhos. Perplexos, perguntavam a si mesmos de onde vinham tantos cabelos... pois todo mundo sabia que os seres humanos descendiam de animais sem pelo... A não ser que também houvesse jukos peludos... Essa possibilidade tinha de ser tomada em consideração...

---

* Animais de desenvolvimento superior que serviram de receptáculo para o ser humano.

Jukos de outra espécie!... O aspecto singular dos estranhos ficou esclarecido com isso. Os nativos estavam contentes em ter encontrado tal solução. Enfrentavam amavelmente os portugueses, mostrando-se muito prestimosos. Pois os desconhecidos viajantes eram, apesar de seu aspecto feio, criaturas do onipotente Criador... Criaturas que portavam dentro de si o anseio, tal como eles mesmos, pela verdadeira pátria na Luz...

Como eram, pois, ingênuos, belos e sadios os povos antigos do Brasil! E como era puro o seu mundo de pensamentos! Eles não tinham ideia nenhuma da maldição do homem branco que queria conquistar e possuir tudo o que é perecível... nem das suas cobiças e vícios! E também nada tinham da presunção nem das doutrinas impregnadas de mentiras que chegaram ao Brasil, o país escolhido...

Antes de tudo não pressentiam como os estranhos imigrantes eram brutais e ignorantes perante tudo o que se referisse à natureza e aos seus entes...

Para os indígenas, os imigrantes eram criaturas de Deus que pensavam e agiam como eles próprios... O quanto estavam errados com tal suposição, somente se lhes tornou consciente quando entraram em contato mais estreito com uma determinada espécie de brancos, chegando a conhecer sua brutalidade e cobiça.

Havia muitos que obrigavam os "selvagens", com a sua supremacia de armas, a serviços de escravos, roubando e violentando as moças e mulheres... e tornando-se culpados de outros abusos mais.

A prepotência, o desprezo e a atitude hostil dos brancos perante os "selvagens" resultaram reciprocamente em frutos maus. Foi unicamente culpa dos imigrantes quando, mais tarde, várias tribos se mostraram hostis. Mais por causa de um medo indefinido do que por outros motivos.

As denominações "selvagens", ou "selvagens nus" não correspondiam à realidade de nenhuma tribo com as quais os descobridores e os posteriores imigrantes haviam entrado em contato. Tratava-se em todas elas de povos tupis e guaranis, espiritualmente elevados, e naquele tempo já em via de extinção. As suas roupas consistiam em uma saia que alcançava os joelhos, correspondendo ao clima quente. Homens, como mulheres, e até as crianças vestiam saias. As mulheres protegiam o peito com um pano grosso tecido de fibras, ou juntavam penas coloridas num cordão, cobrindo com isso o peito e as costas. Todos untavam-se com um óleo aromático que conservava bonita a pele, protegendo-a do ressecamento.

Essas tribos tinham um sistema estatal bem organizado. Herbert Baldus, autor do livro "Formação do Governo e Organização em Castas dos Povos Indígenas da América do Sul", escreve o seguinte sobre uma tribo pertencente ao povo guarani:

"Os guaicurus formavam várias castas éticas mui nitidamente separadas umas das outras. Não obstante, mal se percebiam as diferenças, uma vez que o povo convivia tão harmoniosamente, que juntos formavam uma unidade política e cultural..."

Também os padres Colbacchini e Albisetti parecem ter ficado muito impressionados com a paz e a harmonia reinantes entre os indígenas, e igualmente com o seu sistema de Estado. Sobre os bororós, por exemplo, Colbacchini escreve:

"A autoridade dos chefes de aldeia é puramente moral... Gozam estes 'selvagens' de uma completa liberdade, submetendo-se voluntariamente aos costumes da tribo. É singular que este povo, que não tem outras leis senão os costumes dos velhos, sem tribunal e sem penas, possa conservar-se sem cair na completa anarquia. Pelo contrário, dá um admirável exemplo de uma sociedade que conserva com escrúpulo suas tradições. Para conseguir esse resultado, concorrem certamente vários fatores: o sentimento religioso... com a relativa mitologia em grande parte ética, a educação das crianças, às quais ensinam desde a primeira infância o respeito às tradições..."

Colbacchini e Albisetti fazem referência nos seus escritos também a um "mito", do qual se deduz que os povos tupis-guaranis reconheciam duas diferentes estirpes como os seus antepassados. Eles supunham que todas as tribos originais descendiam de uma das estirpes. E que na segunda estirpe temporariamente se encarnavam almas de pessoas falecidas...

Os dois padres decerto não adivinhavam que esses dois "mitos", por eles mencionados, se referiam a um acontecimento que ocorrera muitos milênios antes, e que todos os povos do Sol conheciam bem. Como todos os acontecimentos de tempos primordiais eram designados de mitos, também esse, por ignorância, foi interpretado erroneamente ou retransmitido de modo falso.

Esse "mito" referia-se à vinda dos homens da Atlântida*. A notícia desse acontecimento foi retransmitida fielmente de geração em geração durante milênios. Dizia o seguinte:

"Homens vieram do céu. Vimo-los no vislumbre do sol nascente... Eles usavam uma roupa que envolvia os seus corpos como uma segunda pele... A pele dos seus rostos e mãos era bronzeada com tonalidade avermelhada. Parecida à nossa. Também os cabelos tinham a mesma cor dos nossos. Eram apenas muito curtos, encrespando-se como a água do lago quando os 'mareboes' movimentavam mais fortemente o ar... Quando os visitantes acordaram, abrindo os olhos, percebemos que tínhamos diante de nós seres humanos de uma outra raça. Pois os seus olhos eram claros como o céu, ou escuros como o musgo lustroso nas pedras..."

Esse foi o texto da primeira notícia retransmitida. Cerca de um ano mais tarde, quando os inesperados hóspedes já se haviam familiarizado bem, foi emitida mais uma notícia, que dizia:

"Nossos hóspedes foram trazidos por dragões para o nosso país! São muito bem-vindos para nós, pois o grande Tupan-an acolheu-os no seu círculo de proteção! Os homens, cujo número é igual a quatro vezes os dedos das mãos, vivem agora numa aldeia própria, no lado do sol poente do lago. Cada um tem uma moça do povo do Sol como esposa... e cada um está feliz por se encontrar junto a nós.

---

* Vide o capítulo: "A Origem dos Guaranis".

Chamamos esses homens de 'sakaibés', pois vieram sem pai e mãe, descendo do céu até nós...
Os descendentes dos filhos do Sol e dos sakaibés formarão uma nova estirpe humana... pois o sangue deles não é igual ao nosso. Quando chegar esse tempo, viverão dois povos separados, contudo estreitamente ligados no país de Tupan-an, espalhando-se em todas as direções!..."

As revelações e mensagens retransmitidas de geração em geração no decorrer dos milênios ainda viviam puras e sem turvações em muitos corações dos povos tupis-guaranis, quando os portugueses descobriram este país.
Aqueles seres humanos não conheciam a mentira. Nem teriam chegado a pensar que a verdade pudesse ser turvada. Foi esse o motivo pelo qual as revelações e mensagens puderam ser recebidas e retransmitidas durante tanto tempo genuinamente.

Para os imigrantes brancos foi uma sorte que, na época do Descobrimento do Brasil, ainda houvessem pessoas de visão ampla e de alto desenvolvimento entre os povos tupis-guaranis. Deve-se agradecer a eles o fato de que uma grande parte dos nativos continuasse bem-intencionada para com os imigrantes, apesar dos muitos abusos praticados por estes.
Que os franceses e holandeses, que chegaram ao Brasil com os seus navios e a sua avidez de conquistas, não conseguissem o seu intento, deve-se agradecer, em primeiro lugar, à colaboração dos "índios"...
Os imigrantes que vieram ao Brasil na época do Descobrimento e também posteriormente, quase não perceberam a sorte que encontraram ao desembarcarem aqui. Um país maravilhoso estava à sua disposição, contendo todos os tesouros da Terra e criaturas humanas que vieram ao seu encontro prestimosas e confiantes. Que estavam dispostas a dar e... a receber... Os "civilizados" europeus tomavam tudo, sem nada dar... Não davam nada, pois não possuíam nada para dar. Nem espiritualmente nem terrenalmente...

Vieram muitos missionários ao Brasil. Tão bem-intencionados, que queriam, com a melhor boa vontade, converter os "pobres selvagens", a fim de lhes tornar acessíveis as bênçãos da Igreja. Mas havia também outros que com o seu raciocínio limitado causavam muitos danos, uma vez que combatiam com fervor, chegando ao fanatismo, os entes da natureza, tentando ao mesmo tempo apresentar a crença a respeito dos dois gêmeos divinos como pecado e "obra satânica". Na sua ignorância excediam-se ainda de tal forma, a ponto de designar todos os gêmeos como demônios nefastos.

"Pecado e castigo!" Os missionários eram unânimes em considerar que a "obra cristã de conversão" seria coroada de êxito mais rapidamente, se ensinassem aos filhos dos "selvagens", desde criança, que seriam severamente castigados, aliás por Deus, se continuassem a crer na existência dos entes da natureza... "Não existem entes da natureza... existem apenas demônios! Demônios que se tornam perigosos para quem acreditar neles..."

Cresciam educadas com doutrinas falsificadas, atribuídas a Cristo, tornando-se finalmente "bons cristãos"! Cristãos sem convicção e sem apoio interior, atormentados por mil temores!...

Onde quer que naquele tempo os índios entrassem em contato mais íntimo com os imigrantes europeus, começava a desintegração e a decomposição das tribos até aí bem organizadas... Começou entre eles também uma grande mortandade. Muitos sabiam ou adivinhavam que a era dos povos do Sol no país de Tupan-an chegara ao seu término... Baseados, porém, nas suas profecias, eles sabiam também que voltariam para servir ao Herói que matara o dragão... Pois ele era o Senhor do Universo e tão-só ele poderia conduzi-los para o país onde não havia mal...

Uma grande parte dos outrora escolhidos tupanos e guaranis voltou, no entanto, já antes do Juízo para a Terra. A sua missão começou com a luta pela liberdade terrenal do país. Os três irmãos

Andrada, por exemplo, faziam parte desses lutadores pela liberdade, cumprindo fielmente a sua missão.

A partir desse tempo encarnaram-se seguidamente seres humanos que tinham em si espíritos altamente desenvolvidos de tupanos ou guaranis. Contavam entre esses espíritos, também os dois escritores José de Alencar e Monteiro Lobato. Também o general Rondon e Orlando Villas Boas fazem parte desses.

Hoje, na época do Juízo, na era do Filho do Homem, do Juiz e Salvador, vivem muitos dos escolhidos tupanos e guaranis, não somente no Brasil, mas também em algumas outras regiões da América do Sul. A maioria, contudo, vive aqui no Brasil. Aliás, nas mais variadas idades, divididos em todas as camadas sociais do povo. Todos eles têm agora a possibilidade de servir ao Senhor do Universo, cumprindo fielmente a missão pela qual haviam rogado outrora...

Os antigos povos do Sol no Brasil, os povos de Tupan-an, conservaram-se livres de crenças erradas durante um tempo maior do que outros povos. Pois, ainda no tempo do Descobrimento do Brasil, havia muitos membros da grande família tupi-guarani que ainda possuíam um conhecimento puro e legítimo de Deus. Os imigrantes europeus poderiam naquele tempo ter aprendido muito com os "legítimos habitantes do país", tanto espiritual como terrenalmente... Também terrenalmente, pois o seu modo de viver era sadio e integralmente adaptado às leis da natureza... Contudo, a presunção intelectual dos imigrantes não permitia isso... Eles consideravam todos os que não adoravam o seu pequeno deus cristão e os que acreditassem nos entes da natureza como "selvagens e pagãos"... Sim, como "pobres selvagens nus", uma vez que os nativos, com os quais se encontravam, cobriam os corpos com uma única saia até os joelhos...

Paz, felicidade e harmonia reinavam entre os povos do Sol! Não necessitavam de palavras nem de templos para a sua veneração a Deus. Pois o que ofertavam ao Altíssimo não eram orações sem força, cujas vibrações não iam nem além da matéria grosseira, mas eram amor e gratidão, profundamente sentidos... Dessa gratidão legitimamente intuída e do amor a Deus floresciam-lhes

reciprocamente, nos jardins do paraíso, as flores áureas do amor e os frutos da vida que nutriam os seus espíritos...
 A essas criaturas humanas que viviam em felicidade e harmonia faltava qualquer sentido para posses terrenas. Possuíam apenas o que necessitavam para a vida cotidiana. Os seus desejos não iam além disso... Eram sábios e tinham consciência de que nada de terrenal era duradouro, uma vez que tudo estava sujeito a transformações. Além disso, sentiam-se todos ricamente presenteados por lhes ser permitido viver e desenvolver-se na maravilhosa Terra...
 A Terra era propriedade do onipotente Criador... por isso se sentiam ao mesmo tempo como os guardiões de tudo o que pertencia a Deus, o Senhor.

Os leitores certamente perguntarão o que acontece com os guaranis no Paraguai, e com as muitas outras tribos indígenas que ainda hoje vivem no Brasil.
 Uma parte dos descendentes da grande família tupi-guarani, que sobreviveu após o Descobrimento do Brasil, juntou-se em grupos, emigrando sob diversas denominações para as mais variadas direções. Não era apenas a vontade de emigrar que os levava a isso! Eram obrigados a procurar outros lugares onde pudessem fixar residência. Obrigados pelas constantes perseguições dos imigrantes e colonos europeus.
 Hoje vivem guaranis e chiriguanos – esses últimos são descendentes de tribos parentes dos tupis – no Paraguai, Uruguai, Argentina e Bolívia. Entre eles ainda existem alguns seres humanos que sobressaem da massa, contudo não podem ser comparados com os belos guaranis ligados à Luz, dos tempos passados... Apenas as suas melodias com o tom saudoso ainda despertam recordações desse tempo que nunca mais voltará, tempo em que seres humanos escolhidos viviam no país escolhido.
 No que se refere às muitas outras tribos de índios, maiores ou menores, espalhadas em todo o Brasil, trata-se dos últimos grupos remanescentes que se haviam separado de tribos principais, a fim de formar novas tribos em outras regiões.

Algumas dessas tribos se extinguiram após um tempo maior ou menor. As outras, que se conservaram em parte até hoje, foram impelidas por espíritos maus do Além para rumos errados. De modo que entre esses descendentes, posteriores dos outrora altamente desenvolvidos povos do Sol, ocorreu uma parada espiritual. Tornaram-se pouco a pouco indolentes, mais grosseiros e mais feios. Em lugar do verdadeiro saber de seus antepassados de outrora, estabeleceram-se a superstição, o medo dos demônios e toda a sorte de cultos.

Não obstante, não levando em conta sua nudez, ainda têm algo mais do que os seres humanos civilizados. Aliás, na atitude certa perante a natureza! Nisso a sua decadência espiritual nada mudou. Eles respeitam e honram a natureza, na qual lhes é permitido viver e que lhes oferece alimento. Sabem que não têm direito de posse. Por isso se mostram hostis apenas em raríssimos casos, quando os habitantes "civilizados" do país reclamam para si a região que eles, os índios, necessitam para viver...

Caçam apenas o que necessitam para a sua alimentação. Nunca ousariam matar animais por esporte ou por ganância... Sabem até hoje que toda a natureza é vivificada por entes invisíveis. Entes sempre muito ocupados, que se deixam ver apenas raramente...

Também no sentido da moral, os "selvagens" estão muito à frente dos "civilizados". Tal afirmação muitos leitores rejeitarão como inverídica e absurda, embora os sintomas da decadência geral não possam apresentar-se hoje mais nitidamente ainda. Seguem aqui algumas palavras elucidativas do grande sertanista Orlando Villas Boas, publicadas no jornal "O Globo" de 9-3-73. Dizem o seguinte:

"Entre os índios não há aberrações sexuais, nem homossexualismo nem conversas pornográficas. O índio é de uma pureza incrível..."

Será, então, que alguém ainda duvida da afirmação acima?

A única coisa com que o ser humano "civilizado" está na dianteira dos "selvagens", são as suas conquistas tecnológicas. Essas, porém, não têm tornado ninguém mais sadio nem mais feliz. Com referência ao saber espiritual, os seres humanos civilizados têm ideias tão confusas e errôneas como os selvagens! Pelo simples motivo de que todas as religiões e seitas hoje reinantes na Terra são impregnadas de mentiras. Não dão a ninguém o mínimo apoio interior.

Por isso o ser humano civilizado, com seus cultos místicos de religião, é também, de modo aberto ou escondido, supersticioso. Ele tem medo da morte e medo dos falecidos! Medo da escuridão e medo daquilo que se encontra na escuridão... Pela supervalorização da ciência intelectual, ele perdeu a ligação com a natureza e seus entes. Por isso ele não mais conhece a legítima alegria de viver e é mais solitário e mais desamparado do que qualquer selvagem na mais fechada selva...

Hoje vivem no Brasil ainda algumas tribos menores que não podem ser consideradas descendentes do povo do Sol. Fazem parte delas os "caiapós", os quais mutilam seus lábios repugnantemente. Essas criaturas humanas são no fundo da mesma espécie que os faquires da Índia. Esses faquires enfraquecem e desfiguram por motivos de crença os corpos terrenos a eles confiados. Os caiapós fazem-no por outros motivos. Os efeitos são em ambos os casos os mesmos, pois todos eles pecam gravemente contra as leis da Criação! As almas de tais criaturas são de uma aterradora feiura, que ultrapassa qualquer imaginação. Tão feias, que apenas possuem uma fraca semelhança com corpos humanos...

Além disso, esses índios atrofiados receberam forte afluência de espíritos similares, igualmente atrofiados, quando os escravos foram introduzidos no Brasil. Pois figuras horrorosas do Além seguiam esses escravos. Isto é perfeitamente compreensível. Já somente as formas do medo, do desespero e do ódio que pendiam dos infelizes africanos possuíam bastante força de atração, a fim de abrir o caminho até o plano terrestre para muitas dessas figuras do Além.

Uma vez nas proximidades da Terra, essas criaturas dos submundos do Além eram em parte atraídas pelas tribos indígenas, espiritual e animicamente atrofiadas, em cujo meio chegavam à encarnação.

Tupan-an, o grande protetor do país escolhido – Brasil – afastou-se. Ele desapareceu quando os seres humanos começaram a destruir a maravilhosa natureza. Quando por incompreensão e ganância derrubavam as florestas milenares, privando os animais de qualquer direito de viver... Nenhum ente da natureza compreende a terrível transformação ocorrida com os seres humanos. E menos ainda o afinco com que trabalham na sua própria e definitiva destruição...

Encontramo-nos no meio da época do Juízo! Que os muitos espíritos do povo do Sol, hoje encarnados no Brasil, acordem e encontrem o almejado caminho para a Luz da Verdade. Pois o Filho do Homem, o Juiz e almejado Salvador e Herói esteve na Terra. O país sem mal não mais se encontra em distâncias inatingíveis. Pois o Juiz e Salvador abriu com a sua Palavra, a sua Mensagem[*], o caminho que leva até lá... É o caminho para a pátria espiritual que irradia na eterna luz do amor, bem acima dos mundos materiais...

Quem seguir pelo caminho indicado deixará o mal atrás de si e poderá esperar alcançar o país almejado... o país que se situa no "lado da felicidade"! E que eternamente é iluminado pelo sol da felicidade...

---

[*] Vide Mensagem do Graal, "NA LUZ DA VERDADE", de Abdruschin.

A ORIGEM DOS GUARANIS

A origem desse povo já deu o que pensar a muitos etnólogos, desencadeando também muitas controvérsias. Existem hoje no Paraguai guaranis de olhos azuis que, no entanto, nunca se misturaram com uma outra raça, até onde se pôde pesquisar. Alguns pesquisadores chegaram à conclusão de que os guaranis poderiam ter emigrado do Egito...
Também a língua desse povo apresenta muitos enigmas aos exploradores. Faz pouco tempo que um deles até reconduziu a língua dos guaranis aos antigos caldeus, já que ele encontrou nas duas línguas palavras iguais.
O surgimento dos guaranis, de fato, tem algo de misterioso também. De onde vieram? E onde devem ser procurados seus antepassados? As respostas a tal respeito são simples. O difícil aí é somente que os seres humanos já desde muito perderam a capacidade para captar coisas que se encontram além do alcance de seu raciocínio. Disso faz parte tudo o que se refere a acontecimentos da natureza. Os atuais "homens de cérebro" enxergam apenas uma fração daquilo que viam em épocas anteriores. Por causa dessa ignorância, a maioria dos leitores, provavelmente, classificará a descrição da origem dos guaranis como "conto de fada". Isso é perfeitamente compreensível, considerando o longo tempo que o ser humano já se encontra desligado de tudo o que é verdadeira vida, vegetando aqui na Terra e no Além.
Os guaranis originaram-se de uma ligação entre mulheres tupanas e homens oriundos do reino sul da Atlântida!* Segundo uma antiga lenda dos incas, deuses da Lua desceram e casaram-se com mulheres da Terra... aliás no "lado da felicidade da Terra"!... Como lado da felicidade considerava-se o país dos tupanos...

---

* Vide livro: "ATLÂNTIDA, PRINCÍPIO E FIM DA GRANDE TRAGÉDIA", da mesma autora.

Não tinham vindo deuses da Lua, mas sim, homens do reino sul da Atlântida. Vieram montando dragões voadores em direção ao país que se situava no lado da felicidade. Os dragões desceram nas margens de um lago, desembarcando lá seus "passageiros" e a seguir desapareceram nos ares.

Na mesma época, mais ou menos, um outro grupo de atlantes desembarcava na distante costa de uma cidade hoje submersa. Um professor da Universidade da Califórnia encontrou restos dessa cidade numa profundidade de dois mil metros, diante do porto peruano de Callao... Essa cidade submersa situava-se provavelmente em lugar diferente, pois o fundo do mar, bem como a crosta terrestre, "migram", isto é, eles se deslocam continuamente...

Em escavações na América Central, foi encontrada uma grande taça com bonitos desenhos gravados. Eram palmeiras, e pessoas que voavam em esquisitas "máquinas voadoras". Máquinas voadoras que deixavam fumaça e chamas atrás de si.

O explorador americano Osborn era de opinião que essa taça especial, sobre cuja origem muito se discutiu em meios arqueológicos, tinha sido feita sob a influência cultural da Atlântida. Aliás, numa época em que ainda dominava uma cultura elevada na América Central.

Infelizmente, o desenho dessa taça levou à ideia errônea de que nas Américas Central e do Sul eram fabricadas, em certa época, máquinas voadoras... Esses pretensos aparelhos voadores eram "dragões voadores", que tinham servido a muitos homens do reino da Atlântida, aliás aos mais robustos, como meio de locomoção.

Os dragões deixavam atrás de si uma espécie de fumaça com fogo, ao levantarem voo. E ao expirar durante o voo, o que se dava apenas em intervalos maiores, esse hálito parecia uma neblina de fogo... Isso constituía a enigmática fumaça e o fogo deixados atrás de si pelas pretensas máquinas voadoras.

Os dragões voadores já haviam servido, há trinta mil anos, aos antepassados (era um povo germânico) dos habitantes da Atlântida do Sul e da Atlântida do Norte como "aviões vivos".

Naquela época remota esses animais tinham uma particularidade toda especial. Não podiam ser apanhados, nem domados ou adquiridos. Eles escolhiam seu amo e então, por amor a esse, entravam num estado de servidão voluntária.

Os dragões tinham quatro pernas semelhantes a colunas de aproximadamente dois metros de altura. Os animais adultos tinham um comprimento de dez metros. Seus corpos, cobertos de escamas, reluziam como metal de cor azul-esverdeado. Possuíam três pares de asas, de tamanhos diferentes. As asas, que tiniam a cada movimento, brilhavam como prata, dando a impressão de serem transparentes como as asas de libélulas. Sobre o grosso pescoço assentava uma cabeça relativamente pequena, com um bico pontudo e uma crista em forma de coroa. A cauda comprida e pontuda servia como uma espécie de leme com o qual mantinham a desejada direção de voo.

Entre o primeiro e o segundo par de asas um homem grande podia sentar-se comodamente. Aliás, ele ficava tão encaixado, que de modo algum poderia cair durante o voo. Esses animais voavam numa altitude de até duzentos metros e com a velocidade horária de cerca de trinta quilômetros. Ao montar num dragão os homens colocavam, geralmente, uma espécie de rédea em volta do primeiro par de asas, de modo que facilmente podiam dirigir os animais...

Os homens da Atlântida gostavam de excursionar em seus dragões. O voo despertava neles a sensação de poder, como se dominassem não somente a terra, mas também o ar. Sua roupa de voo era de fino couro azul, forrada, e cobria estreitamente os corpos até os pés. Um capacete de couro forrado com esponja cobria ao mesmo tempo o pescoço e protegia as cabeças. Uma máscara, igualmente de couro, com pequenas aberturas para os olhos e nariz, encobria seus rostos.

Largas tiras de metal ajustavam-se na cintura, no peito, no pescoço, nos pulsos e nas pernas acima dos joelhos. Essas largas fitas metálicas protegiam o peito, impedindo ao mesmo tempo que a roupa de couro se deslocasse. Vários dos "voadores" de dragões amarravam um grande pano branco em volta do pescoço, ou em volta de todo o capacete, aliás sempre de modo que esse pano tremulasse como uma bandeira. O equipamento de voo completava-se com uma corneta presa na tira metálica do peito.

Os dragões eram considerados como animais domésticos e tratados correspondentemente. Havia épocas em que esses animais desapareciam, permanecendo ausentes durante muitos meses, às vezes até anos. Ao voltarem traziam consigo vários filhotes.

Os atlantes não conheciam os lugares de nidificação de seus animais. Apenas sabiam, através de uma de suas sacerdotisas superiores, que os dragões voavam para ilhas distantes quando queriam acasalar-se. Ali então criavam também os filhotes.

Um de seus lugares de nidificação situava-se na região do Amazonas. Aliás, numa grande ilha que em épocas remotas se situava mais ou menos onde hoje o Amazonas desemboca no mar. O local exato é difícil de indicar, uma vez que uma grande parte da região amazônica, coberta de matas virgens de hoje, estava preenchida pelas águas do mar. Além disso, desde aquela época ainda houve algumas grandes transformações na Terra...

Dragões voadores? perguntarão os leitores. Existiram, pois, esses lendários animais realmente? Ou pertencem eles ao mundo das lendas e contos de fada?

Dragões voadores existiram realmente! Não são nenhum produto de fantasia, nem figuras de contos de fada... Essa espécie de animais extinguiu-se depois do cataclismo da Atlântida. Aliás, eles deixaram a tempo o país condenado à destruição; contudo, foi como se sentissem falta de seus amos, aos quais haviam servido tanto tempo...

Os seres humanos da época atual encontram-se tão distantes dos entes da natureza e dos animais, e tão estranhos perante eles, que dificilmente poderão compreender como eram outrora ligados estreitamente aos acontecimentos da natureza. Não é absolutamente tão extraordinário ter havido dragões que serviram aos homens da Atlântida. Voluntariamente.

Em outros países as criaturas humanas domesticavam outros animais. Os antepassados dos chineses, por exemplo, utilizavam-se de cervos gigantescos como animais de montaria. Essa espécie de cervos deixava-se domar facilmente. Pareciam-se com as renas dos lapões, embora fossem muito maiores e mais fortes do que essas. Homens, mulheres e crianças empreendiam longas viagens sentados nesses animais de cor marrom e pelo comprido.

Em algumas regiões da África, cheias de lagos, os pescadores tinham as suas canoas redondas, parecendo cestas, puxadas por "pássaros pescadores". Aliás, por pássaros gigantes. Eram pássaros do tipo do avestruz, de goela grande, podendo engolir vinte quilos de peixe de uma só vez...

Há poucos anos foi descoberto no norte da Rodésia, aliás nos pântanos de Bangweolo, uma garça de goela tão grande, que poderia engolir um antílope. Essas poucas garças, ainda restantes, lembram em sua espécie os pássaros pescadores de uma época muito remota...

Os guaranis originaram-se, pois, da ligação de mulheres tupanas com homens do reino sul da Atlântida...

Certo dia, cedo pela manhã, reuniram-se mais ou menos setenta homens com seus dragões, na planície dos dragões, próxima da grande cidade em ruínas, situada na Atlântida Sul. Haviam recebido, através de uma vidente, a notícia de que em direção oeste havia emergido uma rocha do mar, a poucas milhas da costa, da noite para o dia. Uma rocha que se parecia com um gigante cerrando ameaçadoramente o punho...

Alegres e dispostos a aventuras, os homens montaram em seus dragões, dando-lhes com uma leve puxada nas rédeas a direção do voo. O gigante ameaçador, de pedra, despertara a sua curiosidade... Isso ocorreu três anos antes do cataclismo do grande reino da Atlântida.

Os dragões voaram durante algum tempo na direção indicada. De repente mudaram a direção de voo, como que por prévia combinação, subindo mais. Afastando-se do alvo que os homens queriam alcançar. Não durou muito e os homens perceberam que os animais, em geral tão obedientes, não estavam, de modo algum, dispostos a se deixarem guiar. Não reagiram nem aos violentos puxões das rédeas, nem aos comandos deles conhecidos, dados com a corneta.

53

Os animais continuaram a voar, como que coagidos, na nova direção. Foi como se seguissem um guia ou um rastro visível somente a eles.

Os "viajantes" eram todos moços corajosos e dispostos a aventuras, não temendo nenhum perigo. Mal saídos da idade infantil, já tinham feito excursões com dragões. Agora, porém, estavam preocupados, pois nunca acontecera que os animais não se deixassem guiar, mas sim seguiam voando para um alvo conhecido apenas deles. Parecia ser também um alvo distante...

Os dragões continuavam a voar dia e noite, impassíveis aos sentimentos dos seus queridos amos. Na manhã do terceiro dia, desceram numa ilha não muito distante de uma costa coberta de florestas. No entanto, o número deles não mais era o mesmo, ao descerem nessa ilha. Trinta dragões haviam tomado no dia anterior outra direção de voo. Tal como os outros, voavam para um alvo situado longe da Atlântida.

Mal os dragões aterrissaram na ilha, já viraram suas cabeças para trás, soltando grasnidos. Com isso convidavam seus "passageiros" a descerem.

Além de um grupo de árvores gigantescas, a ilha parecia ser coberta, até onde se podia ver, de um conjunto emaranhado de arbustos altos. O solo era muito úmido, pois por toda a parte pequenas nascentes brotavam das pedras e da terra. Cogumelos avermelhados, de metros de altura, sobressaíam como colunas do musgo igualmente avermelhado que se estendia no chão sob os arbustos.

Os homens mal podiam manter-se de pé, quando finalmente se encontravam em solo firme. Caminhavam um pouco, de um lado para o outro, a fim de movimentar novamente os membros endurecidos; contudo, já depois de poucos passos, um após outro caía no musgo úmido e macio, adormecendo quase no mesmo momento.

Todos dormiam profundamente na ilha coberta de musgo, onde os dragões sempre faziam escala, ao voarem para seus lugares de nidificação.

Eles dormiam. Suas almas, porém, eram atraídas de volta à Atlântida, de volta para a cidade do sul, que dias atrás haviam deixado para uma curta excursão...

Eles sonhavam que estavam voando de volta com seus dragões para a Atlântida, cantando. Os dragões também pareciam alegrar-se, pois viravam as cabeças para trás, a fim de poder ver melhor seus amos. E eles riam. Seus largos bicos pontiagudos ficavam mais largos ainda, de tanto rir...

A alegria dos viajantes não durou muito tempo. Ao se aproximarem da rocha que sobressaía do mar, como um gigante com o punho ameaçador, altas ondas jogaram-se contra eles. Eram ondas malcheirosas, sujas, imundas. Lentamente desaparecia a clara e ensolarada luz do dia, espalhando-se uma luz pálida e amarelada sobre o mar violentamente agitado. Um cheiro insuportável de morte e putrefação pairava no ar, embora não se vissem cadáveres em parte alguma.

Gritos por socorro que não continham mais nada de humano sobrepujavam o ruído causado pelo bramir das águas. Pareciam vir de cima e de baixo, e as almas humanas que os escutavam ficavam estarrecidas de medo e de pavor. Depois de algum tempo, estendeu-se escuridão sobre o mar revolto, e os gritos silenciaram. Silêncio, um silêncio absoluto estabeleceu-se, e da escuridão ecoavam vozes advertindo:

"Atlântida, o país dos nobres, submerge! As profecias se cumprem! Fugi! Fugi, se puderdes fugir!..."

Os dragões, que tinham se mantido parados no ar com movimentos das asas retinindo baixinho, deram uma volta e voaram com os amos, retornando à ilha...

Os homens, que durante horas ficaram dormindo no musgo, acordaram oprimidos e com o sentimento de um perigo ameaçador. "Sonhos" amedrontadores haviam-nos atormentado... Esses sonhos, acaso, tinham alguma conexão com a sua situação insegura? Não sabiam, pois, o que os dragões pretendiam com eles...

Eles se levantaram, ainda com as pernas endurecidas, caminharam de um lado para o outro olhando para seus dragões. Depois tiraram pequenas bolinhas duras de seus bolsos no peito, bolinhas de alimento concentrado, e começaram a mastigá-las pensativamente. Os componentes principais dessas bolinhas, que sempre levavam consigo nas viagens aéreas, eram uma espécie de cereal, fígado de determinado peixe e leite de frutas...

Os dragões pareciam não conhecer cansaço. Enquanto seus amos estavam dormindo, eles tinham saciado a fome. Comiam musgo, cogumelos, terra e pedaços de conchas. Também frutinhas tiraram dos galhos dos altos arbustos. Entretanto eles abriam e fechavam seus bicos largos e pontiagudos. Parecia como se quisessem testá-los a respeito de sua firmeza... Às vezes esticavam os grossos pescoços o mais alto possível, soltando então nuvens de vapor avermelhado. De todos os seus movimentos, via-se que a sua alegria de vida não tinha sido turvada em nada. Haviam deixado o país ameaçado. Para sempre. E no dia determinado para isso... Uma vez que seus amos nesse dia determinado quisessem voar junto, eles os tinham levado consigo... Suas almas de dragão viam difusamente um país distante, que cheirava tão bem e que conheciam... Ali também viviam seres humanos... Para esses eles levariam seus amos...

Os homens haviam-se reunido na sombra sob as árvores gigantes a fim de se consultarem. Mas não havia nada a deliberar. Tinham de aguardar. Os dragões pareciam ter em vista um alvo determinado.

— Eu tive um sonho horrível, disse Guaracan, um deles, filho de um sacerdote.

— Um sonho? perguntaram vários outros quase simultaneamente.

— O sonho era horrível, começou Guaracan hesitantemente, mas a mim ele ajudou. Eu era estúpido, vaidoso, arrogante e ria de tudo o que eu não entendia ou que não queria entender...

Exclamações perplexas interromperam o orador por um momento. Este, contudo, não se deixou influenciar.

— Sim, estúpido e vaidoso! continuou ele. Escarneci até das nossas sacerdotisas, que há muito tempo nos intimavam a deixar nossa pátria, "o país dos nobres", que estaria condenado à destruição...

Todos os ouvintes baixaram a cabeça. Eles não eram mais inteligentes e melhores do que Guaracan. Tal como ele, haviam escarnecido das mensagens espirituais transmitidas pelos sacerdotes e sacerdotisas que exortavam e advertiam...

— Os animais são mais inteligentes do que nós, os prepotentes seres humanos! recomeçou Guaracan. Eles diminuíram muito, pois estão deixando nossa pátria que se acha em perigo! Lembrai-vos dos grandes bandos de pássaros que voavam durante meses por cima de nós?... ao encontro de um alvo distante!... E os caçadores! Sabeis como voltaram decepcionados de sua última caçada... Além de alguns porcos do mato, não encontraram animais de caça em parte alguma... Até os dragões sabem que a Atlântida desaparecerá!... Não trouxeram um único filhote ao voltarem a última vez de seus lugares de nidificação.

Guaracan foi interrompido por agitados apartes.

— Nós não fomos apenas vaidosos e estúpidos, mas também cegos! exclamaram vários ao mesmo tempo. As fendas na terra! Lembrai-vos das muitas fendas que se abriram em diversas regiões... e que mais tarde se encheram de água?...

Guaracan ergueu os braços e exclamou:

— Companheiros! Logo se fez silêncio. Companheiros! O Pai da Luz não nos conhece mais! Pois nós nos afastamos Dele com a nossa estúpida prepotência! Eu prometo, dessa hora em diante, viver de tal forma, que a graça do Pai da Luz novamente possa alcançar-me. Para onde quer que os dragões nos levem, sempre me lembrarei de que sou apenas uma pequena e insignificante criatura! Uma criatura que só pode existir se for atingida pelo sopro de graças do Pai da Luz!

Os homens respiraram aliviados. As palavras de Guaracan poderiam ter sido as suas próprias... A mesma intenção e o mesmo anseio pelo sopro de graças do Pai da Luz tomava conta deles também...

— Naquele dia, disse Guaracan, em que queríamos ver o "gigante com o punho ameaçador", os dragões estavam decididos a deixar nossa pátria para sempre. Nesse dia, provavelmente, as correntes de ar eram especialmente favoráveis. Eles satisfizeram nosso desejo, levando-nos consigo, e provavelmente salvaram nossas vidas! Eu sinto que nunca mais veremos nossa pátria! Não obstante, sinto intuitivamente apenas gratidão e felicidade!...

O silêncio quase devocional que seguiu as palavras de Guaracan foi subitamente interrompido pelos ruídos tinintes que faziam vibrar todo o ar.

— Nossos dragões! exclamaram alegremente todos, quase ao mesmo tempo. Logo depois se dirigiram para o local de onde tinha vindo o tinir.

O sentimento de depressão desaparecera. Estavam desaparecidas também a incerteza, a inquietação interior e as sombras turvas que havia muitos meses atormentavam todos esses homens... Caminhando agora na ilha, sob a luz do sol poente, eles sentiam-se como que nascidos de novo. O passado estava extinto para sempre... Suas almas, depois de longo tempo, estavam novamente leves e livres, traspassadas por um sentimento de alegre expectativa... Os dragões podiam voar para onde quisessem. Para eles o lugar não importava... Conheciam agora seu caminho... O caminho que conduzia para o reino do Pai da Luz, onde não havia nem vaidade, nem ignorância, nem prepotência. Era o país que eternamente estava iluminado pelo sol de graças do Pai da Luz...

As vivências de alma, juntamente com as horrendas imagens de acontecimentos vindouros vistas em sonho, haviam penetrado até os cérebros dos homens apenas parcialmente. Contudo haviam sacudido os seus espíritos indolentes e despertado novamente a energia e força de vontade em prol do bem! Com a repentina e inesperada mudança do destino, novamente se fez notar a sabedoria, a herança de seus antepassados de tempos remotos, e eles reconheceram com intuitiva clarividência o errado no seu conceito de vida de até então. No desmoronamento do antigo, começou ao mesmo tempo sua renovação interior! E desse dia em diante transformaram-se, embora ainda inconscientemente, em procuradores do caminho que conduz ao mundo da Luz...

Quando os homens com exclamações alegres se aproximaram dos dragões, estes já estavam colocando as asas em movimento. Depois movimentaram as caudas compridas para a esquerda e para a direita, para cima e para baixo, provavelmente testando dessa maneira se o "leme" estava em ordem...

Parecia funcionar tudo bem. Pois mal os homens se aproximaram, e os dragões baixaram as asas em sinal de que chegara a hora de continuar a viagem.

Os viajantes também não perderam tempo. Colocaram os capacetes e cobriram os rostos com as máscaras protetoras, galgando a seguir com um salto os dorsos dos dragões. Quase ao mesmo tempo colocaram as rédeas em volta do primeiro par de asas. Então não fizeram economia com exclamações elogiosas e estimulantes, que pareciam agradar os animais visivelmente, pois eles soltaram sons grasnantes de "satisfação". Quando todos estavam sentados bem firmes em seus assentos, os dragões empurraram as pontas de suas caudas contra o solo e levantaram voo, retinindo e exalando nuvens de vapor com fogo. A viagem ao encontro do alvo desconhecido continuava...

Seguiram-se ainda algumas escalas, contudo numa determinada noite alcançaram o alvo visado pelos dragões. Era uma noite de lua cheia quando aterrissaram nas margens de um grande lago. Os homens, que viajavam juntos, estavam tão exaustos, que não mais podiam manter-se de pé, ao tocar de novo a terra finalmente. Ficaram deitados, onde haviam descido, adormecendo ali mesmo. A maioria estava até fraca demais para tirar os capacetes e as máscaras...

A tribo de tupanos, que habitava não longe do lago, escutara o ruído bramante e tinente causado pelos dragões ao sobrevoarem seus lares. Contudo nenhum dos habitantes saiu para investigar a causa do ruído. Esses animais voadores não constituíam nada de novo para eles, pois não era a primeira vez que sobrevoavam a região.

Os tupanos até conheciam diversas espécies desses dragões voadores. Menores e maiores. O que, no entanto, não adivinhavam foi que dessa vez os dragões, por eles sempre vistos apenas alto no ar, haviam trazido "passageiros".

Quando os tupanos, ao nascer do sol, chegaram ao lago, a fim de tomar banho, pensavam não poder confiar em seus olhos, ao ver os muitos animais silvestres de pé e aparentemente indecisos. O que estava retendo os animais no bebedouro? A essa hora, geralmente, já há tempo haviam desaparecido... Mas não eram apenas os animais que despertavam a atenção. Também a presença de muitos enteais era fora do comum...

Os tupanos, que viam com seus olhos muito mais do que os seres humanos de hoje, observaram calados, durante alguns minutos, a aglomeração de entes da natureza, aproximando-se a seguir cautelosamente. De repente ficaram parados como que assustados. Confusos e sem compreender, fitavam as criaturas esquisitamente vestidas, deitadas aos seus pés.

Eram seres humanos. Não havia dúvida. Seres humanos com rostos e cabeças encobertos... mas havia alguns, entre eles, cujas cabeças e rostos estavam descobertos...

Como tinham vindo essas estranhas criaturas humanas até eles, os tupanos, criaturas essas de aspecto não muito diferente deles próprios? Tinham sido elas que, tão ruidosas como os dragões, haviam voado pelos ares, aterrissando aqui?...

Os tupanos caminhavam pensativamente entre os estrangeiros. Notaram logo que os "visitantes chegados do céu" encontravam-se num estado extremo de exaustão. Necessitavam logo de auxílio, senão talvez nunca mais acordassem...

As mulheres e crianças, sem muitas explicações, voltaram para o povoado. Encheram logo algumas calabaças com sucos, enquanto as crianças preparavam cestos com frutas. Os homens, que tinham vindo junto com elas, voltaram para o lago pesadamente carregados.

Os atlantes acordaram pouco a pouco. Sentiam-se fracos, porém felizes por estarem novamente em solo firme. Quando viram os tupanos que se esforçavam visivelmente em libertá-los da apertada roupa de voo, feita de couro, seus olhos encheram-se de lágrimas. Lágrimas de gratidão, por ainda lhes ser permitido ver seres humanos...

Depois de lhes ter tirado a roupa, os tupanos, em dois, carregaram-nos até o lago, deitando-os na água rasa perto da margem. A límpida e refrescante água, bem como os diversos sucos que lhes foram ministrados, tiveram rapidamente um efeito vivificador.

Depois do banho, os tupanos envolveram os hóspedes inesperados em panos de tecedura rústica, e a seguir deitaram-nos no solo

debaixo de árvores frondosas. Passaram-se vários dias, até que os homens da Atlântida pudessem novamente mover as pernas endurecidas. Olhavam várias vezes para o céu, na expectativa de ver os dragões. Não porque quisessem prosseguir o voo. Isso estava fora de cogitação. Mas eles gostavam dos seus animais e de bom grado teriam mantido contato com eles. Os dragões, porém, nunca mais se deixaram ver. Pelo menos não na região onde haviam desembarcado seus passageiros...
 Enquanto os atlantes se recuperavam lentamente, os tupanos cuidavam de alojamentos. Levantaram várias cabanas provisórias ao lado do lago, providenciando confortáveis acomodações para dormir. Alimentos e tudo o mais os "visitantes vindos do céu" receberiam do povoado.

O tempo passava. Os atlantes já estavam morando há meses nas cabanas provisórias, as quais haviam completado e aumentado. Os tupanos, que tinham se afeiçoado muito aos estrangeiros, ajudavam-nos onde podiam. Liam os seus desejos literalmente nos olhos.
 As mulheres dos tupanos não se deixavam ver na aldeia dos atlantes. Evitavam os estrangeiros, por terem medo dos "caídos do céu". Contudo, elas mandavam-lhes os meninos maiores. Estes podiam se ocupar como mensageiros e guiar os forasteiros na sua nova pátria, a fim de que eles pudessem chegar a conhecer os entes da natureza e os animais que viviam nessa região. Além disso, os meninos podiam ocupar-se como professores do idioma. Caso os estrangeiros quisessem permanecer no país dos tupanos, deveriam ter a possibilidade de comunicar-se com eles...
 Os atlantes gostavam do seu novo domicílio. Os inúmeros animais que chegavam sem medo, à noite, ao bebedouro... depois os pássaros com as cores brilhantes! As coloridas lagartixas voadoras... e as borboletas... As frutas gostosas que pendiam pesadamente dos galhos das árvores. E a maravilha de flores! Antiquíssimos troncos de árvores ainda estavam totalmente cobertos de flores! Tanta beleza e paz profunda não havia na sua antiga pátria...

Não, os atlantes não sentiam falta de nada. Pelo contrário! Às vezes olhavam pensativamente para o alto, para o céu, perguntando a si próprios se não estavam sonhando... ou se eles já tinham ingressado no castelo dos heróis "Hlidskialf"... A região em volta do lago parecia-lhes mais clara do que sua velha pátria. Eles tinham a impressão de como se o Sol, a Lua e as estrelas brilhassem mais intensamente do que em outra parte.

O passado não mais existia para os quarenta atlantes. Nada mais os unia com os parentes que haviam deixado. E mulher e filhos, de mais a mais, ainda não tinham, pois o povo dominante da Atlântida não tinha pressa de casar. Somente depois da idade de trinta anos, os homens começavam a se interessar por moças, que entrariam em questão para se tornarem futuras mães de seus filhos. Apenas os "povos dominados" tinham pressa em constituir família.

Os orgulhosos homens da Atlântida tinham se tornado humildes. Vergonha surgia neles, ao pensarem na sua anterior prepotência tola. Também eles, como todos os "nascidos nobres" do país, tinham se denominado senhores do céu e da terra. Não, eles não duvidavam um momento sequer de que terríveis catástrofes se desencadeariam sobre a sua antiga pátria...

— Os animais! Eles tinham reconhecido os sinais ameaçadores!... E nós, seres humanos? Por que não vimos o perigo?... Guaracan, que falara mais para si do que para os outros, olhou interrogativamente em redor.

— As maravilhosas árvores em volta do campo de Ida secaram, recomeçou ele, depois de um prolongado silêncio. A água potável tornara-se cada vez mais escassa e mais amarga; os tantos vermes que rastejavam para fora de buracos da terra... Por que somente nós, seres humanos, éramos cegos e surdos perante todos os sinais de uma desgraça que se aproximava?

— Nossa arrogância sumiu! respondeu Raninga. Ficamos livres disso! Por isso é que agora intuímos o certo... Nós, os atlantes, já há muito vivíamos no lado da sombra da vida! Sei disso, desde que estou aqui, acrescentou ele quase encabulado.

— Nossos antepassados ainda eram mais felizes! Eles não conheciam desavenças, nem mentiras, nem trapaças e ninguém obstruía o caminho de outrem!... disse um dos homens com inconsciente saudade na voz...

Era hora do pôr do sol. Os atlantes estavam sentados sobre bancos, feitos por eles mesmos, de pedra e troncos de árvores e olhavam, como que extasiados, para o róseo espelho de água do lago e para as muitas aves aquáticas iluminadas por uma luz rósea.

De repente Herikul, o cantor, começou a falar:

— Não pergunto pelo motivo da nossa salvação. Somente as "nornas" conhecem o motivo! Desde os primórdios elas tecem o nosso destino, ligando os fios entre si... Deve ter havido fios luminosos em nossas teceduras... Eu apenas pergunto, a mim mesmo, como poderei compensar o milagre da nossa salvação?...

Ninguém respondeu. Faltavam-lhes as palavras para expressar aquilo que se passava em suas almas. De repente ecoou uma alegre risada e um menino pulou para baixo de um galho onde estava sentado.

— Ficai conosco! E amai tudo o que amamos! Isso é o suficiente!... exclamou alegremente o menino Jaro.

Inicialmente os homens olharam para Jaro, depois riram divertidos quando um menino após outro pulava das árvores. Eles haviam se esquecido totalmente dos pequenos e calados ouvintes. Bem como tinham esquecido com que facilidade surpreendente os meninos tinham aprendido a sua língua.

Os homens ficaram tão comovidos, que de início ninguém podia responder.

"Ficai conosco e amai tudo o que nós amamos, é o que basta!"

Essas palavras eram como uma fulguração, uma revelação! Dadas de modo puro e infantil! Elas significavam pátria, amor e alegria, perpassadas pela radiosa Luz da vida...

Guaracan foi quem primeiro conseguiu falar novamente. Cheio de amor olhou para o menino de aproximadamente dez anos de idade, postado à sua frente, todo esperançoso. O menino vestia, como todos os demais, um saiote vermelho, até os joelhos. Correntes de sementes vermelhas enfeitavam a parte superior dos seus braços. Os cabelos, tinha-os amarrado à nuca, com fibras tingidas de vermelho. Sobre a pele bronzeada estendia-se um vislumbre róseo do sol poente. As crianças dos tupanos eram de uma beleza tão extraordinária, que os atlantes se surpreendiam sempre de novo, ao verem essas crianças...

— Jaro! Permaneceremos no vosso maravilhoso país, amando tudo o que vós também amais! disse Guaracan em nome de todos. As palavras dele não expressavam apenas concordância. Expressavam muito mais. Eram um juramento que encontrava eco nos corações de todos os atlantes. Os tupanos amavam a Luz e tudo o que vinha da Luz! O mesmo valia agora para eles também.

Os atlantes, ainda muito jovens, aprendiam com facilidade a língua dos tupanos. Esforçavam-se também com afinco, pois queriam poder entender-se o mais breve possível com essas criaturas humanas, que tão amavelmente os tinham acolhido.

Não durou muito e os tupanos souberam de que maneira os visitantes haviam chegado ao país de Tupan-an. Dragões, pois, conheciam. Mas que se podia voar neles, não sabiam. Contudo, não ficaram demasiadamente surpresos ao ouvirem isso. Eles conheciam os animais e sabiam que o ser humano com amor e paciência podia atrair para si qualquer animal e domesticá-lo. O enigma dos "caídos do céu" estava solucionado.

Os atlantes eram homens acessíveis e receptivos a tudo o que era novo, contudo no que dizia respeito ao seu passado, à sua vida e aos seus costumes, eles ficavam calados. Algo pesava sobre as suas almas. Os tupanos sentiam isso intuitivamente com infalível certeza. De bom grado teriam ajudado os atlantes a se livrarem desse fardo; estes, no entanto, pareciam só ter em mente esquecer o passado.

Certo dia chegou Ilauta – era o mais sábio da tribo tupana – convidando-os para uma visita à aldeia.

— De agora em diante podereis participar da nossa vida e conhecer também nossas mulheres. Elas constituem o mais valioso que possuímos! disse ele amavelmente.

Os atlantes ouviram com muita alegria as palavras de Ilauta. Até agora não tinham sido convidados nenhuma vez para visitar a aldeia. Mas também ninguém os proibira de ir até lá.

Pouco depois de sua chegada, certa vez, enveredaram pelo caminho através do bosque que conduzia à aldeia, contudo algo como uma divisa invisível os impedia de prosseguir andando. Desde então evitavam a direção da aldeia.

O convite inesperado pareceu exercer um efeito libertador, pois Guaracan disse com seriedade que eles todos tinham anseio de entrar em contato mais íntimo com os tupanos. Porém...

— Nossa vida não se iguala a vossa! Éramos maus! continuou Raninga. Há anos vínhamos recebendo mensagens e intimações para que deixássemos certas regiões do país, visto estarem iminentes transformações da Terra... Essas intimações identificavam-se com as profecias que há muito tempo possuíamos. Nelas está dito que nosso país sucumbiria com todos os seus habitantes, sendo coberto pelo mar.

— Isto já aconteceu muitas vezes na Terra e acontecerá ainda muitas vezes, disse Guaracan gravemente. Tal como nós, a Terra está sujeita a muitas transformações!

— Sabemos disso. Não obstante, não demos ouvidos às mensagens e intimações enviadas a nós por espíritos prestimosos! Nosso orgulho nos impediu disso. Um nobre não foge, é o que nos era ensinado... Os dragões nos levaram consigo, em sua fuga, do contrário não estaríamos aqui!

Ilauta olhou perplexo para o pessoal que o rodeava cabisbaixo; a seguir ele sentou-se num banco. Um após outro começou a falar hesitantemente.

— Apenas os gigantescos homens das florestas, recomeçou um deles, que executam nossos trabalhos pesados, assimilaram as profecias e as obedeceram. Eles todos emigraram para o leste. Havia várias tribos desses seres humanos. São muito fortes, mas não inteligentes. Foram outrora por nossos antepassados vencidos em combate. Desde então tornaram-se escravos e tinham de trabalhar para nós pesadamente. Esses gigantes, porém, trabalhavam mais para o povo do norte. Nós, no sul, tínhamos outros escravos!

— E vossa fé? perguntou Ilauta. Em que acreditam as criaturas humanas que não dão ouvidos às vozes do amor, menosprezando suas mensagens?

— Nossos antepassados adoravam nosso Criador, respondeu Guaracan. Também nós, os descendentes, acreditávamos Nele. Contudo essa fé desvaneceu-se, e confiávamos integralmente em nossas forças e inteligência. O quanto esquecemos o nosso Criador, somente se tornou consciente a nós, desde que estamos convosco...
— Além de nossa própria inteligência ainda acreditávamos em Titânia! continuou falando um dos homens. Ela vive muito acima de nós, no reino Hlidskialf, e é de uma beleza inimaginável. Titânia é a protetora de todas as flores do mundo! Ao mesmo tempo, porém, ela é também nossa deusa! Também olhávamos para ela, e ansiávamos ter uma mulher igual a ela. Hoje é diferente... acrescentou o orador envergonhado.
— Titânia é inatingível e apenas mui raramente se deixa ver! continuou outro. Tínhamos de dirigir-nos a uma deusa, pois só assim podíamos proteger-nos eficazmente das mulheres!
— Proteger? De vossas mulheres? Por quê? perguntou Ilauta visivelmente perplexo.
— Mulheres são perigosas, disse Raninga meio incerto. Isto ouvíamos desde pequenos, de nossos pais! Dizem que houve um tempo, no passado remoto, em que as mulheres abusaram do poder que exerciam sobre nós, homens. Disso se originou um grande infortúnio! Dirigimo-nos a Titânia, uma vez que temíamos esse poder, que sentimos bem nitidamente!
Ilauta, apavorado, olhou para Raninga fixamente.
— Por isso as mulheres nos odeiam, continuou Raninga falando. Muitas delas matam os meninos recém-nascidos... existem entre nós aldeias inteiras onde apenas se deixam vivas as meninas... Considerávamos cruel essa espécie de vingança... Nós, contudo, éramos muito mais cruéis ainda! Nosso desprezo e precaução perante elas devem tê-las ofendido gravemente...
— Nós nos modificamos, disse Guaracan quase implorando, ao perceber o olhar apavorado de Ilauta. Hoje apenas um anseio nos preenche... O anseio de encontrar o caminho que perdemos.
— Mas amamos também Agni, o homem-peixe. Ele vive no grande rio, à beira da nossa cidade "Ipoema". E os gigantes, cujos

rostos às vezes víamos nas nuvens baixas... também os homenzinhos da madeira, nas árvores!

Ilauta não prestou mais atenção ao que os homens estavam contando. Bastava-lhe o que acabara de ouvir. Havia nà Terra, realmente, um povo que pudesse degenerar tanto? perguntou ele a si mesmo, profundamente consternado. E os quarenta homens, vindos desse povo degenerado, poderia levá-los até a aldeia, depois de ter ouvido tudo isso?

Pouco a pouco desfizeram-se os seus receios. Uma voz interior dizia-lhe nitidamente que os homens trazidos para o país, de um modo tão extraordinário, nada tinham de mal na mente. A decisão dele foi tomada rapidamente. Levantou-se, olhando para os atlantes, que aguardavam preocupados seu julgamento.

— Podeis esquecer agora vosso passado. Não o mencionai nunca mais! As últimas máculas aderentes nas vossas almas desligaram-se de vós mediante as vossas confissões cheias de arrependimento! Antes de irmos, dou-vos o primeiro ensinamento, acrescentou ele sorrindo. Escutai:

— Nossas mulheres trazem luz, calor e felicidade para a nossa vida! Constituem o bem mais precioso que possuímos.

Depois dessas palavras, ele indicou para a frente, andando rapidamente pelo caminho que conduzia à povoação.

A aldeia situava-se numa colina que se estendia para longe. Árvores altas cresciam ali, e para o lado sul viam-se uma cachoeira e uma lagoa.

As pequenas casas de madeira não estavam lado a lado; pelo contrário, estavam bem distantes umas das outras. Seus telhados eram constituídos de folhas de palmeiras e os pisos eram cobertos totalmente com esteiras. Em ambas as paredes da entrada das casas estavam pendurados pássaros, flores e também outros animais entalhados em madeira. Cada entrada de casa estava orientada em direção norte.

Os visitantes já estavam sendo esperados. Todos os habitantes masculinos da aldeia estavam reunidos numa grande praça, a fim de recepcioná-los. Pouco depois vieram mocinhas, oferecendo a cada um dos visitantes um copo com vinho de ervas. Aliás, com as palavras: "Levai alegria para onde quer que vos dirigis!" Depois que os copos estavam vazios, os tupanos dividiram-se em grupos e conduziram os visitantes pelos arredores. Caminhavam de casa em casa, para que também as mulheres pudessem chegar a conhecer os voadores de dragões.

Ao verem as mulheres tupanas, agora diretamente à sua frente, os atlantes ficaram abalados de maneira inimaginável. Não era apenas a beleza dourada delas que exercia tal efeito, porém, muito mais, o olhar confiante e irradiante de felicidade...

Durante um momento surgiu neles o passado, e eles lembraram-se dolorosamente de outros olhos, olhos que contemplavam os homens com desconfiança, raiva, recusa, medo e ódio... contudo, o passado estava morto. Não tinham mais nenhum passado. Tinham nascido novamente...

Os atlantes andavam como que em sonho pela aldeia tão limpa. Sentiam-se, realmente, como que renascidos, e ao mesmo tempo já firmemente enraizados no novo solo pátrio. Tinham saído de nuvens de bruma fria e haviam entrado na brilhante luz solar. Todos os quarenta sentiam isso de modo similar. A mudança de seu destino ia muito além de qualquer compreensão.

Desse dia em diante os atlantes vinham diariamente à aldeia, ajudando em todos os trabalhos necessários e aprendendo aí as sábias regras de vida, pelas quais os tupanos se orientavam e que tinham sido comprovadas, todas elas, como certas. Os atlantes tinham muita vontade de aprender e eram acessíveis a todas as coisas novas.

Certo dia Guaracan perguntou por que as casas da aldeia estavam situadas tão distantes umas das outras. Ele formulou essa pergunta quando, juntamente com Ilauta e alguns outros, levantava um galpão.

— Não é sem motivo que construímos nossas casas distantes umas das outras, respondeu Ilauta. O ser humano, que vive na Terra a fim de aprender, necessita de silêncio e de compreensão! Pois todo o bem só nasce no silêncio. Em lugar de compreensão, podia-se dizer também paz...

Guaracan acenou com a cabeça, compreendendo. A sabedoria do povo do Sol surpreendia-o sempre de novo. Silêncio e compreensão...
Ilauta interrompeu o pensar de Guaracan, dizendo:
— O dia que foi nosso está terminando, e indicou para o crepúsculo no oeste. Os homens deixaram o lugar de trabalho, olhando para os avermelhados véus de nuvens no horizonte e para os raios do sol poente que subiam como dedos, desaparecendo no éter... os homens baixaram as cabeças num agradecimento silencioso. Agradecimento ao Criador. Para cada dia de vida a eles doado.

A estreita convivência com os tupanos resultou que, nos atlantes, as características boas da própria raça viessem à tona, as quais até agora tinham ficado inativas.
Aceitavam os ensinamentos de fé e demais regras de vida dos tupanos. Casaram-se com as filhas deles, formando depois a sua própria tribo. Nos descendentes, provenientes da ligação de mulheres tupanas e os atlantes, mostrava-se nitidamente o sangue estranho que lhes corria nas veias. Isso era natural, uma vez que os atlantes atraíam, pois, espíritos da própria raça.
As tribos mais tarde conhecidas sob o nome de guaranis, e que podiam reconduzir a sua descendência até os quarenta atlantes que se ligaram a moças tupanas, diferenciavam-se sempre dos povos do Sol, os habitantes originais do Brasil. As características diferentes de raça faziam-se ver em cada geração. Não muito destacadas, contudo existiam.

No Estado de São Paulo ainda existem alguns guaranis. Frank Goldmann escreve que no século passado alguns grupos de guaranis, em sua busca da "terra sem mal", haviam chegado até o litoral sul de São Paulo. Algumas famílias domiciliaram-se em Itanhaém, nas proximidades do mais alto pico da serra.
No ano de 1954, porém, foram expulsos de lá. Um outro grupo vive, segundo Frank Goldmann, nas imediações de Itanhaém. Aliás,

na cabeceira do rio Branco. Também na linha da estrada de ferro Santos-Juquiá dizem que existem algumas famílias de guaranis... Esses guaranis não têm mais nenhuma semelhança com os seus antepassados, e a sua busca pela terra sem mal apenas continua a viver nas almas, como uma lembrança...

A submersa Atlântida era constituída de um reino sul e de um reino norte. Os seres humanos do reino sul eram de cabelos escuros e a pele brilhava como bronze claro. Ao norte eles tinham cabelos loiros e olhos azuis. Com o tempo, devido aos muitos casamentos entre os habitantes do norte e do sul, houve uma mistura de raças, de modo que pessoas com pele bronzeada e olhos azul-claros não era nenhuma raridade.

De início só havia o povo do norte, que se compunha de várias tribos germânicas, as quais pouco a pouco se desenvolveram num povo forte. No sul, fazendo divisa, vivia um forte povo de raça diferente.

Pelo casamento de um homem da casa real do norte com uma princesa do reino sul concretizou-se uma ligação que uniu ambos os reinos num único e grande reino. Era uma união de poder concluída por interesse de ambas as partes.

Não demorou muito e todas as pequenas tribos independentes perderam os seus bens e a sua liberdade, tendo de executar trabalhos forçados. No reino da Atlântida havia no fim apenas duas castas. A casta dos senhores e a casta dos escravos, obrigados a executar todos os serviços para os senhores.

A Atlântida era denominada "reino de Herkul". Herkul é igual ao Hércules latino e ao Herakles grego. Cada homem denominava-se filho de Herkul. Por toda a parte viam-se estátuas masculinas. Mesmo as colunas em casas maiores de pedra ou de madeira eram constituídas de figuras masculinas. Quando um forasteiro perguntava qual o significado das muitas colunas, ele então recebia uma resposta que não podia ser superada, por sua imensurável arrogância:

"Nós, homens, seguramos o mundo! Somos as colunas do reino! Nosso poder alcança até as estrelas!"

As mulheres existiam para gerar filhos, nada mais. Eram perigosas, e tinham de ser tratadas correspondentemente. Pavorosas condições dominavam nesse poderoso reino, que tudo possuía para abrigar seres humanos felizes.

No reino da Atlântida existiam duas capitais, que eram ao mesmo tempo grandes centros de comércio. "Ipoema", a cidade do sul, e "Vineta", a capital do norte. Em ambas as cidades aumentaram, nos anos anteriores ao cataclismo, todo tipo de vícios e doenças, de modo assustador.

Quando as mensagens da submersão do reino chegaram, as condições não melhoraram. Pelo contrário. O ser humano tornara-se inimigo um do outro, e a maioria portava-se de tal maneira, como se apenas demônios guiassem a sua existência.

As mensagens tinham vindo de guias espirituais e de entes da natureza. Eram dadas geralmente às mulheres pertencentes aos subjugados. Havia, no entanto, também sacerdotisas do povo dominador que eram exortadas e advertidas a respeito das transformações terrestres, as quais iriam efetivar-se catastroficamente para os surdos e cegos seres humanos.

Entre as sacerdotisas havia uma – ela chamava-se "Omphala" – espalhando a mentira que somente os homens haviam atraído a catástrofe vindoura, por sua amaldiçoada arrogância. E mais, espalhava que o infortúnio poderia ser evitado, caso as mulheres estivessem dispostas a matar todos os meninos, logo depois do nascimento. Os homens, os opressores e cruéis senhores das mulheres, não mereciam outra coisa do que serem exterminados...

As profecias, advertências e intimações para que deixassem o país em perigo, vieram durante anos em determinados intervalos.

Apenas entre os oprimidos, o "povo dos servos", havia muitos que seguiram agradecidos a solicitação de deixar o país. Saíram separada e clandestinamente, à noite. Saíram nas direções indicadas a eles por entes prestimosos. Da grande casta dominadora houve apenas poucos que sentiram intuitivamente as profecias como verdadeiras.

Entre as tantas criaturas humanas oprimidas que fugiram da Atlântida, enquanto ainda havia tempo, encontrava-se uma tribo germânica espiritualmente elevada. Essa tribo seguiu durante meses em direção ao leste. Não podiam agir de modo diferente. Algum poder invisível os impulsionava para a frente, através de perigosos caminhos montanhosos, até embaixo num vale verdejante e cálido... Esse vale era o seu alvo. É o que sentiam no momento, ao vê-lo. Finalmente haviam chegado ao país visivelmente destinado a eles. O país dos grandes rios e prados verdes... o país da liberdade.

Esses germanos, fugidos outrora da ameaçada Atlântida, tornaram-se os antepassados dos sumerianos...

Também do reino sul da Atlântida, um povo igualmente oprimido, espiritualmente elevado, conseguiu fugir. Tal como os germanos, foram guiados por um poder invisível e conduzidos para uma região situada fora da zona de perigo.

Esses seres humanos foram os antepassados dos etruscos! Sobre a origem dos etruscos existem hoje grandes divergências entre os historiadores que se ocupam com esse "povo misterioso".

Os quarenta homens levados por seus dragões para o país de Tupan-an também pertenciam à classe dominadora. Eles, no entanto, ainda não estavam tão corrompidos como a maioria dos moços de sua idade. E isso eles deviam às suas mães que, apesar do constante desprezo por parte de seus maridos, esforçavam-se sinceramente por semear coisas boas nas almas de seus filhos. Além disso, elas faziam parte daquelas pessoas que de preferência lidavam com animais, sentindo-se melhor junto desses do que na atmosfera impregnada de medo, vícios, ódio e mentira, da sua pátria.

Voar nos dragões era naquela época um esporte como hoje é a equitação. Também não mais perigoso, uma vez que os dragões domesticados somente toleravam em seus lombos aquelas pessoas que eles amavam e pelas quais se sentiam amados.

A parte sul da Atlântida situava-se, de acordo com a descrição do grande sábio grego, Platão, a oeste de Gibraltar, ou a oeste das "colunas de Hércules"! Ele tinha razão, pois o rochedo de Gibraltar pertencia outrora ao reino sul.

Essa rocha, tal como outras partes da submersa Atlântida, foi depois de milênios impulsionada para cima, à superfície, por movimentos telúricos no fundo do mar. As ilhas assim hoje surgidas acham-se muito distantes dos lugares onde outrora submergiram, pois foram afastadas pelos tais movimentos, no fundo do mar. Pelas transformações que ainda devem ser esperadas, virá à tona muito que desde longos tempos está coberto pelo mar. Quando isto acontecer os historiadores e outros cientistas terão de reconhecer que as suas teorias referentes à história da humanidade de modo algum correspondem à realidade. Os últimos sete mil anos não constituem o início, mas sim o fim do desenvolvimento cultural da humanidade.

A MITOLOGIA DOS POVOS ANTIGOS DO BRASIL!

Os povos antigos do Brasil, como por exemplo os guaranis, tupis, tupanos, tamoios e outros mais, veneravam os mesmos "deuses" que os romanos, gregos, germanos, sumerianos, etc. Diferentes eram sempre somente os nomes! Pois esses sempre eram adaptados à língua do respectivo povo.

A respeito dos deuses, sempre se tratava dos grandes e poderosos enteais que desde o início atuaram conjuntamente na construção dos mundos materiais e que também hoje continuam a atuar da mesma maneira. Seja em formações novas, manutenção ou decomposição dos corpos celestes...*

Os povos que há milhares de anos viveram no Brasil eram profundamente crentes. A crença, hoje denominada religião, sempre ocupava o ponto central da sua existência. O elevado degrau cultural alcançado por eles pode se deduzir nitidamente das suas doutrinas religiosas. Diziam:

" 'Nyanderuvusu', o Pai de todos os seres humanos e dos deuses, que criou o mundo, estava sozinho. Não havia ninguém ao lado Dele, durante um longo tempo. Depois, cansado da solidão, Ele criou a primeira mulher, a mãe. O nome dela era 'Nyandesy'.

A mãe também estava sozinha, contudo, somente até que um sopro do Pai do mundo a atingiu. Ocorrido isso, não demorou muito e ela deu à luz dois filhos. Os filhos eram fortes e indescritivelmente belos. Seus nomes eram: 'Nyanderykey' e 'Tyvyry' e eram gêmeos...

---
* Vide "O LIVRO DO JUÍZO FINAL", capítulo "Da Atuação dos Grandes e Pequenos Enteais da Natureza", da mesma autora.

Então chegou o dia em que o Criador dos deuses e dos seres humanos transmitiu o domínio sobre o Universo ao filho Nyanderykey, ordenando-lhe que completasse tudo o que ainda faltava. O outro filho permaneceu oculto, executando também ocultamente as ordens do Pai.

Um longo tempo depois chegou ao mundo Guyraypoty, esse era o malvado e escarneceu de tudo o que havia sido criado. O Pai do Universo encolerizou-se. Chamando seu filho Nyanderykey, depois Ele disse:

'Os seres humanos criados por mim estão seguindo o malvado...' O Filho acenou afirmativamente. Ele sabia o que tinha de fazer. Nada mais o Pai precisou dizer...

Contudo ele teve de aguardar o tempo para poder agir. O tempo para isso seria quando o sol do Universo irradiasse vermelho como sangue no céu. Ele ficou esperando. Sabia o que haveria de fazer quando o sol desse o sinal. Ele teria de ir até os seres humanos, destruir Guyraypoty, o malvado, e expulsar todas as criaturas humanas que o haviam seguido. Acontecendo isso, fogo cairia do céu, e fogo e água sairiam da terra, e o Sol, a Lua e a Terra estremeceriam...

Os filhos do Sol em suas matas não precisam ter medo quando a Terra estremecer sob os passos de Nyanderykey. Pelo contrário. Irão alegrar-se e tocarão melodias celestes com as suas flautas. Nada lhes acontecerá. Pois não seguiram o malvado. Por isso Nyanderykey conduzirá todos para um país onde o sopro do malvado não chegou..."

Desse breve ensinamento de fé depreende-se nitidamente que os antigos povos da América tinham conhecimento da trindade de Deus e da mãe primordial. E mais, que sabiam também da existência do espírito do mal, Lúcifer, e do Juiz que um dia viria...

A doutrina aqui retransmitida era muito conhecida. A forma de expressão e os nomes variavam de povo para povo, mas o sentido era sempre o mesmo...

A suposição de que os índios tenham recebido os seus conhecimentos de missionários seria totalmente errada. Eram justamente os missionários cristãos que procuravam com afinco uma explicação para os dois Filhos de Deus. Não tendo encontrado uma explicação convincente, eles concluíram unanimemente que deveria tratar-se de dois heróis que tinham se tornado deuses pela tradição.

A profecia do Juízo, os missionários atribuíam às "crenças pagãs", nas quais os índios se agarravam... Não tiveram a ideia de que a profecia pudesse ser idêntica ao Apocalipse anunciado na Bíblia.

Os "pagãos" da América do Sul e da América Central possuíam, tal como os outros povos antigos, extensos conhecimentos com referência aos grandes e pequenos entes da natureza. Podiam vê-los e também se comunicar com eles. Os grandes enteais eram sempre venerados como deuses, devido à sua força e beleza que excediam os conceitos humanos.

Os "índios" que aqui viviam na época do Descobrimento do Brasil não mais possuíam o saber puro e sem turvação dos seus antepassados. Embora em parte ainda vissem os pequenos entes da natureza, sentindo-se também estreitamente ligados aos mesmos, eles já tinham se tornado muito indolentes espiritualmente. A mentira, como em toda a parte da Terra, havia se imiscuído também nas doutrinas deles...

Apesar da sua decadência, eles ainda tinham muitas coisas que os colocavam acima dos imigrantes. Conservavam seus corpos imaculadamente limpos, não fumavam, não bebiam, nem tinham outros vícios.

Chegamos agora à mitologia brasileira, que em nada fica atrás da de outros povos.

Comecemos com Sumé e Atiaia (Zeus e Hera). Esses dois poderosos reinavam de "Cunumi-Manipuera" sobre todos os astros e sóis, e todos os deuses eram-lhes submissos.

Cunumi-Manipuera é o mesmo que o Olimpo grego ou o Valhala germânico, e assim por diante...

O deus do Sol, por todos querido, era chamado "Jara-Cuara", senhor do Sol. O mesmo era venerado pelos gregos com o nome de Apolo.

A Lua era especialmente venerada por todos os povos antigos da América. Aliás, veneravam uma deusa da Lua. Era "Ai-Jassy", a mãe da Lua. Ai-Jassy espelhava-se em cada água, e por isso toda a água da Terra recebia algo de sua força misteriosa. A crença numa "deusa da Lua", isto é, numa divindade feminina, tem a sua razão de ser. Há muitos milênios, quando a Lua ainda estava viva e coberta de vegetação e inúmeras flores, muitas vezes grandes e belos entes femininos demoravam-se em meio da maravilhosamente florida paisagem lunar. Mais tarde, os índios naturalmente não sabiam que a Lua já desde tempos remotos se encontrava em estado de decomposição, e que ali apenas atuavam enteais que se ocupavam com a desintegração da matéria nas suas substâncias básicas.

Gäa, a senhora da Terra, era chamada de "Pirapanema", sendo que, segundo a opinião dos índios, pertencia a ela a Terra com tudo o que nela se encontrava.

O nome original da grande protetora dos animais (Danae) era "Marabá". Mais tarde esse belo nome não mais era relacionado com a protetora dos animais, pois os missionários, combatendo incansavelmente a fé nos entes da natureza, aplicavam esse nome para todos os descendentes de índias com brancos. E assim aconteceu que os mestiços eram chamados de marabás.

Quando havia forte ventania, "Túibe" estava a caminho. Aliás, com muitos dos seus descendentes. Acontecendo isso, as árvores eram fortemente sacudidas, até caírem no chão todas as folhas ressequidas e galhos secos. (Túibe é o mesmo que Typhon).

Baldur e Demeter, os dois grandes entes, eram denominados de "Taúba" e "Taubymana". Esses faziam crescer frutas doces, o nutritivo milho e tubérculos farinhosos, cuidando para que não faltasse alimento a nenhum ser humano.

"Anhangá", o deus com o arco e flecha de fogo, é o mesmo Marte romano.

"Mani" era considerada a mais bela de todas as deusas que se aproximavam das criaturas humanas. Ela era a protetora de todas as pessoas que se amavam. Sua roupa era tão delicada, como se fosse uma tecedura de fios róseos da neblina da aurora. Mani

tinha muitas ajudantes. Maiores e as bem pequenas. As pequenas tinham até asinhas. Essas auxiliares tinham de reunir os namorados. Não importando quão longe estivessem um do outro. Isso, muitas vezes, era muito penoso...
As flores eram especialmente veneradas por todos. Nunca podiam ser arrancadas arbitrariamente, pois pertenciam às pequenas aladas "apyabebes" (fadinhas). Quando as apyabebes volitavam na luz da mãe-lua ao redor de árvores em flor, os irrequietos "curupiras" até ficavam quietos, alegrando-se com o que viam.
Curupiras eram os mesmos entes chamados faunos pelos romanos. São meio animal e meio ser humano, carregando sempre várias flautas consigo. Existem muitas espécies de curupiras. Aliás, de tamanho variado. Uma coisa todos eles têm em comum. Movimentam-se apenas saltitando. E isso mui rapidamente. Pois são também portadores de importantes novas. Até mesmo lhes era permitido aproximar-se da grande senhora Marabá, em caso de uma notícia especial.
O conhecido "saci", de uma só perna, certamente faz parte da espécie dos curupiras. Esses entes, quando se locomovem, dão realmente, às vezes, a impressão de que têm apenas uma perna...
Os gnomos eram chamados de "macaxeras". Nenhum índio iniciava uma caminhada mais longa, sem antes pedir aos macaxeras uma proteção de viagem.
Os elfos das árvores, os "espíritos das árvores", tinham muitos nomes. Um deles era "temoti". Os índios nunca cortavam uma árvore onde habitasse um "espírito". Isso lhes parecia como tirar a vida prematuramente de uma pessoa querida. Necessitando de madeira, eles cortavam "árvores vazias". Essas estavam, sim, sob a proteção dos espíritos das árvores, contudo era permitido cortá-las...
Especialmente estimados eram os "juruparis", vestidos de verde, e que tocavam cornetas de prata, querendo atrair a atenção para si. Eram os filhos de Taúba e Taubymana, que vigiavam, por ordem deles, as florestas e as campinas.
Quando em alguma região a vegetação não se desenvolvesse como devia ser, logo eram chamados os gnomos da terra e das raízes responsáveis por ela... Os juruparis – havia femininos e masculinos – sempre enfeitavam as cabeças com grinaldas de flores

que exalavam um aroma todo especial. Eles ajudavam e ensinavam também os seres humanos quando isso se fazia necessário.

Os juruparis foram declarados diabos e descendentes do diabo pelos missionários cristãos, tão logo souberam da existência deles... Também os "espíritos do fogo", com os rostos humanos e rabos de lagarto, eram por todos conhecidos...

Os índios de tempos remotos sabiam também a respeito de "Kamé", o "curador dos seres humanos" (Asklepios). Kamé, contudo, vivia fora do mundo humano. Por esse motivo ele mandara seu filho "Kaneru". Foi Kaneru que por ordem de Kamé ensinava aos seres humanos a arte de curar.

Os livros escritos depois da época colonial sobre "os mitos indígenas" baseavam-se principalmente em tradições confusas, não contendo, muitas vezes, nenhum grãozinho de verdade. Assim, por exemplo, Kamé e Kaneru foram apresentados por um historiador como sendo heróis de eras passadas, enquanto um outro ao mesmo tempo declarava que se tratava de nomes de duas tribos.

Muito queridas eram também as ondinas (sereias) que jubilavam e cantavam de alegria de viver. Havia muitas melodias que os seres humanos tinham ouvido das mães-d'água, como eram chamadas as ondinas.

As ondinas femininas, as "ai-aras", viviam em lagoas e nos mares. Nos rios e nascentes subterrâneas moravam entes de água masculinos. Eram chamados "marimbas". Essa palavra significa "peixe humano".

Cada ano celebravam-se várias festas em honra dos entes da natureza. No dia da "festa da água", ofereciam-se presentes às ai-aras. Esses presentes consistiam em um óleo de aroma forte – extraído de madeiras e de flores aromáticas – e em colares de grãos coloridos de sementes.

O óleo espalhado nas águas onde moravam ondinas permanecia flutuando durante algum tempo na superfície. Durante esse tempo a fragrância penetrava a pesada matéria terrenal, espalhando-se sobre a água onde moravam as ondinas. As ondinas alegravam-se com o perfume, aspirando-o profundamente como uma saudação do reino da terra...

Os colares também eram muito apreciados como saudação do reino da Terra. Havia ai-aras que tinham vários deles pendurados pelo pescoço. Naturalmente não eram os colares feitos na Terra. Estes logo afundavam quando atirados na água. Não obstante, os colares que enfeitavam o pescoço das ondinas tinham sido confeccionados pelos mesmos seres humanos. Pois, tão logo neles surgira o desejo de alegrar as ondinas com isso, esse desejo já continha em si força de vontade, concretizando-se no mundo astral. Pode-se dizer sob as mãos de almas humanas que vivem na Terra, as quais, pois, passam uma grande parte de sua vida naquele mundo astral.

Tomemos, como exemplo, um artista que se ocupa durante dias, muitas vezes até meses, com uma obra de arte, desejoso de executá-la. Enquanto ele na Terra se ocupa intensivamente com isso, essa obra de arte já está surgindo no mundo mais fino que circunda a Terra. Dessa maneira surgem várias obras de arte, das quais muitas vezes talvez uma ou mesmo nenhuma chegue a realizar-se na matéria grosseira...

No que se refere aos colares das ondinas, esses eram feitos e oferecidos às ondinas que vivem, pois, no mundo mais fino. As ondinas, sem mais nada, podiam enfeitar-se com esses colares, uma vez que eram feitos de um material correspondendo exatamente à espécie da matéria do mundo onde elas vivem...

No tempo atual, muitas vezes, é mencionada uma "rainha do mar" conhecida sob o nome de "Iemanjá".

O nome Iemanjá e o culto a isso ligado era completamente desconhecido entre os antigos povos do Brasil. Provavelmente se tratava em sua origem de uma ondina vista por alguém e aí transformada pela fantasia humana numa figura misteriosa que não tem mais nada em comum com os enteais. O culto praticado com essa figura contradiz, como todos os cultos de hoje em dia, as leis da natureza que vibram na Verdade. Ele, talvez, apresente uma atração turística, uma vez que tudo que for arranjado com um ar de mistério atua atraindo sobre uma certa espécie de pessoas... mas de outro lado esse culto apenas conduz a erros...

A mitologia brasileira em nada fica devendo à de outros povos. Isso os leitores já terão verificado do pouco que até agora foi dito.

Centenas de enteais poderiam ser citados, dos quais os povos antigos da América do Sul tinham conhecimento. Havia também muitas lendas cujo conteúdo sempre tratava de vivências experimentadas por seres humanos com os entes da natureza.

Na época do Descobrimento do Brasil essas lendas que muitas vezes continham ensinamentos úteis, bem como advertências, já estavam muito misturadas com acontecimentos das próprias tribos. Mais tarde, quando a colonização e a conversão dos "pagãos" já se achava em andamento, muitas dessas lendas foram identificadas com lendas cristãs e os seus santos.

Por exemplo Jara-Cuara, o regente do Sol, a quem a maioria dos índios se apegava tenazmente, foi transformado em "São Jorge"... E, quando um dos "pobres pagãos" afirmava que havia visto ai-aras na lagoa, essa afirmação absolutamente não era contestada. Pelo contrário. Ele era nisso até fortalecido. Apenas se declarava a ele que a pretensa ai-ara, que julgara ver, era na realidade "a Virgem Maria" em pessoa... Se alguém ousava objetar que várias ai-aras habitavam na lagoa, o respectivo então era considerado como um mentiroso, visto existir apenas uma Virgem Maria...

A maravilhosa Mani, às vezes mencionada pelos índios perante os missionários, transformava-se em "Nossa Senhora das Matas", pois a sagrada virgem aparecia às criaturas humanas em muitos lugares.

No tempo colonial surgiram várias designações que se referiam aos costumes dos imigrantes brancos e que os cronistas não souberam interpretar. Por exemplo a expressão "tatu branco"! Essa designação os índios aplicavam aos homens brancos que se enfiavam nas rochas e furavam buracos fundos na terra, à procura de ouro...

As mulheres dos imigrantes, que, com poucas exceções, viam os índios com desconfiança, eram chamadas "moemas". Com esse nome designava-se algo desagradável e maligno que machucava os outros...

E agora às "enigmáticas amazonas".

Na Ásia existiu uma vez um povo onde as mulheres usavam as lanças, combatendo e caçando, enquanto os homens ficavam nas aldeias dedicando-se a trabalhos menos perigosos. Tal espécie de mulheres nunca houve no Brasil. A notícia a respeito das "icamiabas", das mulheres guerreiras sem homens, foi divulgada primeiramente por um oficial de Pizarro, o conquistador do Peru, oficial esse que por ordem dele chegara com uma expedição ao baixo Amazonas, a fim de explorar a região.

Os participantes da expedição, vindo rio abaixo até a desembocadura de um afluente do Amazonas, não tinham sido preparados para a recepção que os esperava ali. Uma chuva de flechas caiu sobre eles, mal suas canoas se aproximaram da margem do rio. O assalto veio tão repentinamente, que tinham a impressão de terem caído numa emboscada.

Os enviados de Pizarro, que tinham vindo de Quito com "intenções pacíficas", olhavam estarrecidos e incrédulos, como que paralisados de surpresa, para o bando de mulheres reluzentes de ouro, que, ainda antes de seu desembarque, haviam disparado as flechas, ferindo muitos deles. A fúria dessas mulheres era tão apavorante e amedrontadora, que os homens sem demora viraram as suas canoas, fugindo. No caminho de volta para Quito, morreram dois participantes da expedição em consequência dos ferimentos.

A notícia das mulheres guerreiras, enfeitadas de ouro, espalhou-se com a velocidade do vento. Os homens que haviam participado da expedição, onde quer que chegassem, tinham de contar sobre seu encontro com as guerreiras; aí mostravam com visível orgulho as marcas das feridas mal curadas causadas pelas flechas. Cada um contava tal história a seu modo, acrescentando algo das próprias impressões. Apenas no que se refere à descrição das próprias guerreiras, todos concordavam...

— As guerreiras mesmo em sua fúria eram belas, declaravam unânimes. Eram altas, tinham cabelos compridos, uma pele clara e pareciam muito jovens. Reluziam, literalmente, através do ouro que tinham no corpo. Braceletes... testeiras... cintos... Não, não eram nuas. Estavam vestidas como as orgulhosas moças incas daqui...

Cada vez que os homens descreviam essas misteriosas guerreiras, eles ficavam admirados consigo mesmos por terem percebido tudo tão nitidamente no que se referia a elas, apesar das flechas voando para eles.

No decorrer do tempo muito se acrescentou à narrativa original.

Anos mais tarde contava-se que as guerreiras do "rio largo" cortavam um de seus seios, a fim de melhor manejar o arco e a flecha, e que adoravam o Sol num templo de ouro. E mais, dizia-se que apenas uma vez ao ano permitiam a um homem unir-se a elas, a fim de gerar filhos, para que a sua raça não se extinguisse...

Logo depois da volta da primeira expedição, uma segunda e mais bem equipada pôs-se a caminho. Entre os participantes encontrava-se um padre, pois desejavam as bênçãos da Igreja, a fim de acalmar as guerreiras.

A segunda expedição não obteve maior sucesso do que a primeira. Os participantes tiveram de fugir, se não quisessem ser perfurados pelas flechas. As bênçãos da Igreja pareciam ter falhado completamente, pois o padre foi ferido seriamente na cabeça...

Depois desse segundo malogro, nenhum dos conquistadores tinha mais vontade de explorar aquelas regiões perigosas...

As enigmáticas amazonas! Existem muitas lendas sobre essas mulheres guerreiras sem homens. Contudo, em parte alguma há uma indicação de que elas realmente tivessem vivido.

O enigma dessas corajosas mulheres, afugentando toda uma expedição no tempo de Pizarro, não é difícil de ser decifrado. Tratava-se de mulheres e moças incas, que haviam encontrado um refúgio numa tribo de índios amigos nessa região.

A carnificina feita pelos conquistadores europeus entre o povo do Peru foi tão abominável, que faltam palavras para descrevê-la. Durante algum tempo a embriaguez do ouro parecia ter extinto qualquer manifestação humana nas hordas de mercenários. Constantemente desapareciam meninos e moças, e até crianças eram violentadas.

Quando também os templos não foram poupados pelos "selvagens barbudos", alguns médicos e sacerdotes se reuniram, a fim de levar as moças dos templos e as meninas das escolas dos templos para refúgios seguros. Não ficou só nisso. Logo se juntaram mulheres e moças que haviam perdido os maridos e as famílias, e que de medo dos "selvagens barbudos", de preferência, se teriam escondido em buracos da terra.

Os médicos e sacerdotes fundaram uma espécie de movimento tão bem organizado, que os conquistadores mal percebiam que as moças se tornavam cada vez mais raras.

Os executores dos planos de fuga eram "os homens conhecedores de todos os caminhos". Esses homens, que podiam ser chamados "emissários", conheciam realmente todos os caminhos, não importando qual a direção e quão distante conduziam para além do Peru. Não se construía nenhuma das muitas estradas incas antes que esses emissários, que constituíam desde gerações uma firme comunidade, não tivessem explorado minuciosamente a região.

Resolveu-se abrigar as mulheres, moças e crianças junto de tribos tão distantes, que os conquistadores não poderiam encontrá-las, tribos bem conhecidas dos emissários. As meninas das escolas dos templos foram levadas junto com as professoras para uma velha fortaleza das montanhas ao noroeste de Cuzco. Não longe de lá vivia uma pequena tribo de índios, que colhia ervas terapêuticas, musgos e preparava essências para os médicos de Cuzco. Sob a proteção dessa tribo as pequenas e as grandes habitantes da fortaleza seriam bem acomodadas. Essa fortaleza é hoje conhecida sob o nome de "Machu Picchu".

Os arqueólogos que exploraram essa fortaleza encontraram nas escavações apenas esqueletos femininos. Até hoje estão quebrando a cabeça a respeito desse achado. Por que apenas esqueletos femininos?...

Para os incas distâncias não tinham importância. Por isso é compreensível que os emissários levassem um grupo de moças e mulheres até uma tribo de índios no Amazonas. Essa tribo não era estranha aos emissários. Um deles era casado com uma moça dessa tribo. Os médicos e sacerdotes que haviam organizado a fuga deram a todas o conselho de aprender o manuseio do arco e flecha, a fim de poderem, elas mesmas, se defenderem em caso de emergência. Com os "selvagens barbudos" no país, tinha de se estar preparado para tudo...

O quanto haviam aprendido bem a lidar com o arco e flecha, as mulheres incas no rio Amazonas provaram quando puseram em fuga duas expedições, uma após a outra. Vendo os "barbudos selvagens", dos quais haviam escapado, fazia pouco tempo, o medo quase as paralisou. Esse estado, contudo, passou rapidamente. A lembrança dos seus esposos assassinados, pais e irmãos, deu força e coragem a elas para atacar e expulsar os intrusos... Precisavam também de toda a coragem, pois encontravam-se nesse momento na aldeia apenas homens velhos, mulheres e crianças. Os outros homens da tribo achavam-se fora numa caçada demorada...

As mulheres, moças e crianças que viviam no exílio não estavam esquecidas e nem abandonadas. Os "homens que conheciam todos os caminhos" visitavam-nas de tempos em tempos, trazendo-lhes presentes e notícias dos parentes sobreviventes... Passados os piores anos da conquista, algumas mulheres voltaram para junto dos parentes. A maioria, porém, ficou com as criaturas humanas onde haviam encontrado uma segunda pátria...

Todas as tribos de índios radicadas nas regiões do Amazonas souberam, naquele tempo, da invasão do Peru e da crueldade e da cobiça pelo ouro dos "barbudos selvagens"! Elas sentiam-se solidárias com os incas, já que elas e os incas tinham se originado da mesma raça.

Na "lenda das amazonas" menciona-se muitas vezes uma pedra verde: o "muiraquitã". Diziam que as "amazonas" mergulhavam no rio por causa dessa pedra e traziam-na à superfície para depois adorá-la como fetiche.

Alexander von Humboldt, vendo uma dessas pedras das amazonas em tempos posteriores, classificou-a como feldspato verde...

Os índios de lá se enfeitavam, muito antes da chegada das amazonas, isto é, das mulheres incas, com essas pedras, que eram facilmente cortáveis e moldáveis. Contaram que lá vivia, muito tempo antes, uma belíssima moça índia que cantava tão maravilhosamente, que um dos "homens-peixe" que morava no rio havia-lhe dado uma dessas pedras verdes como presente...

Por fim ainda o conceito sobre a origem do ser humano conhecida por todos os povos índios em tempos remotos. Eis aqui:

"No início apenas havia um animal com braços, pernas e a cabeça de criatura humana. Assim ficou durante muito tempo. Aí aconteceu algo. O animal não mais era totalmente animal, mas sim um ser humano pela metade. Novamente passou um longo período de tempo. E então os animais humanos transformaram-se em criaturas humanas! Acontecido isso, eles saíram para encontrar um lugar onde pudessem estabelecer-se. Depois de longo tempo encontraram esse lugar. Aliás, no alto Tocantins. Ali corria o leite das árvores, e nozes cresciam na terra."

Esse ensinamento é curto, porém claro e livre de imaginações confusas dadas hoje por muitos cientistas sobre a origem do ser humano...

ALGUNS PORMENORES SOBRE O DESCOBRIMENTO DO BRASIL

Quando Pedro Álvares Cabral, à frente de treze aventureiras naus, aportou na costa do Brasil atual, teve, assim como o astrônomo da frota, João Matias, uma curiosa impressão.

— A sensação que tenho, disse, é como se estivéssemos tocando em porto já bem conhecido de uma terra natal! João Matias acenou com a cabeça, concordando que exatamente isso era o que também vinha sentindo. O mesmo e estranho efeito dominava parte da tripulação. Dessa maneira nem Cabral nem João Matias poderiam recriminar o fato de alguns de seus homens, que já tinham atado relações com os indígenas, terem deixado de retornar a bordo, ao levantar dos ferros, para a viagem de regresso a Portugal.

Cabral tratou logo de achar um nome para a terra recém-descoberta. O mesmo fizeram João Matias e os padres franciscanos que faziam parte da comitiva. Um dia, de manhã, João Matias, manifestando seu ponto de vista, declarou que a nova terra, ou a ilha, deveria chamar-se "*Vera Cruz*", no que foi apoiado por Cabral, igualmente desejoso de uma denominação que se referisse ao símbolo da cruz. Os franciscanos, por sua vez, também ficaram contentes com o nome escolhido. Na nova terra, a cruz, o nome de Cristo e o seu sacrifício pela humanidade teriam de ser pregados necessariamente aos nativos. João Matias, entretanto, ressalvou logo que, a dizer a verdade, não havia propriamente pensado na cruz de Cristo ao fazer aquela sugestão, que lhe ocorrera intuitivamente, todavia para não ser desonesto queria, também, relatar o fato de ter visto, na tarde do dia anterior, uma cruz refletida na fulguração vermelha do sol poente. Os franciscanos não levaram muito a sério esse depoimento da visão de uma cruz no disco solar, porém Cabral sorriu em silêncio, porque também ele havia presenciado, do seu posto na nau capitânia, aquele estranho pôr do sol com o signo da cruz.

Eis por que o Brasil foi primeiramente denominado *Ilha de Vera Cruz*. Anos depois, quando já se sabia que não se tratava apenas de uma ilha, foi, então, essa designação modificada de modo que, daí por diante, só se falava em *Terra de Vera Cruz*. Mas esse nome não iria perdurar. Mal decorridos trinta anos do descobrimento da Terra de Vera Cruz, já em Portugal se propagara o nome de *Terra dos Brasis*.

Todo o leitor da *Mensagem do Graal* não ignora que existe um significado muito sério relacionado com os nomes, quer se trate do nome de pessoas, de animais, plantas ou de países. Todo o nome é, a seu modo, um filtro que dá passagem a vibrações da Luz de uma certa e determinada significação. Assim sendo, a denominação *Brasil*, no sentido da Luz, quer dizer: terra virgem, terra imaculada.

De onde se originou propriamente o nome *Brasil*, prosseguem até hoje os historiadores em infindáveis controvérsias, sendo que, agora, já é possível dar uma explicação a respeito.

Um belo dia aportaram na costa norte do Brasil algumas embarcações. Dentre os passageiros desses navios havia um grupo de mercadores que viera em busca da nova colônia de Portugal, a fim de realizar transações lucrativas com os indígenas. Logo depois de sua chegada aqui, os tais mercadores entraram em contato com a pequena tribo dos tapicaris. Como estes indígenas até ali não conheciam nenhuma espécie de forasteiros, nem tinham sofrido da parte deles quaisquer maus-tratos, receberam os desconhecidos sob mostras de amizade, como hóspedes bem-vindos. Os mercadores, por sua vez, que eram em sua maioria homens bem-intencionados, alegraram-se com o bom acolhimento que lhes era dispensado, permanecendo durante várias semanas na aldeia dos índios. Nesse meio tempo tiveram oportunidade de partilhar de várias festividades peculiares da tribo, inclusive da que era dedicada aos seres ou gênios da floresta. Essa festividade revestia-se de uma importância toda especial para os índios, uma vez que entre eles as selvas eram tidas no mais alto apreço. Foi precisamente durante uma dessas festas que os mercadores, pela primeira vez, ouviram falar na história e na canção do gênio da floresta chamado *Mbrasil*.

Sete das mais lindas virgens dos tapicaris dançavam com passos rítmicos, cantando a *canção de Mbrasil*, que fez seu sangue correr pelas *ibirapitangas*. Repetidas vezes as virgens entoavam o nome do grande gênio das selvas, cuja morada era dentro da própria árvore. Depois de um grupo de senhoras idosas ter colocado em cima de um tronco uma espécie de porongo cheio de certo líquido, sete homens ricamente adornados de penas multicolores se aproximavam, empunhando cada qual uma longa lança de madeira. Era chegado, então, o momento dos homens principiarem, por sua vez, uma espécie de dança em torno do tronco, mergulhando a ponta das lanças no referido líquido, à medida que a dança se desenvolvia. Então, as pontas das lanças, embebidas no líquido, reluziam com um colorido vermelho vivo, que é próprio da árvore *ibirapitanga*.

Sempre de novo recomeçavam as danças com incessantes e novas melodias. Sem esmorecer, as sete virgens intercalavam seu cântico de louvor nos sucessivos e rápidos intervalos, entoando um veemente estribilho: "*Mbrasil, Mbrasil, teu sangue corre pelas árvores do ibirapitanga...*" De vez em quando elas dançavam em volta dos mercadores, cantando. Se algum deles, porventura, tentava reter uma delas pelo braço, elas redobravam na invocação do nome de *Mbrasil*, e se esgueiravam, rindo e rindo, dando continuidade à dança.

As festividades duravam habitualmente de um pôr do sol até ao raiar do dia seguinte. Ao despontar da aurora, porém, homens e mulheres conjuntamente erguiam um cântico de gratidão em honra ao senhor do Sol, que lhes propiciava calor e vida.

Os portugueses, sempre de novo, admiravam-se da disciplina e da ordem que, sob todos os pontos de vista, reinavam entre "os selvagens", achando a expressão selvagens absolutamente descabida com relação a essa gente.

Foi, contudo, nessa festividade indígena que os mercadores ouviram, pela primeira vez, a menção do nome *Mbrasil*. E foi, também, depois dessa festividade que ficaram conhecendo a árvore de cerne vermelho, que produz uma tinta característica de colorido vermelho vivo. Essa árvore é a *ibirapitanga*, sangue de *Mbrasil*, gênio da floresta. Ora, como o nome *Mbrasil* era sempre mencionado em conexão com a madeira de cor vermelha e o seu extrato, da mesma cor, ficaram os mercadores com a ideia de que esse era o nome da madeira, não só da madeira como o nome das próprias virgens tapicaris, uma vez que as jovens dançarinas, na dança ritual, batiam no peito e sorridentes proferiam o nome do gênio da floresta. Com isso queriam dizer que naquele ano elas eram as virgens de honra desse gênio da floresta.

Mbrasil, Brasil! Esse nome ficou de tal maneira entranhado na mente dos mercadores, que eles, carregados de haveres de toda a espécie, retornando às suas embarcações, de outra coisa não falavam senão dos *Brasis*. Chegando a Portugal, toda vez que lhes tocava falar da nova colônia, era à terra dos *Brasis*, a que sempre se referiam. Como tivessem trazido consigo grande quantidade de tal madeira, e essa tivesse ficado conhecida no comércio com o nome de *"Brasil"*, essa designação se alastrou rapidamente, tornando-se mais conhecida em Portugal do que o próprio nome *Vera Cruz*. Para a interpretação dos indígenas, um dos gênios das selvas era *Mbrasil*, porém, no sentido da Luz, o conjunto das duas sílabas *Brasil* significa: terra virgem, país indevassado.

Em Portugal reinou nos primeiros tempos desusada alegria pela nova descoberta de Cabral. Dom Manuel, rei de Portugal, logo depois do regresso de Cabral, enviou um homem da sua confiança, o florentino Américo Vespúcio, com o objetivo de melhor conhecer a terra e explorá-la. Vespúcio navegou ao longo da costa, procurando contato com os indígenas. Procurava algo que não conseguiu encontrar. Decepcionado, retornou a Portugal para dar conta ao rei. Esse relato, porém, foi conduzido de tal modo, que o rei dom Manuel ficou com a impressão de que a nova colônia não era de grande valor. Esse foi o motivo de o Brasil ter ficado tão longo tempo abandonado nos anos subsequentes ao Descobrimento.

O que Vespúcio inconscientemente buscava na costa do Brasil é claro que não podia mesmo encontrar. Em vaga reminiscência, vivia ainda em seu espírito o esplendor do ouro que ele, numa vida anterior na Terra, havia visto e saqueado nas paragens da América do Sul. Sim, Vespúcio havia sido um dos grandes de Espanha, que, muito antes de Cortés e de Pizarro, tinha se apossado violentamente do ouro de uma das derradeiras tribos dos incas. É, portanto, facilmente compreensível por que ele passou uma ideia tão pobre e desalentadora dos indígenas e das suas terras.

Chegaram mesmo a dizer, mais tarde, que não fora Cabral, mas os exploradores espanhóis, Lepe e Pinzón, os descobridores do Brasil. Esses espanhóis, porém, jamais tocaram na costa do Brasil, antes de Cabral.

Em compensação, cerca de trezentos anos antes de Cabral, dois veleiros, exoticamente construídos, tocavam na costa do atual Estado de Pernambuco. Tais embarcações eram procedentes do extremo norte da Europa, e a tripulação se dizia descendente dos vikings. Eram eles de opinião que aquilo que os seus antepassados, famosos navegadores, tinham outrora conseguido realizar, também podiam eles fazer agora.

Assim, ao pisarem no solo de Pernambuco, a sua alegria não teve limites. Foram entrando terra adentro, bebendo da água cristalina dos regatos e deliciando-se com os frutos magníficos que encontravam superabundantes, por onde quer que andassem. Meses a fio permaneceram nessas paragens, sem que nenhuma vicissitude os perturbasse, e, como não encontrassem viva alma por ali, pensavam que a ilha era deserta. Pois, curiosamente, também esses navegadores estavam na suposição de haver descoberto uma vasta ilha.

Um belo dia, porém, irrompeu no meio deles uma moléstia febril. Os enfermos se viam tomados de uma crise de angústia e, em delírio, acreditavam ou sentiam que pequeninos duendes vinham dançar sobre seus corpos. Seja como for, devido à aparição dos tais duendes, os navegadores começaram a pensar que a ilha era enfeitiçada e trataram de sair dali, sem mais demora. Assim, tomaram novo rumo as duas embarcações.

Dias depois foram desviadas uma da outra no meio de uma tempestade. No embate, emborcada pela fúria das ondas em alto-mar, uma delas soçobrou, perecendo toda a tripulação.

O segundo navio, depois de uma longa odisseia, com apenas metade da tripulação, tocou numa ilha que ainda hoje guarda memória daqueles náufragos: a *ilha dos Barbados*.

Os habitantes da ilha, de estatura pequena e de cabelos pretos, mostraram-se não pouco assustados ao verem surgir daquele navio, tão fortemente avariado, homens altos, de barbas ruivas, reduzidos a pele e osso. De todos os pontos da ilha acorriam pessoas de tribos amigas, atraídas tão-só pela curiosidade de admirar as vastas barbas e a cor do cabelo dos seus inesperados hóspedes. E assim aconteceu que, a partir daí, a ilha passou a ser conhecida como *ilha dos Barbados*.

Esses homens, do norte da Europa, foram os únicos que antes de Cabral conseguiram aportar na atual costa brasileira. E a Cabral coube poder encontrar esta terra, porque há muitos milênios foi este país a sua própria e maravilhosa terra.

DONA LEOPOLDINA,
Primeira Imperatriz do Brasil

Primeira Parte

Através da narrativa que passaremos a expor, todo espírito realmente esclarecido poderá verificar, em todos os seus pormenores, com que zelo uma pessoa é preparada e guiada, quando tem missão especial a cumprir na Terra, dentro dos desígnios de Deus. Essa preparação, contudo, sob o ponto de vista do cuidado e da prudência, é igual para todos. Difere apenas quanto à espécie da preparação, orientando-se sempre exatamente de conformidade com a missão que a cada um compete realizar. O que verdadeiramente importa e é decisivo em face da Luz é a maneira pela qual cada um se desincumbe da missão que lhe foi outorgada. No caso da arquiduquesa austríaca, sua missão terrenal era ser soberana, pois só como tal poderia dar cabal desempenho à missão que lhe competia executar. Sem que ela mesma nem os seus parentes mais próximos percebessem foi, desde criança, sendo preparada espiritual e terrenalmente para a missão que tinha a desempenhar.

Aos doze anos de idade Leopoldina passou pela sua primeira experiência de natureza espiritual. Acordando, certa noite, viu junto da cama o vulto de uma pessoa envolvida por um véu. Tanto o véu como a vestimenta dessa visita eram resplandecentes, de cor azul-claro. O próprio dormitório em que ela estava, dormitório amplo de palácio, achava-se inteiramente tomado daquela magnífica luz azul-clara. Surpresa e sem medo, Leopoldina firmou o olhar, vendo que o vulto retirava o véu da cabeça e dirigia os maravilhosos olhos para ela. A criança começou a tremer e um grito de alegria escapou de seu peito. A visão noturna era a sua mãe, a saudosa mãe. Leopoldina teve ímpetos de saltar da cama, a fim de se aproximar da mãe, mas esta, com ternura, pousou a mão sobre a cabeça da menina, e a claridade azul se desfez, voltando o quarto de novo à escuridão noturna.

Leopoldina pôs-se a chorar, tomada de grande amargura. Não podia de modo algum compreender a razão de haverem dito a ela e a seus irmãos, todos crianças, que a mãe tinha morrido e se encontrava na presença de Jesus, no céu. Isso não era absolutamente verdade, uma vez que sua mãe estava viva, bonita e feliz.

De manhã, quando a governanta apareceu para acordar a menina, esta já se achava de pé e recebeu a sua velha serva com a afirmativa de que a mãe ainda vivia. Não estava no céu nem na gelidez da cripta. Todos, sem exceção, haviam mentido para ela, porquanto a mãe, em pessoa, tinha estado ali. Surpresa e confusa a governanta encarou a menina:

— A sua mãe está é com Jesus, no céu, disse com firmeza.

A seguir perguntou onde iriam todos parar, se princesinhas imperiais começassem a acreditar em aparições de mortos. Percebendo Leopoldina que a governanta não acreditava mesmo, pôs-se a chorar e mergulhou de tal modo num pranto inconsolável, que a governanta achou melhor comunicar o fato ao imperador.

O imperador tinha especial predileção por Leopoldina, mas quando ouviu do que se tratava, daquilo que a menina afirmava ter visto, ficou zangado. De uma feita já havia existido na família um caso desses, em que uma parenta moça afirmava estar vendo aparições de mortos. Foi necessário um esforço imenso para impedir que essas visões imaginárias circulassem fora do palácio. Agora, vinha a sua própria filha afirmando que havia visto a mãe. Era demais! Porém, tão rápida quanto veio, passou logo a irritação do imperador, ao lembrar que talvez a primeira esposa, não conseguindo achar repouso na morte, houvesse realmente aparecido à filha. Era como que um sinal pedindo missas para o repouso da sua alma. Certo é que o imperador não era lá tão supersticioso quanto os seus súditos, mas no íntimo temia muito tudo quanto se referisse à morte e aos mortos. Quando mais tarde Leopoldina se apresentou em visita matinal, o pai serviu-se da oportunidade para explicar à filha que só é próprio de bruxas e de tolos viver acreditando

ter visto ou ouvido coisas que não existem. Ora, ao rol das coisas que não existem, pertencem também os mortos. E por que foram, em outros tempos, queimadas vivas tantas mulheres, tantas jovens tidas como bruxas, senão pelo fato de afirmarem saber coisas que o verdadeiro cristão não pode sustentar? Espantada, Leopoldina encarava seu venerado pai, dizendo que não tinha visto morto algum, mas tão-somente a sua querida mãe, que, bem viva, resplandecia como uma lâmpada azul. Aborrecido, o imperador a interrompeu, dizendo que não estava disposto a cuidar desses disparates, sendo muito melhor que uma arquiduquesa da casa dos Habsburgos não mencionasse mais tais assuntos. Leopoldina tentou ainda convencer o pai de que ele, sem dúvida, tinha razão, em se tratando de bruxas e de tolos, mas no caso dela...
— Basta, minha filha! A governanta tomou Leopoldina pela mão e retirou-se com ela.

Alguns dias depois, houve uma nova aparição da mãe à filha, mas dessa vez sem véu, tendo a fronte cingida por um diadema refulgente, do qual pendia uma cruz sobre a testa. Encantada com a fulguração, Leopoldina fixou os olhos sobre a joia, exclamando:
"Que diadema lindo tens, mamãe! Por que não me levas contigo? Leva-me daqui, em tua companhia, pois todos vivem a repetir que morreste e estás no céu..." Num instante, trêmula de alegria a menina sentiu que em realidade estava sendo instada para seguir com a mãe, pois esta tomava-lhe a mão e Leopoldina já se via flutuando no ar, para fora do palácio, ao lado da mãe. O trajeto, porém, não foi muito longo, visto que logo depois, com grande espanto de Leopoldina, ambas se achavam na cripta dos capuchinhos, junto dos sarcófagos dos Habsburgos. Sua mãe, erguendo a mão, apontou para o seu próprio esquife.
Leopoldina olhou através da tampa e viu uma fisionomia que de fato parecia de pessoa morta. Pouca semelhança tinha com a sua mãe radiante, ali presente, sendo, apesar disso, a mesma mãe. Perturbada, a menina olhou em torno de si. Sobre um dos esquifes achava-se agachado um velho, mergulhado em lamúrias

e que parecia não tomar conhecimento dos visitantes ali presentes. Leopoldina tornou a olhar para a fisionomia da morta no esquife, mas sentiu outra vez o toque delicado da mão da sua mãe viva e, num abrir e fechar de olhos, já flutuavam ambas outra vez, espaço afora, seguindo agora um caminho mais longo através de campinas e de bosques banhados de sol. Junto de uma grande árvore, a viagem flutuante chegou ao fim, e Leopoldina notou que a mãe apontava para algo que parecia estar colado ao tronco. Olhando melhor, viu que era um casulo do qual começava a sair uma borboleta. Não demorou muito e a borboleta conseguiu sair totalmente, pousando ao lado do casulo.

 Nesse instante, Leopoldina percebeu que a mãe queria que ela observasse melhor o casulo vazio. Olhou, mas viu que não oferecia nada de mais. Finalmente, sem ter noção de quanto tempo aí ficara a contemplar o invólucro, tornou-se consciente de que uma pessoa pode igualmente sair do seu invólucro, como a borboleta. Cheia de alegria, olhou em torno de si, avistando largos campos floridos, árvores magníficas, só a mãe havia desaparecido. Antes mesmo, porém, de tomar perfeito conhecimento de que se achava sozinha ali, começou a flutuar outra vez e, como que arrebatada por vertiginoso redemoinho, partiu daquela radiosa paragem.

 Acordando na manhã seguinte, Leopoldina foi rememorando, pouco a pouco, a aventura da noite. Aliviada, respirou profundamente, já cônscia de como pode acontecer de uma pessoa estar ao mesmo tempo morta e viva. Tão-só a ideia de um céu é que ela não compreendia bem ainda. Mas o que sabia, já era o bastante. Dessa feita, foi ao irmão Ferdinando, a quem ela estimava muito, que recorreu para confiar o seu segredo, segredo que tão-só os dois souberam enquanto viveram neste mundo.

 Mais uma vez ainda teve de entrar em choque com os adultos, aliás, durante uma das suas muitas permanências na Itália. Leopoldina ouviu contar que havia morrido uma personalidade de larga projeção social e que os descendentes da mesma estavam inconsoláveis com a perda desse ente querido. Ao ouvir isso, Leopoldina começou a rir, dando mostras de grande alegria. Que gente tola ficar triste por isso, visto que a pessoa não morreu, mas apenas se arrastou para fora do casulo. Assustados com a atitude da menina, os circunstantes fitaram-na com olhos inquiridores, como que procurando descobrir nela alguma tara hereditária. Felizmente uma tia da pequena, que ali estava presente, tomando-a carinhosamente pela mão, saiu com ela dali, para dar um passeio. No caminho, pôs-se a tia a explicar que os seres humanos não se arrastam para fora do casulo, como a menina havia dito, mas que no máximo podia-se dizer que eles se erguem dos seus corpos, flutuando até o céu. Leopoldina achou muito bonita a explicação, não usando mais, daí por diante, a expressão "arrastar-se do casulo", mas sim as palavras "erguer-se do corpo", quando se tratava de narrar a morte de alguém.

Uma terceira vez tornou a aparecer a mulher que em vida tinha sido a mãe de Leopoldina. Esse fato, porém, só aconteceu alguns anos depois, a saber, antes de Leopoldina embarcar para o Brasil, a fim de cumprir lá a sua missão.

"Estou contigo e por ti espero", foi o sentido das palavras que Leopoldina ouviu quando a mãe lhe apareceu pela terceira vez. Foi uma visita muito breve. Quando Leopoldina percebeu que estava sozinha no aposento, ajoelhou-se e chamou desesperadamente pela mãe. Teve repentinamente a impressão de que nos olhos lindíssimos da mãe vislumbrava certa tristeza.

"Mãe", exclamou, "tenho medo"...

Após essas experiências espirituais, durante anos Leopoldina nada mais viu de extraterrenal. Somente pouco antes da sua partida para o Brasil é que começou a sentir de novo o dom da vidência. A partir dessa fase da sua vida, até a morte, dispôs da faculdade de ver as pessoas como de fato eram, não como se mostravam no convívio com as demais. Foi possível, assim, a Leopoldina, acumular muitas experiências. Se essas experiências foram muitas vezes dolorosas, eram necessárias como a última preparação para o cumprimento da sua missão no Juízo Final.

Espiritualmente Leopoldina fora bem preparada, assim também no que tange à sua educação terrenal, a qual, com relação à época, podia ser considerada como modelar. Mais de uma vez teve por mestres pessoas capacitadas a guiar os pensamentos da criança e, mais tarde da jovem, para o lado de coisas referentes ao Brasil.

Conquanto os professores assim procedessem sem intenções, não obstante, cumpriam a seu modo o importante papel que lhes competia. Dessa forma, quando Leopoldina contava dez anos de idade, recebeu como preceptor um padre jesuíta, o qual, através de longas narrativas que fazia de perseguições aos jesuítas no Brasil, começou a atrair a atenção da menina para esse país. Além disso, era o tal padre tão versado em coisas atinentes ao Descobrimento do Brasil, e de tal modo sabia colorir as suas histórias, que até mesmo adultos ficavam embevecidos ao ouvirem-no falar.

Uma das narrativas do padre que sempre queria ouvir novamente era a história da perseguição aos índios no Brasil. Todas as vezes ela tornava a derramar lágrimas amargas, quando o assunto entrava no episódio da comovente perseguição aos índios. Revoltada, perguntava por que então o papa não dava ordens no sentido dos jesuítas trabalharem na defesa dos índios.

— Sendo o papa infalível, sabe melhor que ninguém como os índios necessitam de máximo apoio... e como os jesuítas ajudam de modo cristão.

No tocante à infalibilidade do papa, contudo, o padre habilmente procurava esgueirar-se. Não podendo, porém, como de fato não podia deixar de dar uma resposta ao caso, embarafustava-se em divagações, dizendo que a princesinha devia começar a pensar sobre a palavra de Cristo. Nisso era preciso sempre levar em conta como é difícil ser um verdadeiro cristão, pois o diabo tenta também um cristão quando menos se espera.

Decorrendo nesse teor, as aulas de religião eram uma fonte de contentamento para a pequena Leopoldina, contentamento esse que na realidade tinha de durar bem pouco tempo, porque as ordens religiosas, movidas pelo ciúme, não permitiam que nenhuma delas gozasse da predileção da casa imperial. Tendo isso em vista, eram mudados todos os anos os preceptores, mas nenhum outro conseguiu despertar na menina tamanho interesse pelas coisas da religião, como aquele simples e despretensioso padre jesuíta, vindo de Roma. O mais interessante, porém, é que a menina, através das narrativas do padre, ficou conhecendo melhor a História do Brasil do que qualquer outra pessoa na Áustria. E assim, a quase todos os novos professores de religião ela contava o que sabia da perseguição aos jesuítas no Brasil. "E por que eram eles perseguidos?" "Simplesmente porque pretendiam dar instrução aos pobres indígenas!" Sorrindo, os professores escutavam essas inflamadas narrativas, sem, contudo, entrar em maiores indagações, dado que a Ordem dos Jesuítas não pertencia propriamente à igreja cristã, nem estava sujeita à autoridade do papa.

Ao atingir catorze anos de idade, Leopoldina teve a sua atenção novamente despertada para as coisas do Brasil. Por esse tempo Leopoldina passou a ter como professor de música um italiano de nome Giovanni Pasquale Graziani. Esse italiano tinha vivido vários anos no Brasil, vendo-se forçado a retornar à Europa movido tão-só por dificuldades familiares. Através desse personagem, Leopoldina ficou, então, conhecendo o Brasil, agora sob um outro prisma. Mas um traço era comum entre o músico italiano e o padre jesuíta, seu primeiro professor de religião: a maneira inflamada de relatar os fatos. Dessa maneira, Leopoldina escutava a história da vida do músico no Brasil, como se estivesse presa à leitura de um atraente romance. Pois bem, Giovanni descrevia com tal riqueza de linguagem a natureza brasileira, terminando sempre por afirmar que se ali não era, pouco faltava para ser o paraíso terrestre. E assim acontecia que, muitas vezes, professor e aluna perdiam de vista o tema da lição a estudar, quando se punham a conversar sobre coisas do Brasil...

Um terceiro professor, que, sem mesmo ter consciência disso, estava destinado a preparar a jovem Leopoldina para a sua futura carreira, foi o jornalista e escritor dr. Gentz. Seu sistema de ensino não era lá o que se diga muito regular, nem nada tinha a ver com religião, não obstante foi de suma importância para a jovem princesa. O dr. Gentz havia sido nos seus tempos de moço um ardoroso adepto das ideias da Revolução Francesa, e veio a encontrar em Leopoldina uma atenta ouvinte.

Assim, quando sustentava que "todo povo tem de ser livre, ainda que tenha de conquistar a liberdade à custa do seu próprio sangue", Leopoldina o apoiava com toda a sinceridade. Que um povo deva ser livre, era coisa sobre a qual não tinha a menor dúvida, mas que para isso fosse preciso derramar sangue, isso não podia compreender. A história dos povos ensinada pelo dr. Gentz, essa, então, era um hino de consagração à liberdade, sem distinção de nacionalidade ou cor. O ilustrado professor, contudo, não era absolutamente um revolucionário no sentido comum que se empresta ao termo. Tinha como coisa certa que reis e imperadores governassem, desde que fossem verdadeiramente reis ou verdadeiramente imperadores.

Diante de ensinamentos tais, Leopoldina aprendeu que um povo podia ser livre, e no entanto seguir algum soberano.

Dr. Gentz era um amigo de Metternich, pois este trouxera-o para a corte imperial da Áustria. Essa amizade, porém, veio a sofrer profundo abalo no momento em que o dr. Gentz percebeu que Metternich não apoiava a ascensão de Leopoldina como regente do império da Áustria. Era-lhe um empecilho. Não ignorava, o dr. Gentz, que o imperador, no círculo de seus íntimos, já manifestara o desejo de confiar à sua filha Maria Leopoldina a corregência do império, mas não ignorava, também, como era grande a influência que Metternich de fato exercia sobre o ânimo fraco do imperador. Tanto mais agora, no momento em que o monarca planejava casar-se pela quarta vez.

Sabido era, igualmente, como Leopoldina manifestara de público o seu desagrado, chamando de "diabólico" o sistema de espionagem usado por Metternich, sistema esse que só podia favorecer lacaios e camareiras da corte.

Nessas condições, o dr. Gentz tomou a si a tarefa de lentamente ir preparando o espírito da arquiduquesa quanto a um possível casamento, único meio com que Metternich podia contar para afastá-la da Áustria.

O dr. Gentz, porém, não chegou a pôr em prática os seus planos em favor da jovem, uma vez que os acontecimentos se precipitaram:

dom João VI rei de Portugal e Brasil procurava oficialmente uma princesa para casar-se com seu filho, dom Pedro.

Metternich fez o que pôde para convencer o imperador das vantagens que adviriam da união das duas casas reinantes através de tal casamento. Dessa vez, porém, ao contrário do que era habitual, o velho monarca já não se mostrou tão acessível aos desejos do seu ministro. Urgia, antes de mais nada, consultar a própria arquiduquesa. E com essa resolução firme do imperador, Metternich teve de se dar por satisfeito.

A primeira notícia desse projeto de casamento chegou ao conhecimento de Leopoldina através da primeira dama da corte, de sua confiança, a condessa de Kyburg. Estarrecida, a jovem encarou a velha confidente, exclamando:

— Querem, então, afastar-me da Áustria; mas o que acontecerá se ninguém se atreve a ir contra a política de Metternich?!

As palavras de Leopoldina fizeram com que a condessa visse quão profundamente caro ao seu coração era o destino da sua pátria. Um outro motivo, porém, pesava em seu ânimo, para que não se afastasse da Áustria: estava apaixonada por um capitão da guarda de honra do imperador. Despercebido da intriga palaciana, desenvolvera-se o amor entre os dois jovens. Tão-só a condessa de Kyburg tinha conhecimento do fato.

O capitão era o conde Rudolf Waldeck, da velha nobreza austríaca. Sua incumbência consistia em acompanhar o imperador e a arquiduquesa Leopoldina em todos os passeios e excursões a cavalo, em companhia de outros oficiais da guarda de honra.

Leopoldina teve a sua atenção pela primeira vez voltada ao jovem conde, quando, numa cavalgada, tendo caído do cavalo, ele correu solícito para erguê-la do chão. O monarca, porém, indignado, repeliu a ajuda do capitão. Auxiliou, ele mesmo, a filha a montar de novo, podendo ela, embora machucada, retornar vagarosamente ao palácio.

Chegando lá, o próprio imperador carregou-a aos seus aposentos particulares, e lá lhe passou veemente descompostura pelo fato de ela haver estendido a mão ao conde quando este fez menção de erguê-la. Leopoldina, porém, não tinha a menor ideia de haver

101

estendido a mão a quem quer que fosse. Ora, a irritação do imperador contribuiu para que Leopoldina começasse a observar melhor o referido oficial. Não tardou muito a perceber que o rapaz empregava todos os recursos possíveis para chegar perto dela.

No entanto, somente dois meses depois, ambos, afinal, puderam conversar à vontade, e isso no baile da corte, durante o Congresso de Viena. A partir daí os dois passaram a encontrar-se com maior ou menor intervalo, numa pequena igreja, nas imediações do paço.

Nesses encontros furtivos o conde vinha encapuzado num velho capote militar de seu criado e a arquiduquesa envolta em pesado manto negro, guarnecido de capuz, pertencente a "Kibi", dama da corte. Kibi, naturalmente, era a condessa de Kyburg, a sua confidente, a qual, também, durante essas entrevistas ficava atenta, montando guarda ali na igreja.

Ora, bem sabiam os dois jovens que esses amores eram sem esperança. Chegaram mesmo a falar na possibilidade de uma fuga, embora intimamente estivessem convictos de que para ambos não havia lugar algum onde pudessem se refugiar. Além disso, uma representante da estirpe dos Habsburgos jamais se empenharia no escândalo de uma fuga, como também um oficial da velha guarda fidalga dos Waldeck nunca o faria.

Quando o imperador levou ao conhecimento da filha a proposta de casamento do trono português, Leopoldina declarou que preferia permanecer na Áustria, ao lado dele e dos seus irmãos, até que chegasse a hora oportuna dela assumir as rédeas da regência. O imperador concordou com isso. Notando Leopoldina, porém, de modo inequívoco, que o pai ficara como que constrangido ao ter de dar uma resposta negativa a Metternich, ponderou que, mesmo assim, não haveria necessidade dessa resposta ser transmitida imediatamente ao primeiro ministro. Mesmo porque não existia urgência na proposta de dom João VI.

O imperador adivinhou, num relance, o verdadeiro sentido da argumentação da filha, percebendo ao mesmo tempo até que ponto estava ele entregue às mãos de Metternich. Mas não se deixou ficar muito tempo entregue a essas tristes meditações, dizendo para si mesmo que se Metternich era tão regiamente pago pelos serviços que prestava, nada mais natural que se esforçasse também para conseguir os seus fins.

Leopoldina retirou-se da presença do pai com o coração cheio de preocupações. Conhecia muito bem as fraquezas do pai e sabia o costume que tinha de forjar sempre uma interminável série de ponderações, contanto que não sacrificasse a sua tranquilidade pessoal. E quem poderia garantir que ele mesmo, afinal, não tomasse por conta própria a resolução de aceitar a proposta de casamento? Lembrava-se da sua irmã Maria Luiza, entregue às mãos de Napoleão pelas traficâncias ignóbeis de Metternich.

Leopoldina tinha apenas treze anos quando isso acontecera; estava agora com vinte, todavia, malgrado o transcorrer do tempo, guardava ainda bem vivo nos ouvidos o amargurado pranto da sua desolada irmã, assim como, também, não se esquecia das palavras cortantes da tia Carlota, ao comentar que as princesas, de certo modo, não passavam de meros "animais de reprodução", destinados a garantir sucessores ao trono, ao passo que aos homens, tão-só, era dado gozar a vida e tirar partido da sua posição.

Leopoldina chorou amargamente. Sem dúvida que estava disposta a renunciar às afeições pessoais, ao seu amor, mas quem cuidaria do seu irmão doente, dos outros irmãos, e quem mais poderia, no futuro, oferecer resistência às sórdidas maquinações de Metternich?

Quando no dia seguinte apontou ali o padre seu confessor, um beneditino, a quem ela costumava chamar de "pai Ambrósio", a princesinha contou-lhe do projeto de casamento, de Metternich, e também do seu amor pelo conde de Waldeck. Quanto ao projeto de casamento, o padre confessor sabia muito mais coisas a respeito do que ela, e até mesmo muito mais que o próprio imperador.

Através do núncio papal, seu amigo, estava ciente de que Metternich já havia aceito o pedido. Sabia mais, sabia que o todo-poderoso Consalvi, que na organização da Igreja desempenhava no Vaticano mais ou menos o mesmo papel que Metternich na política, diferindo apenas deste por ser muito mais inteligente e menos vaidoso, era contra a aceitação do projeto de casamento português. Assim, embora a Igreja agisse de comum acordo com Metternich, Consalvi, por certas e determinadas razões, desejava que a arquiduquesa Leopoldina assumisse as rédeas do governo austríaco.

No tocante aos amores pelo conde, Leopoldina recebeu da parte do confessor a mais enérgica repulsa. Sustentava com toda a severidade que uma arquiduquesa da Áustria não fora educada para vir a ser simples esposa de um conde. Além do mais, de um conde que em toda a Viena se tornara conhecido pela sua vida leviana.

Leopoldina encarou com firmeza o velho padre, que há três anos vinha sendo seu confessor, o qual, embora às ocultas, havia lido para ela escritos de Paracelso e de Nostradamus, pois ele gostava muito de investigar antigas profecias. No entanto, aí se mostrava que o mesmo doutrinador preferia apoiar uma situação falsa, contanto que não viesse a perturbar o comodismo de velhos hábitos tradicionais...

Leopoldina perguntou então ao seu confessor se este também tinha achado certo o casamento da sua irmã com Napoleão, porquanto ele, como toda a gente, bem havia de saber que Napoleão amava somente Josefina e os seus planos de guerra, fato esse que nenhuma corte europeia ignorava.

Diplomaticamente, padre Ambrósio respondeu que a Igreja não tinha nada a ver com aquele casamento. Leopoldina, contudo, não se deu por satisfeita, e continuou perguntando se o casamento, diante de Deus, não tinha muito mais valor quando feito por amor do que fundamentado em motivos de Estado.

— Sem dúvida que sim, respondeu padre Ambrósio, mas não é justo, também, que se ponha em risco a organização de um país inteiro, embaraçando-a tão-só por causa de amor...

— Mas, ponderou ainda Leopoldina, se solicitasse ao meu confessor a sua interferência no sentido de pedir a seu amigo, o núncio papal, que demova Metternich de apoiar o projeto de casamento português?

— Isso está fora de cogitação, respondeu padre Ambrósio. A Igreja não se intromete em questões de Estado. Bem, Leopoldina sabia agora que não podia contar com padre Ambrósio, estava só, inteiramente só. Seu destino estava nas suas próprias mãos.

Metternich, efetivamente, já havia mandado transmitir o seu assentimento a Marialva. Dessa feita, porém, o imperador não se mostrou tão fraco como a filha supunha. Mandou chamar o ministro à sua presença para comunicar-lhe que a arquiduquesa permaneceria na Áustria, uma vez que a enfermidade do príncipe Ferdinando era certamente incurável, tornando-se necessária a presença de Leopoldina no país.

A resposta de Metternich não se fez esperar: declarou que já havia dado o seu consentimento para as negociações, uma vez que o próprio imperador no decorrer da última conversação a respeito não havia dito expressamente "não", ficando ele assim, como ministro responsável, na impossibilidade de retirar a palavra empenhada, sob pena de cair no mais completo ridículo, pelo que, desde já, pedia a Sua Majestade demissão do cargo.

Estupefato, o imperador encarou o ministro. De um lado, é verdade, ficaria satisfeitíssimo se pudesse ver-se livre de Metternich; por outro, estava às vésperas do seu quarto casamento, e não era hora oportuna de se aborrecer com complicações de crises ministeriais. Diante disso, só lhe restava dizer que competia exclusivamente a sua filha, a última palavra, se era ou não da sua vontade aceitar a mão do príncipe herdeiro do trono português. Até lá ficariam as coisas no pé em que estavam.

O imperador não pôde falar imediatamente com a filha, porquanto a sua noiva, Carolina Augusta, filha de Max da Baviera, chegara a Viena, acompanhada do seu séquito. Além disso, Leopoldina foi acometida de um leve estado febril, em consequência da emoção que sofrera ao ver-se abandonada pelo padre confessor, sagaz homem de Estado, vestido de sacerdote.

Durante essa enfermidade, pondo-se a meditar, veio a reconhecer que, afinal, havia tomado uma atitude defensiva contra uma situação que na realidade não fora expressamente declarada. Pois o seu próprio pai não lhe havia autorizado, deixando nas suas mãos deliberar como quisesse, sobre a aceitação ou não desse casamento? Alguém, porventura, a estava forçando a se preocupar com o falado projeto do rei português? "Está em minhas mãos permanecer ou não, aqui", ponderava ela.

Procurava por todos os meios possíveis esquecer, afastar a ideia dos tais planos de casamento, mas era inútil: o assunto a preocupava sem cessar. Ardendo em febre, revolvia-se certa noite na cama, quando começou a ouvir o estranho tanger de um sino. Procurava acalmar-se, tentando descobrir de que igreja poderia vir aquele esquisito som.

Enquanto meditava persistentemente dessa maneira, foi o dormitório subitamente inundado por uma radiosa luz azul-clara, como que prenunciando o aparecimento da sua mãe. Não foi, todavia, a mãe que surgiu junto de sua cama, na fulguração azul. Foi uma figura varonil, o vulto grande de um homem, vestido de branco. O que, antes de mais nada, porém, atraiu a atenção de Leopoldina foi um disco de ouro, do qual refulgia o sinal de uma cruz. Essa joia estava, de algum modo, presa ao peito do estranho personagem.

Ao defrontar-se com o mesmo, Leopoldina foi assaltada por uma sensação de felicidade como nunca na vida, uma felicidade que não era deste mundo. Sentiu-se, de um momento para outro, sob a mais perfeita impressão de segurança, de apoio, e a sua inquietação desfez-se em nada. Percebeu, afinal, que essa aparição desejava comunicar-lhe algo. Cheia de receptividade, ergueu os olhos para o rosto resplandecente daquela esplêndida aparição.

Enquanto ela assim olhava para cima, desvaneceu-se aos poucos o luminoso vulto, aparecendo no seu lugar uma espécie de globo terrestre, em que se destacavam dois pontos de grande luminosidade. Contemplando demoradamente essa extraordinária visão, verificou que um dos pontos representava o seu país natal, a Áustria, ao passo que o outro, situado bem distante, era o Brasil. Esses dois países se apresentavam ligados por intermédio de uma larga faixa de luz nas cores do arco-íris. Uma espécie de ponte suspensa entre as duas nações.

Repentinamente, Leopoldina teve conhecimento de que o caminho do seu destino, através dessa ponte, ia ter àquela terra longínqua. Sem mais demora, o globo desapareceu e o espaçoso dormitório do palácio ficou de novo imerso na escuridão da noite.

Depois dessa revelação, a paz retornou à alma da jovem. Toda a insegurança se desfez. O caminho do seu futuro lhe fora assim revelado para que entrasse nele. Conquanto não soubesse dizer ainda qual a tarefa a ser cumprida naquele país distante, já sabia, porém, que uma incumbência estava à sua espera. Em vão, não lhe fora mostrado o globo terrestre. Fora honrada com uma missão.

Quando ficou ciente desse fato, seus olhos se encheram de lágrimas e uma oração de agradecimento ao Senhor do mundo preencheu a sua alma. "Meu caminho, portanto, se estende através dos mares para um país florescente!" Diante dos seus olhos espirituais estendiam-se maravilhosas florestas, cujas árvores, como um mar de flores, se curvavam ao sopro do vento. Era um quadro de uma beleza e de uma alegria tão grandes, que não parecia ser deste mundo.

Leopoldina olhou demoradamente para o brilho desse maravilhoso mundo. "Mas onde estavam os seus habitantes? E por que o seu caminho levava para esse país distante? O que havia lá?"

"Auxilia o povo a libertar-se e prepara o país para o tempo em que o Salvador virá para executar o Juízo sobre a Terra. Se assim o fizeres, cumprirás a missão que te foi confiada e a ti mesma te prepara para aqueles tempos em que os mortos e os vivos estarão uns ao lado dos outros, perante o trono do Juiz."

Tremendo, Leopoldina estava deitada em seu leito. Não sabia dizer de onde tinham vindo essas palavras. Quem as havia proferido? Não se via ninguém. Repetiu várias vezes as palavras ouvidas, para que não esquecesse nenhuma delas. "Se o Salvador virá para o Juízo, então somente poderia tratar-se do Juízo Final! Na Bíblia se encontra uma exata descrição desse Juízo."

Leopoldina pôs-se a meditar longamente sobre tudo. Gostaria de confiar tudo a alguém, mas o perigo de ser tachada de bruxa gravou-se nela com letras de fogo. "Bruxas e loucos veem coisas que não existem", assim tinha falado o pai, quando a querida mãe lhe tinha aparecido. O que, então, não diria ele agora?

Quando Leopoldina no outro dia levou ao conhecimento do imperador a sua resolução de se casar com dom Pedro, a primeira impressão que o pai teve foi de profunda mágoa. A própria Carolina Augusta da Baviera, que dentro de poucos dias ia se tornar a quarta esposa do imperador, mostrou-se desagradavelmente surpresa, pois, no curto espaço de tempo em que estava em Viena, reconhecera imediatamente em Leopoldina uma alma de espécie igual, alegrando-se por ter na sua proximidade uma verdadeira amiga. E, agora, Leopoldina queria abandonar a todos.

O imperador perguntava sempre de novo à filha por que tomara tão de repente essa resolução. Justamente agora, quando podiam libertar-se de Metternich e da sua nefasta política, Leopoldina falhava. "Por que o Brasil?" Pelo que tinha ouvido, uma proposta semelhante tinha vindo da Inglaterra, que pretendia igualmente uma princesa à altura para o irmão mais moço do príncipe de Gales. Preferível, sem dúvida, seria um casamento na Inglaterra que num país tão distante assim. Embora em princípio fosse contra a Inglaterra, contra seus amaldiçoados democratas e a sua esquisita religião, gostaria que sua filha fosse para lá, já que queria casar-se.

Contudo, Leopoldina ficou firme. Só iria para o Brasil; casar-se-ia lá, ou não casaria. Indignado o imperador olhava para a filha. Os dois irmãos de Leopoldina notaram surpresos a irritação, ao entrarem no gabinete do pai. Quando, porém, ouviram que Leopoldina, de um momento para outro, tomara a firme resolução de casar com o português, ficaram igualmente decepcionados e irritados, como o pai.

— Por que o Brasil? perguntou Ferdinando. O Brasil é politicamente insignificante, praticamente não existe. De mais a mais, é um país de escravos!

Nessa altura formara-se ali um verdadeiro drama de família, até que o imperador, vendo Leopoldina romper em pranto, resolveu dar o caso por terminado.

Mais tarde a notícia foi levada ao conhecimento de Metternich, comunicando que a arquiduquesa havia tomado a deliberação de aceitar a proposta de casamento da coroa portuguesa, e que Francisco Carlos, seu irmão mais moço, aos poucos deveria ser inteirado dos negócios de governo.

Metternich mal pôde encobrir um sorriso de triunfo. Apresentou cumprimentos a Leopoldina, declarando que estava na plena convicção de que a inteligência da escolha tinha acertado o caminho.

E logo mais, quando Metternich contou a Leonor, sua esposa, a decisão da arquiduquesa, a mulher transbordou de satisfação. Sim, porque de agora em diante a sua posição na corte estava assegurada por muitos anos. Foi uma verdadeira festa de alegria que o casal celebrou, com uma tal notícia. Metternich não deixou sequer turvar sua alegria quando, no mesmo dia, o dr. Gentz lhe deu a mão, dizendo:

— Eu dou os parabéns ao Brasil e os meus pêsames à Áustria...

Leopoldina começou imediatamente os preparativos. Doía-lhe profundamente ver que os irmãos a encaravam como alguém que os tivesse traído, contudo, não se deixava demover. Seu querido tio, o arquiduque Carlos, irmão do seu pai, não ficara menos surpreso com a decisão da sobrinha, mas disse que uma princesa dos Habsburgos, onde quer que se encontre, sempre tem uma missão a cumprir. Se ela fosse para o Brasil, tinha de manter diante dos olhos que isso era o mesmo que ir para a linha de frente numa guerra, tanto mais que ela não sabia ainda se ia pisar em terra inimiga ou não.

Bem sabia Leopoldina por que o tio assim falava. Lembrava-se da irmã Maria Luiza, a qual também pelo casamento se vira colocada em linha inimiga.

— Darei para a tua proteção dois dos meus melhores cães, disse o arquiduque sorrindo. Realmente, pouco antes da partida de Leopoldina, deram entrada no paço dois belos cães dinamarqueses, chamados Custos e Custódia. Leopoldina, desde o primeiro momento, afeiçoou-se pelos cães, que na nova pátria muitas vezes a protegeriam.

O povo de Viena mostrou-se descontente com o projetado casamento da princesa, pensando, como é natural, que pelas maquinações da política de Metternich é que Leopoldina se vira forçada a dar esse passo. Somente quando o embaixador de dom João VI, o marquês de Marialva, deu entrada em Viena com uma grande pompa, os vienenses se consolaram.

Um embaixador que vinha com uma tal suntuosidade e brilho, de outro lugar não poderia vir, senão de um país de fadas... Ficariam muito admirados se viessem a saber que os cofres do Brasil andavam tão vazios, como os de Viena. Não que o Brasil não possuísse riquezas, riquezas essas que eram ciosamente guardadas pela rainha dona Carlota Joaquina e sua parentela espanhola... Era, portanto, fortuna particular.

Leopoldina pouco se importava se ia para um país rico ou pobre. O seu destino era a terra longínqua. Além do mais, não tinha noção do que significava riqueza ou pobreza, uma vez que sempre tinha tudo de que necessitava.

Logo depois da chegada de Marialva, Leopoldina começou a aprender o português, sendo seu professor Hans von Bruchhausen. Bruchhausen era natural do Rio Grande do Sul, desempenhando o papel de uma espécie de adido, que tinha vindo em companhia do embaixador brasileiro para a Áustria. Através de Bruchhausen, Leopoldina começou a ver o Brasil sob um novo ponto de vista. Contou-lhe o professor que as mulheres de lá viviam fechadas nas suas casas, sem a mínima liberdade. Os homens, sim, eram os verdadeiros senhores.

Leopoldina dificilmente podia formar uma ideia do que significava viver fechada em casa. Mesmo assim, prestava toda a atenção no que Bruchhausen dizia. Fora das aulas lia, com sofreguidão, os escritos de Alexander von Humboldt e outros relatos concernentes à América do Sul. Não queria ir tola e ignorante para o novo país.

Ao comunicar ao seu professor de pintura, Johann Buchberger, a notícia do seu próximo enlace, ele manifestou desejo de acompanhá-la, tendo mesmo a ideia de levar consigo vários naturalistas, pois onde, melhor que no Brasil, encontrariam eles campo aberto para as suas pesquisas? Leopoldina achou magnífica a lembrança de convidar naturalistas para virem ao Brasil e imediatamente tratou de falar com o pai a esse respeito. Este também achou boa a sugestão de Buchberger. Deu ordens imediatamente sobre o assunto, para que tudo se encaminhasse através de Metternich.

Além disso, ocorreu também a Leopoldina que poderia trazer imigrantes europeus para o Brasil. Na Áustria, como na Alemanha e Suíça, tinha havido, justamente por aquela época, verdadeiros anos de fome, existindo muita gente que mal tinha comida uma vez por dia. Também esse plano foi mais tarde executado, embora Leopoldina tivesse de passar por muitos dissabores, justamente por parte desses imigrantes. Uma boa parte deles ficou muito admirada de que aqui no Brasil tivesse de trabalhar e, no início, até duramente. Pensavam muitos que o Brasil era uma espécie de *"país das delícias"*, onde bastava somente estender as mãos para obter tudo quanto precisassem. Sem esforço algum.

Leopoldina encontrou-se ainda por duas vezes com o conde Waldeck na pequena igreja. Ao tomar conhecimento da decisão de Leopoldina, Waldeck foi tomado de violento acesso de cólera, na certeza de que ninguém mais que Metternich era o responsável por essa malfadada ideia. Procurou convencê-la, por todos os meios possíveis, de que ela devia permanecer em Viena. Por seu lado, ele também se comprometia a tratar da sua transferência para qualquer ponto distante, nas fronteiras do país. Contanto que ela não saísse da Áustria. Mesmo porque, ninguém sabia qual o destino do Brasil, comentando-se até que a própria Inglaterra já estava pretendendo os direitos sobre esse país.

Foram, porém, inúteis todas as súplicas e palavras do conde. Leopoldina chorava desesperadamente por ter de se separar dele, mas não desistiu da sua resolução. O conde Waldeck, completamente arrasado, deixou-se ficar ali na igreja, quando Kibi, dama de honra de Leopoldina, veio buscá-la para retornarem ao palácio. "E como poderia ser de outro modo?" perguntava ele a si mesmo. O seu erro foi ter erguido os olhos para uma arquiduquesa, sabendo que essas são sempre sacrificadas por razões de Estado.

Waldeck começou a beber, tornando-se irritado e briguento, ao ver que Leopoldina de modo algum mudava o modo de pensar. Três anos depois, ele morreu através da mão de seu melhor amigo. Achando-se em companhia de vários outros oficiais, num restaurante, nas imediações da sua guarnição, estavam já todos mais ou menos embriagados, quando um capitão, meio rindo e em tom de mofa, perguntou a Waldeck se já tinha ouvido falar que a Leopoldininha se havia juntado com apóstolos da liberdade, para derrubar a monarquia no Brasil, naturalmente apoiada pelo Pedrinho...

A essas palavras o conde ergueu-se de um salto e arremessou o zombador ao chão. Temendo que o conde pudesse matar o outro, o amigo, tomando de uma baioneta, colocou-a contra o peito de Waldeck num momento em que ele se aprumava. Waldeck, porém, pouca importância deu à ponta da arma. Arremeteu de novo contra o zombador e na violência dos movimentos a baioneta penetrou em seu peito, morrendo ele quase que instantaneamente. Mais tarde dizia-se que havia perdido a vida num duelo.

Nesse ínterim Leopoldina foi à procura do seu confessor, o padre beneditino Ambrósio. Também este ficou atônito ao ouvir do casamento da sua penitente, recriminando a si mesmo, certo de que o amor em relação ao conde fora a causa decisiva dessa deliberação. Mas Leopoldina riu ao ver a cara do velho.

— Vou casar-me, sim, reverendo, disse ela, mas não penses que é por razão de Estado...

— Não é então por razão de Estado? Por que então? A ele, habitualmente tão loquaz, faltavam agora as palavras...

O núncio papal, que casualmente se achava em Viena, por sua vez encarou o padre, incrédulo e surpreso, quando este teve de dizer-lhe que não sabia por que a arquiduquesa tomara a surpreendente resolução de ir para o Brasil. O núncio também pensou que Metternich estava por detrás disso.

O padre Ambrósio manteve correspondência durante anos com a velha dama de honra, confidente de Leopoldina. E através dela ficava a par de tudo quanto se passava no Brasil. Assim, ao saber do incrível modo de vida de dom Pedro, enviou ao cardeal Consalvi uma carta na qual pedia permissão de vir para o Brasil, a fim de defender a princesa de dom Pedro.

Como parecia que o príncipe não era um homem normal, seria bom que ele viesse para ficar ao lado da sua penitente. O cardeal Consalvi, porém, indeferiu a pretensão do padre, alegando que persistia ainda a esperança de que a princesa retornasse à Áustria. Teve o padre de se dar por satisfeito, embora com os seus botões continuasse sempre a chamar dom Pedro de portuguesinho sujo...

Em Viena foram feitas festas sobre festas. O contrato de casamento por parte da Áustria foi assinado por Metternich e por parte do Brasil pelo marquês de Marialva. Uma semana antes de partir para o Brasil, teve ainda Leopoldina uma agradável surpresa. Num envoltório de papel, cuidadosamente amarrado, enviava-lhe Goethe uma poesia.

Profundamente grata, Leopoldina reteve demoradamente nas mãos a preciosa lembrança do poeta. Sua grande admiração por Goethe datava do dia em que, anos antes, o conhecera pessoalmente numa estação balneária, na Boêmia. Lembrava-se ainda de todos os pormenores do encontro, de quanto ele dissera a ela e a sua madrasta a respeito da sua obra *"As Afinidades Eletivas" (Die Wahlverwandtschaften)*. Jamais vira alguém se expressar de modo tão vivo e fascinante.

Naquela ocasião, a madrasta andava passando mal de saúde, sendo assim obrigada a permanecer frequentemente no recinto do parque balneário, dando ensejo para que Leopoldina repetidas vezes ficasse passeando com Goethe no parque.

Nunca, como ali, na sua vida, se sentira tão orgulhosa pelo fato de Goethe se dignar a vir falar com ela, a insignificante jovem. Durante o Congresso de Viena, teve ainda, por duas vezes, a oportunidade de ver Goethe acompanhado dos seus dois amigos, Zelter e Eckermann.

Agora, de repente, vinha à sua lembrança uma conversa em que o poeta fizera referências a *espíritos da natureza (Naturgeistern)*. Ao passar junto de ambos uma velha duquesa, extremamente feia, Leopoldina recordava ainda de como Goethe, em voz baixa, lhe dissera que essa criatura certamente seria uma das tais que à noite sai pelos ares montada num pau de vassoura...

Naquela ocasião, Leopoldina achou graça no caso e riu; agora, porém, pressentiu que Goethe deveria ter tido vivências semelhantes às suas. Talvez ele também não quisesse falar disso. Mesmo porque, naquela ocasião, Goethe já era um dos homens mais discutidos da Europa...

No Brasil, Leopoldina por duas vezes ainda recebeu notícias dele. O poeta mandava-lhe lembranças. A primeira vez por intermédio de von Oynhausen, a segunda, por intermédio de Schaeffer. Este estava encarregado por Leopoldina de procurar emigrantes na Europa, desempenhando todas as tarefas que se relacionassem com o caso, uma vez que ela, pessoalmente, já não dispunha mais de tempo para tal.

Através de Oynhausen, Goethe mandou dizer a Leopoldina que nutria profunda simpatia pelo Brasil e que talvez um dia ainda pudesse fazer uma viagem para cá. Leopoldina tinha certeza de que ele viria mesmo, se ela o convidasse. Mas como ela poderia convidar alguém? Dom Pedro andava doente e era um libertino...

Estando ainda em Viena, Leopoldina, ao segurar nas mãos a poesia de Goethe, nada suspeitava ainda da sua árdua missão de precisar viver ao lado de um homem que, digamos, conscientemente cavou a sua própria ruína. Leopoldina regozijou-se profundamente com o presente recebido, principalmente pelo fato de Goethe não a ter esquecido.

Durante o período dos preparativos, Leopoldina andou tão atarefada, que não lhe restou tempo para pensar no seu infeliz romance de amor. Sentia esse amor como uma ferida dolorosa na qual era melhor não tocar. Na tarde da véspera da sua partida, foi-lhe ainda oferecido um grande concerto pela banda do regimento. Leopoldina estava ali no círculo dos seus familiares e ouvia. Mas não conseguiu ficar até o fim. A dor da separação subjugou-a de tal maneira, que mal pôde conter as lágrimas.

Apresentando escusas, recolheu-se aos seus aposentos. Lá chegando, ajoelhou-se no genuflexório e chorou amargamente. Decorrido breve tempo, porém, aprumou-se, pedindo perdão a Deus por haver chorado numa conjuntura em que fora julgada digna de uma missão. "A música, todavia, penetrou-me de tal modo no coração, que fui compelida a chorar; não me abandones, meu Senhor!"

Leopoldina embarcou em Livorno, a bordo da nau capitânia Dom João VI. Todo um cortejo de carruagens acompanhou-a rumo à Itália. Em Livorno encontrou-se com a irmã Maria Luiza, que vivia com o conde de Neippberg. Abraçou Leopoldina e narrou-lhe alguns episódios da sua vida em comum com Napoleão. Dentre muitas coisas disse que Leopoldina tinha ao menos um consolo: o de casar-se com um príncipe real. Pois Napoleão não passava de um corsário, filho de corsários, pelo que jamais havia de perdoar Metternich por tê-la forçado a esse casamento.

— Partiu-se dentro de mim algo que não sei exprimir, muito embora presentemente eu seja feliz, disse Maria Luiza. E mais: se o teu Pedro acaso tem amantes, lembra-te, então, de minha condição, pois até mesmo durante o sono Napoleão chamava por Josefina, lançando-me sempre no rosto que a minha função era apenas a de garantir um herdeiro para o trono, e uma vez conseguido isso poderia ir-me embora.

Horrorizada, Leopoldina ia escutando tudo o que a irmã lhe contava. Bem sabia ela que Maria Luiza fora infeliz no casamento com Napoleão, mas que ele a houvesse maltratado, disso jamais tivera notícia. À medida que Maria Luiza falava, Leopoldina ia se lembrando da mulher que fora o grande amor de Napoleão. Pois não teria ela, Josefina, também sofrido, quando, por razão de Estado, se viu obrigada a deixar Napoleão? Depois da irmã haver se retirado do navio, Leopoldina ficou oprimida e amedrontada.

Na viagem a bordo, sentia-se profundamente triste, sem atinar mesmo com os motivos que a levavam a isso. Saudades não eram, porque se sentia inteiramente desligada dos seus. Livre de quaisquer laços afetivos seguia ao encontro do seu destino. Tinha a intuição de que estava perfeitamente preparada para o lugar que deveria preencher.

Falava quatro línguas; certamente dentro em breve estaria conhecendo bem o idioma português. Tocava violino e piano. Música e botânica eram as suas ocupações prediletas, principalmente a botânica. Das suas viagens e excursões trazia cestas cheias de plantas exóticas que aproveitava para pintar. As paredes dos seus aposentos no paço viviam cheias de pinturas e de desenhos de história natural. Teria sido com muito maior prazer naturalista do que princesa.

Enquanto Leopoldina pensava na sua vida em Viena e na sua educação, tornou-se consciente de que iria ao encontro de uma vida dura. Apesar disso, não desejava recuar.

"Onde há sofrimentos, há também alegrias", consolou-se a si mesma...

O navio em que Leopoldina seguiu para o Brasil, vinha repleto de passageiros. Dom João enviou uma comitiva ao seu encontro, da qual faziam parte dois médicos: dr. Bernardino e dr. Mello Franco. Ambos já se achavam há muito tempo no Brasil e sentiam-se como que brasileiros. Dr. Mello Franco e senhora eram nascidos em Portugal, mas desejavam que os filhos nascessem no Brasil. Da referida comitiva constavam também outros elementos que punham todo empenho em se dizer portugueses, tendo, por um ou outro motivo, a presunção de superioridade sobre os brasileiros natos, ou sobre aqueles que se sentiam como que nascidos aqui.

    De conversas que ouviu dessas pessoas, Leopoldina percebeu logo que existiam no Brasil duas facções ou, dizendo melhor, que se manifestava já uma cisão. Mais tarde, conhecendo de perto os referidos médicos, confiou-lhes a sua observação. O dr. Mello Franco pôs-se, então, a descrever-lhe pormenorizadamente toda a situação política do Brasil, não deixando de tocar, também, na morte de um certo José da Silva Xavier. Este havia desejado a liberdade para Minas Gerais, tendo pago com a vida o seu ideal, morrendo na forca. Pensativa, Leopoldina encarou os dois médicos, ao terminarem os seus comentários, inquirindo se havia muita gente no Brasil desejando a liberdade. Com certo receio os dois entreolharam-se e acenaram com a cabeça afirmativamente, acrescentando que o número desses tais já era muito maior do que se poderia supor.

    — Isso é muito natural, comentou com firmeza dona Leopoldina, todo país tem o direito de ser livre. Os dois médicos acenaram de novo com a cabeça, em sinal de aprovação. Mas não pretendiam dizer mais nada... "Que poderia uma princesa de Habsburgo compreender do imenso desejo de liberdade?"

    Não tardou muito, porém, e logo se evidenciou a ambos que ela efetivamente era a favor da libertação do Brasil de Portugal. Mais tarde, quando dona Leopoldina se empenhou de todo pelo movimento da Independência do Brasil, os dois médicos rememoravam a conversa que haviam tido com ela, a bordo.

Dentre as centenas de passageiros havia também dois clérigos, de aparência insignificante, que tinham entrado a bordo em Livorno. Esses dois clérigos não eram mais do que informantes secretos do cardeal Consalvi. Traziam a incumbência de transmitir ao referido príncipe da Igreja tudo quanto se referisse à vida particular da arquiduquesa e de dom Pedro. Fizeram entrega a um padre, no Rio de Janeiro, de um documento do cardeal.

Consalvi, por ocasião da partida de dona Leopoldina para o Brasil, já estava perfeitamente a par da vida de dom Pedro. Não só disso, como estava muito bem informado da vida de toda família real portuguesa. Para ele era, portanto, apenas uma questão de tempo, o retorno de dona Leopoldina para a Áustria. Não tinha dona Leopoldina ainda aportado no Rio, e já o cardeal Consalvi havia conversado com o papa, no sentido de uma possível anulação do casamento de dona Leopoldina com dom Pedro. Diante do espanto do papa, Consalvi fez ver que dom Pedro de Bragança era um possesso, sendo de lamentar que a jovem princesa não tivesse sido devidamente prevenida das condições de vida que teria de enfrentar. Além do mais, nada de bom ela poderia esperar dessa Carlota e dos seus parentes espanhóis. O papa, que estava habituado com o fato do cardeal agir sempre da melhor maneira, disse apenas que era preciso dar tempo ao tempo.

Nesse ínterim o navio capitânia "Dom João" passou ao largo de Lisboa, sem tocar no porto. Diante das perguntas de Leopoldina, o almirante da esquadra justificou o fato, alegando que um general inglês se achava precisamente em Lisboa com o único fito de aprisionar a princesa austríaca como refém. Pelo menos assim diziam as instruções recebidas de Portugal. Tão-só no Funchal é que o navio capitânia e os navios de comboio lançaram âncora, descendo em terra dona Leopoldina e a sua comitiva, sendo recebida pelo governador e pelo bispo de Madeira.

A recepção da chegada e as festas subsequentes foram tão cordiais e sinceras, que Leopoldina pôde, pelo menos passageiramente, amenizar o triste estado de alma em que se achava. Ao despedir-se, foi ricamente presenteada pelas mulheres da ilha. Uma senhora idosa, aliás parente do governador, agradeceu em nome de todas a honrosa visita.

— É a primeira vez, disse, que nos foi permitido tomar parte em uma festa em que se encontram homens. Até agora os nossos maridos compareciam sempre sós, ao passo que nós, como sempre, tínhamos de ficar em casa, fechadas, por trás das portas e janelas.

Leopoldina riu ao ouvir essas palavras, compreendendo, então, por que motivo as mulheres que ficara conhecendo lhe pediam, insistentemente, que ficasse com elas por mais alguns dias. Por mais que o desejasse, não poderia fazê-lo: a viagem para o Brasil era longa e ela apenas podia prometer vir especialmente um dia visitá-las, partindo do Brasil e em companhia do marido, o príncipe dom Pedro. Estando já a bordo e ao partir sob a salva de muitos tiros de despedida, só então é que Leopoldina se lembrou de que um dia todas aquelas pessoas que ficara conhecendo viriam a ser seus súditos.

Durante a longa viagem, Leopoldina dispunha de horas a fio para ficar sozinha. Essas eram, de algum modo, horas de aprendizagem. Foram sendo apresentados a ela, espiritualmente, grupos de pessoas que havia muitos milênios tinham vivido no país que ia ser a sua nova pátria. Leopoldina sentia-se verdadeiramente encantada pela expressão de beleza e de felicidade que parecia irradiar-se delas. Depois de semelhantes visões, não podia compreender mais por que motivo as pessoas, que então povoavam a Terra, eram tão feias, até disformes, e por que tanta doença e tanto sofrimento espalhados pelo mundo. De onde tinha vindo tudo isso?

Seguidamente meditava sobre essas perguntas, sem, contudo, conseguir uma resposta. Só muito mais tarde, quando já havia conhecido o sofrimento no Brasil, lhe apareceu de novo o espírito luminoso portador da insígnia solar, mostrando-lhe, em imagem, que o ser humano terreno havia se tornado inimigo de Deus. A Terra inteira está povoada de inimigos da Luz. Fez-lhe ver ainda que era necessário que ficasse conhecendo esses inimigos e a sua espécie, pois no dia em que o Salvador viesse para o Juízo Final, os inimigos de Deus seriam a maioria. Multidões de espíritos humanos

118

que ainda se encontravam presos nos submundos teriam ainda de nascer na Terra para se julgarem a si mesmos...

Muitas vezes, no decorrer dos anos, Leopoldina teve revelações sobre o vindouro julgamento do mundo. Mas foi tão-só depois de haver sentido na própria carne a vileza dos seres humanos, que começou a compreender a necessidade de um dia vir um julgamento punitivo. Aos poucos, Leopoldina foi vendo que a vida humana não era tão simples assim como lhe haviam ensinado. Céu, inferno, purgatório... desses três lugares sabia de tudo, mas onde podia ser introduzida a reencarnação? Sim, era uma reencarnação, se seres humanos tivessem de voltar à Terra, ainda mesmo que fosse para o Juízo Final. Um dia, certamente, ainda teria explicações sobre isso, mesmo que tivesse um longo caminho a percorrer.

Aproximava-se, finalmente, o dia da sua chegada ao Rio de Janeiro, dia 4 de novembro de 1817. Pôde, então, Leopoldina contemplar o mais maravilhoso quadro da natureza que jamais lhe fora dado ver: a entrada da Baía de Guanabara.

Na tarde da chegada vieram, do navio comboio São Sebastião, os naturalistas austríacos e o plenipotenciário com a sua comitiva, a fim de apresentar à noiva saudações de boas-vindas. Logo depois, encostou-se ao navio capitânia um iate, com ornamentos dourados, e Leopoldina viu, pela primeira vez, o homem ao lado de quem tinha de cumprir uma missão.

Ao ver dom Pedro pela primeira vez, Leopoldina sentiu ao mesmo tempo atração e repulsa. Com toda a energia teve de afastar de si a impressão de medo que também a dominou. Ele fora distinguido por Deus com uma missão, portanto só poderia ser bom...

Dom João, pai de dom Pedro, veio ao seu encontro com grande simpatia, bem como a irmã mais velha de dom Pedro, Maria Teresa. Mas ao defrontar-se com a mãe de dom Pedro, Carlota Joaquina, Leopoldina sentiu um arrepio de horror. Carlota mostrava-se amável para com ela, sorridente e acolhedora, mas todos podiam notar muito bem que somente com grande esforço podia encobrir a aversão que sentia pela "estrangeira". Essa mesma disfarçada aversão demostrava, também, a comitiva de Carlota.

Depois do banquete em que havia tomado parte no navio, com a família real e várias comitivas, Leopoldina viu-se de novo só na cabina. Ajoelhou-se e agradeceu a Deus por tê-la conduzido a um país maravilhoso assim, reafirmando mais uma vez que ficaria fiel no seu lugar, na felicidade ou infelicidade.

Encerrada a prece, afastou-se dela a estranha impressão de medo que a dominara durante o dia inteiro, e uma onda de confiança refluiu de novo no seu coração.

A entrada, na manhã seguinte, no Rio de Janeiro foi tão brilhante, que Leopoldina não poderia ter desejado mais. Finda a cerimônia nupcial, na capela do paço, fez-lhe o bispo a entrega de um pequeno estojo, com o brasão do papa, artisticamente lavrado. O estojo continha um rosário de grande valor, presente do Papa Pio VII. Depois de casados, dona Leopoldina ao lado de dom Pedro seguiram numa carruagem puxada por seis cavalos brancos ornamentados com plumas de avestruz, em direção ao Palácio da Quinta da Boa Vista.

E assim começou a curta e agitada vida da princesa austríaca Maria Leopoldina...

Segunda Parte

Quando Leopoldina, mais tarde, lembrava-se do seu casamento, desaparecia quase sempre o pomposo quadro das pessoas ricamente adornadas, e ela ouvia tão-somente as lindas melodias do órgão que acompanhava a cerimônia nupcial, o qual deu a esse ato, de certa maneira, um ar solene. Perguntando Leopoldina o nome do organista, respondeu-lhe dom João chamar-se Marcos Portugal, e ter feito os seus estudos na Itália. Ao comentário de dona Leopoldina de estar surpresa de encontrar aqui um artista de tão grande valor, dom João sorriu satisfeito, observando que muitas e outras agradáveis surpresas haveria ela de ter no Brasil. E ele teve razão.

Nos nove anos de vida no Brasil, Leopoldina teve muitas surpresas, tanto agradáveis como desagradáveis, que delas poderiam entreter-se três vidas distintas, todas três ricas de experiências e acontecimentos. Mas não foi tão-somente a ela que aconteceu isso. Todas as pessoas que, de algum modo, naquela época, estavam ligadas aos destinos do Brasil, a fim de poder cumprir uma missão na época da vinda do Filho do Homem, tiveram uma vida cheia de vivências.

Mal haviam Leopoldina e dom Pedro iniciado a sua vida em comum, e já surgiam, para provocar toda uma série de complicações, as pessoas que, como eles, tinham missão a cumprir na Terra. A diferença, porém, era que a tarefa desses perturbadores não lhes fora conferida pela Luz, mas sim pelas trevas. Seus mestres eram os espíritos caídos que desde há muito dirigiam poderosamente todas aquelas pessoas que em algum tempo se entregaram indolentemente às influências das trevas.

Onde quer que, num dado ponto do globo, surgisse um grupo humano para cumprir uma missão segundo a vontade de Deus, desde logo, também, surgiam os bem adestrados emissários de Lúcifer, a fim de perturbar a realização da obra. Também eles foram encarnados em tempo, a fim de retardar ou tornar impossível o cumprimento da vontade de Deus. A presença desses inimigos da Luz na Terra não seria em si tão trágica, se muitas das pessoas ligadas à Luz não se entregassem, elas mesmas, à sedutora influência desses inimigos de Deus, encarnados na Terra, tornando assim extremamente difícil às pessoas de boa vontade o cumprimento da sua missão.

Apesar das muitas contrariedades que Leopoldina teve de suportar por parte de Carlota Joaquina e da sua camarilha, o primeiro ano de casada com dom Pedro foi um ano feliz. Todas as boas qualidades que Pedro trazia em si, logo se manifestaram, de sorte que Leopoldina pôde perceber claramente quão grandes coisas estava ele habilitado a realizar. Verificou, com satisfação, logo depois de casada, que dom Pedro não só acreditava na predição de sonhos, como em mil outros misteriosos eventos que os índios, tratadores dos seus cavalos, lhe contavam. Ele mesmo, além do que via em sonhos, percebia certas coisas que tinham conexão com um mundo extraterrenal, mas pedia encarecidamente a Leopoldina que não transmitisse esse fato a ninguém, uma vez que os seus inimigos estavam sempre à espreita do primeiro pretexto para levantar a sua incompatibilidade de acesso ao trono.

Leopoldina, naturalmente, calou-se; ela também guardou silêncio sobre as próprias vivências espirituais. Dom Pedro pensava sempre que ela era muito devota, nada sabendo, além disso, sobre a sua vida interior. Só muito mais tarde é que Leopoldina veio a entender claramente o motivo por que jamais poderia fazer alusão a visões que recebia, suposto que os seus incansáveis adversários teriam com isso mais uma arma nas mãos para combatê-la, como desejavam.

Poucos meses depois do casamento do seu filho dom Pedro, dom João e sua filha, dona Maria Teresa, transferiram residência para a Quinta da Boa Vista. Carlota, porém, com o seu idolatrado filho Miguel e as suas filhas, ficaram no paço da cidade. Havia, por conseguinte, duas cortes no Rio. Não tardou, e dom João percebeu que tinha na pessoa da sua nora uma boa auxiliar. Logo, também, fez com que todas as representações diplomáticas e artísticas, e os assuntos dos diversos grupos de imigração passassem também para as mãos dela. Os ministros, encarregados de resolver os negócios relacionados à imigração, eram velhos cansados como ele próprio. E desde que não pertencessem ao grupo adversário, isto é, à facção de Carlota Joaquina, rejubilar-se-iam ao encontrar, na jovem Leopoldina, alguém que pudesse assumir essa desagradável incumbência.

E que trabalho estafante! Com os imigrantes europeus Leopoldina no decorrer dos anos só teve aborrecimentos e sofrimentos. Havia, naturalmente, entre eles pessoas agradecidas; muitos, porém, dos imigrantes, vinham na doce ilusão de não precisar trabalhar aqui no Brasil. Achavam mesmo injusto ter de fazer força para ganhar o pão na sua nova pátria, pelo menos nos primeiros tempos. Como toda pessoa ingrata, só viam os defeitos da terra e dos seus semelhantes, esquecidos por completo de que na Europa haviam passado duros períodos de fome, e que na sua própria terra viviam também a maldizer do governo e de toda a gente, como agora o faziam no país que lhes oferecia acolhimento e vida.

Grande alegria teve Leopoldina com a vinda dos artistas franceses que dom João havia chamado para o Brasil, no objetivo de fundarem aqui a Escola de Ciências, Artes e Ofícios. Nos primeiros tempos dom João e dom Pedro estavam sempre presentes quando os artistas Pradier, Taunay, Debret, Nicola e outros vinham ao palácio tratar das suas tarefas, apresentar propostas e sugestões. Frequentemente, porém, acontecia de dom João se sentir adoentado, a ponto de não mais suportar reuniões muito demoradas: comia cada vez mais e engordava a olhos vistos.

Dom Pedro, por sua vez, dava a entender claramente que as conversas sobre arte o entediavam, tanto mais que não conseguia acompanhar o francês falado rapidamente. Assim aconteceu de Leopoldina ficar logo conhecendo pessoalmente muitas personalidades, aumentando dia a dia as suas responsabilidades.

Desde o começo teve, assim, de assumir uma posição excepcional, dado que na época não era costume mulheres tratarem o que quer que fosse com homens. Pelo menos no Brasil e em Portugal. E se acontecia de Carlota Joaquina tecer comentários deprimentes sobre isso, dom João desde logo a repelia alegando que Leopoldina fora educada na corte da Áustria e que sempre, acompanhando o pai, comparecia a todas as recepções e atividades oficiais do paço.

Leopoldina sentia-se feliz e agradecida em poder tomar parte ativa na vida da nação. Além disso, percebia que dom João andava cansado de ser rei. Quando, uma vez, lhe perguntou qual o seu ato de Estado que considerava mais importante, dom João respondeu prontamente que fora a fundação da Biblioteca Nacional. A sua biblioteca particular, com todos os livros e escritos, era digna de ser vista, e quando dom João se encontrava ali, no meio dos livros, tinha-se de reconhecer que nele predominava mais um erudito do que um monarca. Fora também o próprio dom João que expôs a Leopoldina a delicada situação do país.

— Os nascidos aqui, disse, querem a sua independência de Portugal, invocam os mesmos direitos que têm outros povos livres. Frequentemente surgem atritos entre portugueses e brasileiros. Os portugueses se sentem senhores da terra e não perdem oportunidade de fazer sentir isso por todos os meios possíveis aos naturais daqui.

Dessas observações de dom João e de algumas outras de dom Pedro, Leopoldina via que faltava apenas um impulso vindo de fora para tornar realidade esse anseio de emancipação. Leopoldina conversou com dom Pedro várias vezes sobre o problema. Dom Pedro dava-lhe inteira razão, cônscio que estava de que todos os povos têm o direito à sua autodestinação, contudo, no caso especial do Brasil, dizia, o único que tinha a palavra de ordem era o seu pai.

N esse meio tempo, Leopoldina já travara conhecimento com todas as senhoras representativas do país. Vinham a passeio à Quinta da Boa Vista, acompanhadas dos filhos e das respectivas pajens e comumente passavam ali o dia. Assim, aconteceu de essas visitantes femininas ficarem logo a par de que a princesa imperial austríaca via o movimento de emancipação dos brasileiros como coisa natural e justa. Por incrível que pudesse parecer, algo havia de verdade nisso, do contrário que razão a princesa teria para mostrar-se tão abertamente a favor do movimento de Independência?

Leopoldina deu à luz, sem o menor embaraço, a sua primogênita, Maria da Glória. Sentiu-se entristecida ao saber que era menina e não menino. Dom Pedro, porém, objetou que ele gostava mais de meninas e ainda lhes restava muito tempo para ter um herdeiro ao trono.

Meses depois, estando já grávida do segundo filho, Leopoldina foi vítima do primeiro atentado contra a sua vida. José Presas, da comitiva de Carlota, descobrira um indivíduo disposto a misturar veneno no refresco costumeiro da princesa. Leopoldina conseguiu escapar com vida, mas a criança que trazia no ventre, pereceu. Os médicos chegaram à conclusão de que fora efeito do veneno. O capelão da corte batizou a criança morta, dando-lhe o nome de Miguel.

Leopoldina, recolhida ao leito, chorava:

"Por que razão haveria este menino de nascer morto? Qual o motivo da camarilha de Carlota Joaquina odiá-la tanto, a ponto de envenená-la? Não bastava, então, que Carlota e os seus adeptos fizessem espalhar pelas paredes do Rio de Janeiro desenhos feios e escritos injuriosos contra a sua reputação, divulgados a torto e a direito?"

Nesses desenhos Leopoldina era representada de olhos esbugalhados, o rosto inchado como uma bola, trazendo, além de outros dizeres, que o povo devia expulsar a "estrangeira" do país. Em outros cartazes Leopoldina era representada saindo do mato, em companhia de vários homens, com este comentário: "A princesa real se diverte", ou então, "foi se divertir na escuridão"...

Desenhos e escritos desse tipo apareciam comumente, de manhã, colados em árvores, cercas e casas. Nem dom João nem dom Pedro tinham como coibir tais abusos. Bem sabiam eles de onde provinha tamanha imundície, mas por isso mesmo eram forçados a calar. Dom Pedro tinha acessos de ira tão violentos, que lembravam a Leopoldina os ataques epiléticos do seu irmão, em Viena.

Além disso, dom Pedro vinha se transformando de um modo impressionante. Saía frequentemente a cavalo, em companhia de amigos, e ficava dias e noites fora de casa. Retornando à Quinta da Boa Vista, vinha oprimido, pálido e de mau humor. Percebia Leopoldina que, ao voltar nesse estado, sentia vergonha de encontrar-se com ela. De outras vezes chegava de madrugada, bêbado, com os seus assim chamados amigos, promovendo enorme algazarra no parque do palácio. Nessas ocasiões, ele e o bando de bêbados que vinha em sua companhia dirigiam-se para as estrebarias,

onde dom Pedro ia procurar acomodação numa rede qualquer dos tratadores de cavalos, para só reaparecer à tarde.
Leopoldina ficava desesperada com isso. Quando o dr. Bernardino percebeu que a princesa em vão procurava a causa daquela triste derrocada de dom Pedro, resolveu contar-lhe a verdade do que se passava. Assim, Leopoldina veio a saber que dom Pedro mal havia saído da infância e já fora arrastado para a senda dos vícios. Mas só com isso os "dedicados" amigos e amigas do príncipe não se davam por satisfeitos. Não só o desviavam para os caminhos tortuosos da vida, como lutavam para mantê-lo assim, insuflando que só seria verdadeiro homem, continuando assim, se vivesse rodeado de meretrizes...

Dona Leopoldina ficou estarrecida com o depoimento do médico. Criança ainda? Mas quem, porventura, teria tido a coragem de corromper uma criança? E, por que isso? Por quê?

— Dom Pedro é um príncipe real, comentou o dr. Bernardino, e teve, em criança ainda, dinheiro demais nas mãos...

Conquanto Leopoldina não pudesse fazer ideia perfeita dos ditos vícios, percebeu, contudo, claramente que dom Pedro caminhava para a sua destruição certa. Não podia compreender que tendo dom Pedro, como acontecia com ela, recebido de Deus uma missão a cumprir, não houvesse contado com melhor proteção na infância. E, mesmo agora, sabendo, como sabia, que futuramente teria sério papel a desempenhar como rei, não procurava, contudo, combater os seus vícios?

"É um fracalhão que ama muito mais a si do que a Deus!" Assustada, Leopoldina olhou em volta de si, não vendo quem poderia ter proferido essa frase. Ninguém se achava ali. Parecia que a voz tinha saído de dentro dela mesmo, e tinha toda a razão. Só mesmo um fracalhão não é capaz de dominar as suas más tendências e os seus erros. Porém, não. Não era assim que ela devia pensar. Devia lutar firmemente e ajudá-lo a vencer, devendo mesmo suplicar ao espírito branco, que sempre a assistia, que viesse em seu auxílio. E o auxílio veio, de fato, inesperadamente.

Um belo dia apareceu o encarregado de negócios da Áustria, o barão de Bieberstein, entregando a dona Leopoldina duas cartas.

Numa delas ela reconheceu logo o sinete do seu estimadíssimo tio Carlos. Este lhe comunicava que o partido dos duques e dos príncipes da Áustria exigiam a sua volta para lá. Assumiria imediatamente a regência do trono, e teria assegurada a coroa imperial. A posição de Metternich se tornava dia a dia mais difícil, dada a suspeita geral de que ela também era uma das vítimas da sua desastrosa política. Na Áustria estavam a par de tudo o que acontecia no Brasil. Até do atentado contra a sua vida já se sabia. "Não hesites um momento sequer mais, minha filha..."

 Leopoldina não pôde continuar a leitura, as lágrimas turvavam os seus olhos. O barão de Bieberstein ficou também com os olhos marejados de lágrimas. Conhecia Leopoldina desde o tempo em que era secretário da chancelaria da corte, em Viena. Finalmente, conseguindo dominar a emoção, Leopoldina dispôs-se a ler a segunda carta, que era muito breve. Nela o cardeal Consalvi enviava bênçãos à sua filha em Cristo e comunicava que o Santo Padre, tão logo ela retornasse à Áustria, anularia o seu casamento com dom Pedro de Bragança. "A Áustria espera pela volta da sua querida filha", assim terminava a carta.

 Quando o dr. Mello Franco, alarmado por uma das camareiras, entrou no salão de recepções, deparou com dona Leopoldina de joelhos, chorando amargamente. Com olhar reprovador o médico encarou o barão, como que inquirindo se o mesmo não percebia que dona Leopoldina se achava em adiantado estado de gravidez. Assustado, o barão ajudou o médico a levantar dona Leopoldina daquela posição.

 Nesse momento dom Pedro entrou também no salão, olhando espantado para os três.

 Num gesto resoluto ergueu dona Leopoldina e conduziu-a aos seus aposentos. Somente depois de ela estar deitada na cama, ele notou que Leopoldina segurava firmemente duas cartas. O que poderiam afinal conter essas duas cartas, que assim tivessem dado motivo a esse desesperado pranto? Só muito a contragosto Leopoldina largou as duas cartas. Dom Pedro, tendo terminado a leitura, deixou-se ficar demoradamente em silêncio, à beira da cama de Leopoldina. Depois começou a falar mais para si do que para ela ouvir:

— Eu sinto, ou melhor, tenho a certeza de que estão procurando me aniquilar! Afinal de contas por que motivo? Tão-só para colocar Miguel em meu lugar? Não, não é possível; algo mais deve existir atrás disso tudo. Num repente, dom Pedro se pôs de pé, começando a falar em altas vozes, quase aos gritos, que os conluiados em derrubá-lo procuravam arrancar a própria princesa da sua companhia, a única pessoa que desinteressadamente lhe era fiel. Isto dizendo, dom Pedro começou a andar agitadamente de um lado para o outro no aposento, recriminando-se com as mais ásperas palavras. Leopoldina, porém, não ouvira nada disso, pois havia perdido os sentidos.

Leopoldina, é claro, não atendeu ao chamado do tio. Ao reler as últimas linhas da missiva em que lhe pedia que desse sem mais demora a Bieberstein ordens no tocante à sua partida, sentiu nitidamente, mais do que nunca, que de modo algum deveria abandonar o Brasil. Havia sido enviada para esse país e com os destinos desse país estava ligada. Como então agir agora contra o mesmo? Proceder dessa maneira seria uma traição em relação ao país.

Um mês depois Leopoldina dava à luz outra criança. Era menino e recebeu na pia batismal o nome de João Carlos. Pouco tempo depois um novo atentado foi executado contra ela e contra o recém-nascido. Isso aconteceu durante a noite, quando, despertada por um ruído estranho, ao abrir os olhos deparou ali, em pleno quarto, com um negro medonho, de orelhas grandes. Percebeu que estava se orientando a quem primeiro atacar, se a ela, se à criança.

De repente, sob a luz fraca da lamparina, viu que o preto segurava um punhal, um punhal comprido que erguia, à medida que se aproximava do leito do menino. Ao ver que o filho corria risco de morte, Leopoldina recuperou a voz e gritou desesperadamente. Aos seus gritos, Cuca, robusto cão dinamarquês, desandou a latir furiosamente e veio desabaladamente para o palácio. Mal havia o oficial encarregado da guarda aberto a porta do aposento de dona Leopoldina, já o cão se precipitara quarto adentro e no mesmo instante o negro jazia por terra.

Decorrido um mês, estando Leopoldina de novo restabelecida da febre que a assaltara em consequência daquela noite de horror, ficou sabendo que o negro, na mesma manhã, depois do atentado, fora enforcado. Como mandatária do crime foi apontada uma dama da corte de Carlota Joaquina. Referida dama era tida na conta de amante de José Presas.

Depois de tudo passado, Leopoldina tremia ao pensar no que teria acontecido naquela noite, se não tivesse por acaso levado a criança para dormir com ela, no mesmo quarto... Do tempo da sua enfermidade só se lembrava agora que sentira um desejo imenso de morrer. Sentia-se cansada, um cansaço mortal. E para que continuar a viver?

Por duas vezes tinham tentado assassiná-la, haveria acaso alguma justificativa mais para que continuasse lutando? Percebia que aos poucos ia se desprendendo do corpo terreno e deslocando-se lentamente para algum lugar. Não sentia mais dores, nem sofrimentos. Nem sabia mais quanto tempo estava flutuando dessa maneira, quando o esquisito som de um sino a obrigou a voltar. Esse sino! Já uma vez, há quanto tempo, não tinha ela ouvido esse som? Leopoldina lutava contra esse som despertador. Não desejava ser de novo chamada para a vida...

Quando, ainda meio insegura, assim pensava, soou um bramido troante nos ouvidos, e ela viu como uma multidão de pessoas, gritando e vociferando, se arrastava através de uma planície desolada e poeirenta. Algumas dessas pessoas empunhavam grandes torrões e paus, prestes a atirar e a ferir. Era horrível o aspecto dessa multidão enfurecida. Leopoldina queria fechar os olhos. Esse quadro de degradação humana era horroroso.

Repentinamente, porém, desfez-se essa multidão vociferante e um silêncio envolveu tudo. Um vulto luminoso esboçou-se, vulto que parecia ser a figura de um homem com a cabeça coroada de espinhos. Curvado, esse homem se arrastava ao peso de uma cruz. Era Jesus: Leopoldina assustou-se, ao passo que um véu nebuloso envolvia o tétrico quadro. Somente se ouvia uma voz que parecia vir de longe:

"Os servos de Lúcifer, com o assassínio do Filho de Deus, deram começo à sua luta final contra a Luz! Essa luta só terá fim quando a espada de Deus, o Juiz e Salvador, vier ao mundo como ser humano!

Lúcifer, na sua desmedida presunção, exigiu para si a posse da Terra inteira. Pelo assassínio do Filho de Deus, pretendeu provar que seu é o poder sobre toda a Terra e que a sua exigência tinha razão de ser. Contrários aos planos de Lúcifer e de seus servidores são, porém, todos os seres humanos que se acham ligados à força da Luz e que colaboram para a sua ancoragem na Terra. Portanto, continua e não percas o ânimo. Breve o Salvador virá!"

"Continua e não percas o ânimo!" Essas palavras foram como que um bálsamo sobre as suas feridas. Lágrimas ardentes corriam pelas faces de Leopoldina. Havia se mostrado desanimada e vacilante, no entanto outrora pronunciara com grandes palavras, um juramento...

"Perdoa-me, Senhor! Nunca mais os meus insignificantes padecimentos humanos me farão fraquejar. A Ti, Senhor, sempre e eternamente hei de servir..."

Ao erguer novamente os olhos, Leopoldina divisou, como que através de um véu, três rostos que pairavam sobre ela e pareciam observá-la atentamente. Aos poucos foi reconhecendo as fisionomias. Eram o dr. Mello Franco, dr. Bernardino e o naturalista alemão, dr. Martius. Procurou erguer-se, mas sentiu receio: seria acaso tarde demais? Não havia correspondido ao esforço curativo dos médicos, porquanto era do seu propósito desprender-se da vida... Porém, não! Era preciso que vivesse, do contrário como haveria de ajudar a ancoragem da Luz? E não parecia, também, que o dr. Bernardino olhava reprovadoramente para ela?

Depois de passar por essa enfermidade, Leopoldina sentia-se como que nascida de novo. Desaparecera por completo toda a sua insegurança. E era bom que assim fosse, porquanto os acontecimentos políticos traziam dia a dia maiores aborrecimentos, exigindo dela e de dom Pedro a mais perfeita vigilância. Com grande satisfação Leopoldina verificou que dom Pedro em todos os momentos críticos dava-lhe ouvidos e seguia os seus conselhos.

Nesse ínterim, Leopoldina também ficara conhecendo o homem que mais tarde haveria de figurar na História do Brasil como o

Patriarca da Independência: José Bonifácio de Andrada e Silva. Um belo dia apareceu ele na Quinta da Boa Vista acompanhado de seu amigo Guilherme von Eschwege e do seu irmão Martim Francisco, a fim de cumprimentarem os príncipes. Dom Pedro ficou satisfeitíssimo com a visita, tanto mais que José Bonifácio já se tornara nome famoso na Europa inteira pelos seus trabalhos científicos, escritos em alemão.

Dona Leopoldina, ao ser saudada por José Bonifácio, viu brilhar sobre a cabeça dele uma grande estrela azul. Via-se também sobre as cabeças dos outros dois uma estrela igual. Pessoas com estrelas azuis só podem ser gente boa... Leopoldina, contudo, não podia no momento dar maior atenção a esse fato, preocupada que estava em acompanhar a conversação dos homens, porquanto José Bonifácio acabava de dizer que o seu irmão, Antônio Carlos, se achava preso em Pernambuco, por motivos políticos. A fisionomia de dom Pedro se contraiu. Disse que, a seu modo de ver, para um rebelde como Antônio Carlos, irmão de José Bonifácio, a prisão era ainda o lugar melhor e mais seguro.

José Bonifácio sacudiu a cabeça em desaprovação a dom Pedro, contestando que, na sua opinião, era coisa perigosa para um Estado meter os seus patriotas na cadeia. Exaltado, dom Pedro retrucou que as atitudes dos chamados patriotas se chocavam com a vontade do soberano, o seu augusto pai.

— Mas, continuou José Bonifácio, foi o próprio pai de Vossa Alteza quem abriu as portas que poderão conduzir o Brasil para o progresso e para a liberdade.

Aborrecido, dom Pedro olhou para Leopoldina, e esta percebeu logo que ele aguardava da parte dela a palavra salvadora que viesse pôr fim à desagradável conversa. Diante disso, perguntou ela delicadamente, em alemão, a José Bonifácio, que é que ele agora pretendia fazer, de volta ao Brasil. A esta pergunta, José Bonifácio encarou-a por alguns instantes, talvez não sabendo de pronto o que deveria responder, porém disse que depois de prolongada ausência, retornava à pátria para cumprir uma missão, e que essa missão não era outra senão a libertação do Brasil, sem derramamento de sangue.

Dona Leopoldina ficou perplexa. Esse foi o sinal para o começo. De repente ela sabia que tinha esperado todo o tempo por algo, e agora essa espera tinha terminado. José Bonifácio e todos os que estavam a seu lado certamente haveriam de colaborar com ela e com dom Pedro na obtenção da liberdade tão desejada para o país. E dom Pedro? Também ele não poderia agir de modo diferente, pois a sua missão era a mesma que a dela.

Quando Leopoldina viu que os visitantes aguardavam uma resposta, sem mais demora disse que outro não era o ideal de dom Pedro e dela também, senão a grandeza e a liberdade do Brasil. A estas palavras José Bonifácio curvou-se respeitosamente, e sorridente agradeceu essa demonstração de benevolência da parte da princesa real, porquanto não eram palavras vazias.

Ao dizer essas palavras, encarou-a e sentiu como se a conhecesse de longo tempo.

Dom Pedro já estava impaciente, pois entendia muito mal o alemão; por isso dona Leopoldina levantou-se, dizendo ao despedir-se que esperava de todos uma estreita colaboração para o bem do povo. Dom Pedro também se despediu com palavras amáveis. Depois das visitas terem saído, dom Pedro comentou que os Andradas não passavam de meros revolucionários, não sendo certo que ela apoiasse esse tipo de pessoas. Enfim, como José Bonifácio ia permanecer em São Paulo, não seria danoso no Rio de Janeiro. Com essas palavras, dom Pedro deu por encerrado o caso.

A situação política em Portugal se tornava dia a dia mais trágica. O general inglês Beresford, que dominava Portugal, havia chegado ao Rio e apresentado exigências descabidas a dom João. Mas teve de retornar a Portugal, furioso, sem nada ter conseguido. Nem bem havia chegado lá, rompia uma revolução no Porto e ao mesmo tempo formavam-se aqui no Brasil, sem restrições, partidos de libertação. Por toda a parte faziam-se discursos, e em duas lojas maçônicas do Rio discutiam-se abertamente as medidas necessárias em prol da Independência.

Gonçalves Ledo e José Bonifácio eram mestres graduados nessas lojas. Ambos trabalhavam, por enquanto, em estreita colaboração. Os dois jornais publicados no Rio exigiam também, em longos editoriais, a libertação do domínio inglês, pois o que era agora Portugal, senão uma colônia da Inglaterra? A máquina tinha sido, portanto, posta em movimento. Dom João e os seus velhos ministros não estavam à altura de enfrentar a intrincada situação. Num dia expediam-se decretos que logo no dia seguinte eram declarados sem efeito. Além disso, de repente exigia-se em Portugal o retorno da família real, a toda pressa.

Dom João desejava que dom Pedro e dona Leopoldina regressassem com ele, mas os dois se opuseram terminantemente à ideia. Depois de muito meditar, dom João tomou a resolução de voltar, deixando dom Pedro e dona Leopoldina como seus representantes no Brasil. Dom Pedro, nessa ocasião, desenvolvia uma grande atividade. Onde quer que surgissem conflitos entre brasileiros e portugueses, a sua simples presença dirimia questões.

A despeito de tudo isso a monarquia oscilava. O advogado Macamboa, em nome do povo, exigia a deposição dos velhos ministros, ameaçando com uma revolução sangrenta. Finalmente, depois de rumorosas e agitadas reuniões, deliberou dom João, em definitivo, o regresso da família real, ordenando que fossem tomadas imediatamente todas as providências.

O decreto respectivo, ou melhor, uma proclamação dirigida ao povo, tornava público que dom João retornava a Portugal, deixando o seu bem-amado filho como representante no Brasil. Nesse momento o povo começou a sentir receio diante dos acontecimentos, exigindo que dom João permanecesse no país. Pois, que esperanças poderia depositar em dom Pedro? O povo, sim, o povo ficaria sempre e cada vez mais entregue a si mesmo, desde o momento em que o alcoviteiro Chalaça acenasse com novas meretrizes...

De repente operou-se uma transformação radical: ninguém mais falou em dom João ficar no Brasil. José Bonifácio com os dois irmãos e um grupo de amigos seus, aparecendo subitamente no Rio de Janeiro, procuravam de todo o modo acalmar o povo. Corria o boato de que dom Pedro e dona Leopoldina haviam se manifestado francamente a favor da Independência do Brasil. Um apoio inesperado surgiu da parte do clero. Verdade é que o clero não suportava dom Pedro, devido aos aborrecimentos que havia causado publicamente à Igreja, em estado de embriaguez. Desconfiavam dele e também das suas mostras de arrependimento; entretanto, parecia que dona Leopoldina o amava e além de tudo era ela que apoiava a Independência. E quantas vezes clérigos brasileiros não se viram obrigados a suportar calados a arrogância de padres portugueses? Diante de tudo isso, muitos padres, nas igrejas, começavam a fazer sermões bem mundanos, aos domingos.

E o dia chegou. Foi a 26 de abril de 1821 por ocasião do embarque de dom João e família. Uma grande multidão se acotovelava no cais, porém não se ouvia um pio de regozijo ou de reprovação. O povo se sentia desgostoso de dom João ter de voltar para Portugal; por outro lado havia ele prestado tantos benefícios ao Brasil, que ninguém tinha coragem de recriminá-lo pela situação. Mantinha-se, portanto, em rigoroso silêncio, à medida que as embarcações iam deixando o porto. Quatro mil pessoas retornavam com dom João para Portugal. Carlota Joaquina exultava! E tudo quanto havia de ouro, de joias, de preciosidades atulhava o bojo dos navios reais. Além disso ela pretendia, em Portugal, bater-se pelos direitos de dom Miguel pela posse do trono.

Leopoldina também triunfava de certa maneira. Estava finalmente livre dos ataques de Carlota Joaquina e da sua camarilha.

A situação para ela e dom Pedro, no entanto, era agora, materialmente falando, péssima. Não havia dinheiro, nem ouro. Depois de muito conversarem resolveram ambos desfazer-se dos cavalos de estimação. Eram animais magníficos, criados na fazenda Santa Cruz. Foram dias de tristeza, os da saída dos cavalos. Mais de mil animais, cada um mais bonito que o outro, foram vendidos. Porém, não havia tempo para tristezas. Mal havia dom João partido, e já dom Pedro percebia não existir mais nenhuma saída para o Brasil, senão torná-lo independente de Portugal.

Por insistência de dona Leopoldina, chamou José Bonifácio para ser ministro e ambos, dom Pedro e José Bonifácio, expediam decretos que despertavam a mais violenta repulsa em Portugal.

José Bonifácio agora constantemente surgia no palácio. E toda vez que ali chegava, vinha acompanhado de um novo amigo, ou simplesmente de um novo colaborador ou de um novo batalhador pela liberdade, como José Bonifácio, sorridente, costumava dizer. E acontecia cada vez mais frequentemente que dona Leopoldina tinha de receber sozinha essas visitas. Dom Pedro andava de tal modo assoberbado com negócios de governo, que a maior parte do tempo estava fora, viajando, pois era preciso estabelecer contato com todas as povoações maiores.

Durante esse tempo o Chalaça havia transferido as suas atividades para São Paulo. Leopoldina havia esperado que ele fosse para Portugal com dona Carlota, mas essa esperança se dissipou inteiramente. Os seus dias, porém, eram tão cheios de trabalho, que nem sequer tinha tempo de pensar no Chalaça. Além disso, havia dado à luz uma outra criança: uma menina. Conquanto adorasse os seus filhos, escasso era o tempo que podia dedicar a eles. Levantava-se todas as manhãs uma hora mais cedo para que ao menos uma vez ao dia pudesse dar de mamar à recém-nascida. Muitas vezes ficava desesperada com as contínuas gravidezes, mas os filhos eram tão bonitos e sadios, que para ela constituíam uma fonte de alegria.

No palácio muita coisa havia mudado. Velhos oficiais da guarda foram substituídos, uma parte dos serviçais foi dispensada, novos funcionários passaram a trabalhar e novas damas de companhia vieram para Leopoldina. Até as crianças receberam pajens e governantas novas.

Um dia, com horror, dona Leopoldina percebeu que a governanta da princesinha dona Maria da Glória era uma espiã de Carlota Joaquina. Essa governanta, porém, havia demonstrado sempre tamanho carinho para com a menina, que dona Leopoldina só veio a saber do fato através da atenção vigilante do seu ordenança. Os oficiais da guarda do paço tinham sido escolhidos a dedo por José Bonifácio. Dentre esses havia parentes seus e dos seus amigos. Sabia dos atentados contra a vida da princesa e não queria de modo algum que tivesse de enfrentar novos dissabores. Nem dom Pedro, nem dona Leopoldina, porém, sabiam coisa alguma das medidas de segurança que José Bonifácio vinha tomando para a proteção de ambos.

Um novo sofrimento, contudo, veio atingir dona Leopoldina. Irrompera no Rio uma epidemia de tifo exantemático e muitas crianças sucumbiam ao mal. Seu filho João Carlos foi afetado e não houve como salvá-lo da morte apesar de todos os cuidados dispensados no tratamento. Morreu nos braços da mãe. A princípio, Leopoldina ficou tomada de uma dor muda, mas à noite, quando montava guarda ao esquife enxergou, de pé, junto ao pequeno corpo da criança, a figura de um jovem que sorria para ela feliz. Sua mão repousava sobre o menino morto, dando a entender a Leopoldina que ele e a criança eram uma e a mesma pessoa. O traje desse estranho e belo jovem era de ouro refulgente e com o mesmo fulgor brilhava o diadema de ouro que lhe cingia a testa, prendendo para trás os cabelos pretos.

Essa figura fez lembrar Leopoldina do espírito branco e ao mesmo tempo da sua mãe, que aparecera para mostrar-lhe que não existia a morte.

Consolada, dona Leopoldina, que estava ajoelhada, levantou-se. Como podia revoltar-se contra a morte da criança, se na realidade não estava morta. Não obstante esse saber, a dor perdurou durante muito tempo nela, como uma ferida aberta. Sabia que a vida seria muito mais alegre se ainda tivesse a seu lado a presença do menino. Mas Leopoldina tratava logo de repelir tais pensamentos. Não estava no mundo para ter alegrias, mas sim para servir a Deus.

Durante os angustiosos dias da enfermidade de João Carlos, aportara no Rio um brigue procedente de Lisboa, trazendo novos decretos, novas exigências para dom Pedro, obrigando-o a organizar um governo provisório e partir imediatamente com a família para Portugal.

Dom Pedro ficou furioso com o tom da missiva e ao mesmo tempo não sabia o que devia fazer. Dois dos seus ministros, o conde de Arcos e o conde de Louzã, procuravam influenciá-lo, cada qual a seu modo. O conde de Arcos era partidário do movimento libertador, ao passo que o de Louzã pertencia à facção portuguesa. Um queria que ele ficasse, o outro que partisse.

Logo depois da morte do menino, conversando sobre a situação com dona Leopoldina, esta declarou que de modo nenhum sairia do Brasil. Mas se a despeito de tudo lhe fosse dado ainda manifestar o seu desejo, iria para a Áustria; nunca, porém, para Portugal. Dom Pedro concordou. Achava, no entanto, uma espécie de traição não atender o chamado do pai.

— Esse chamado para voltares a Portugal, não vem do teu pai, disse dona Leopoldina. Teu pai gostava do Brasil...

Como José Bonifácio estivesse no palácio, dona Leopoldina sugeriu a dom Pedro que fosse ouvir a opinião desse estadista, tão sábio como experiente. Dom Pedro foi, efetivamente, conversar com José Bonifácio, porém não lhe pediu a opinião sobre o caso; comunicou-lhe, sim, desde logo, que estava resolvido a ficar no país. Respondeu-lhe José Bonifácio que outra coisa não esperava da parte dele. Contou-lhe então o que José Clemente Pereira havia declarado no senado: que o Brasil imediatamente se separaria de Portugal e proclamaria a República, se dom Pedro saísse do país.

Poucos meses depois, novas notícias chegavam de Portugal, anunciando a dom Pedro que tinham sido eleitos novos ministros para o Brasil, que em breve uma nova Constituição seria promulgada, e que ele, dom Pedro, tinha de submeter-se inteiramente às imposições da mesma, se não quisesse perder as suas prerrogativas de príncipe real. Mais ainda: declaravam que todos os decretos expedidos por dom Pedro nos últimos meses tinham sido revogados.

O portador dessa mensagem contou, embora confidencialmente, ao ministro Louzã, que Carlota estava mandando rezar missas em Portugal, no sentido de que dom Pedro se insurgisse contra o novo estado de coisas, caso em que as tropas portuguesas saberiam como manter a ordem no Brasil. Dom Pedro perderia os seus direitos de sucessão ao trono e Miguel viria a ser o autêntico soberano do reino de Portugal-Brasil, talvez também, rei da Espanha.

Sabia ela que dom Pedro não era o responsável pelo que estava acontecendo. Responsável era a princesa de Habsburgo, que o instigara a trair a sua pátria. Louzã transmitiu a mensagem imediatamente a Martim Francisco de Andrada, irmão de José

Bonifácio, que riu e usou para dona Carlota uma expressão que seria difícil reproduzirmos aqui.

Leopoldina veio a saber, por intermédio de seu antigo confessor, padre Ambrósio, que Carlota Joaquina conseguira entrar em contato com a mulher do príncipe de Metternich, a quem havia relatado coisas fantásticas contra ela. Escrevia-lhe o referido padre Ambrósio que de duas uma: ou Carlota Joaquina estava ficando louca, ou era uma mentirosa fria e calculista. Escrevia mais, que o grande Miguel dentro em breve visitaria a Áustria e que em verdade devia ser mesmo um personagem extraordinário, dado que a mãe não recuava diante de nada para defendê-lo.

Infelizmente, porém, a mulher do príncipe de Metternich acreditou nessa intrigante, ou pelo menos fingiu acreditar. Pois o casal Metternich, apesar da negativa de dona Leopoldina em retornar à Áustria, não a tinha em muito boa conta, tendo sido um grande choque para ambos, quando souberam que não só o povo em peso, como também a maior parte da alta nobreza austríaca receberam com delírio de alegria a notícia da volta de dona Leopoldina...

Dona Leopoldina levantou-se e foi à janela, pois já fazia uma ideia do que pudesse ser o resto do conteúdo da carta, não sendo necessário que a sua dama de honra lesse até o fim. Sabia que foi uma decepção para o povo a sua negativa de voltar para lá, e que era voz corrente que ela colocava o seu mesquinho amor pessoal, por um homem como dom Pedro, acima de seu amor filial pela Áustria...

Quanto mais vociferavam em Portugal, mais ardorosamente se inflamava a atividade de todos no Brasil. O partido libertador crescia de momento a momento, de modo que dom Pedro tinha muito o que fazer para aplainar rixas que não poucas vezes terminavam em sangue. Os brasileiros tinham de aguentar muitas coisas dos portugueses.

Dom Pedro havia estado em Minas Gerais, pois lá foi o primeiro lugar em que o povo sofrera pela liberdade. Estava de volta, e São Paulo exigia a sua visita. Já por mais de uma vez dom Pedro tinha recebido convites insistentes dos paulistanos, mas sempre acontecia algo de permeio que impedia a realização do plano. Agora, porém, parecia que o momento oportuno tinha chegado. Além disso, dom

Pedro havia recebido, por intermédio de um mensageiro, uma carta do Chalaça, na qual lhe comunicava se achar em São Paulo uma mulher a sua espera, grande admiradora dele como herói da liberdade, a mais bela criatura que ele pudesse imaginar. Queria ela ter a honra de, pelo menos uma vez, ver de perto o seu herói. Não só essa extraordinária Domitila, como todas as senhoras paulistanas haveriam de festejá-lo como um herói.

Embora dom Pedro já tivesse deixado quase que inteiramente a sua vida de libertinagem, gostou da carta do seu amigo Chalaça. Admirou-se, ao mesmo tempo, que não sentia mais entusiasmo, ao ouvir falar nessa "extraordinária Domitila".

"Ou estou ficando velho ou estou salvo. Salvo?" Assustou-se. Salvo da pavorosa cova comum que lhe aparecia em sonhos?

Pedro não tinha vontade de partir, porém os mensageiros já se achavam a caminho, a fim de anunciar que em poucos dias estaria em São Paulo.

Mal tinha dom Pedro partido, quando chegou um correio vindo de São Paulo, trazendo carta para José Bonifácio, na qual um amigo lhe comunicava que Francisco Gomes (o Chalaça), no recinto de uma casa suspeita, havia feito um discurso no qual sustentava que dentro de bem curto prazo a silenciosa e inexpressiva Leopoldina deixaria de reinar! Bem logo a bela Domitila governará o coração de dom Pedro e o país inteiro. Dizia mais o amigo de José Bonifácio. Dizia que a tal Domitila era perigosa intrigante, sendo entretanto capaz de conquistar o coração tão facilmente impressionável do príncipe. José Bonifácio leu a missiva e queimou-a logo à chama de uma vela. Haveria de tomar providências.

Como primeira providência chamou quatro rapazes bem treinados, enviando-os ao encalço do príncipe, de intervalo a intervalo, devidamente instruídos. Em São Paulo não deviam perdê-lo de vista e depois, também de intervalo a intervalo, deviam retornar e prestar conta da sua tarefa. José Bonifácio havia instruído cuidadosamente os moços. Podia depositar confiança neles, porquanto faziam parte do grupo dos libertadores.

Mal tinha José Bonifácio tomado as suas providências, quando aportou no Rio novamente um brigue com a notícia de que todos os decretos expedidos por dom Pedro, e por ele mesmo, tinham sido revogados pela Coroa. Comunicavam também que dentro de breve prazo chegariam ao Brasil os novos ministros e demais funcionários, não recuando a Coroa em resistir pelas armas, a fim de manter a ordem, custasse o que custasse.

A mensagem era longa e cheia de ameaças. José Bonifácio enrolou os documentos e partiu a cavalo em direção ao palácio, acompanhado do irmão e de alguns amigos. Ia transmitir a notícia a dona Leopoldina. Durante a ausência de dom Pedro, a seu conselho, havia ela ficado com a regência do governo, tendo já exercido essas funções durante os meses em que dom Pedro andou viajando por Minas Gerais.

José Bonifácio sentia grande satisfação em trocar ideias com dona Leopoldina. Não que ele tivesse necessidade da sua orientação, sabendo muito bem o que tinha de fazer. Mesmo porque, todos os seus planos já estavam prontos e definitivamente traçados. Mas o caso é que conversando com ela, e muitas vezes o assunto não passava de simples palestra sobre coisas da sua família, ocorriam a José Bonifácio ideias que sempre lhe traziam novos pontos de vista. Chegou mesmo a dizer ao irmão Martim Francisco que a princesa, sem que tivesse noção disso, lhe dava inspiração.

Transmitindo a dona Leopoldina as novas determinações cheias de arrogância vindas de Portugal, pediu desde logo a convocação do Conselho de Estado. Era preciso proclamar imediatamente a Independência do Brasil. No Conselho seria redigida uma mensagem para ser enviada a dom Pedro. E assim foi feito.

Nesse memorável Conselho, em que estavam presentes aproximadamente vinte pessoas, foi resolvida a proclamação da Independência. Dona Leopoldina escreveu de próprio punho uma carta a dom Pedro, implorando-lhe que não hesitasse mais. "O bem-estar do país, do povo e dos nossos filhos está em perigo…"

A segunda carta apresentada por José Bonifácio e os demais ministros, era de teor semelhante, reproduzindo porém, na íntegra, o texto do decreto e do manifesto do governo português.

Nem bem concluídas essas mensagens oficiais do Conselho, José Bonifácio encarregou dois correios riograndenses de levar esses documentos a São Paulo, sob recomendação expressa de não perderem um minuto sequer no trajeto, nem que os cavalos caíssem mortos.

Dom Pedro havia chegado em São Paulo no dia 24 de agosto, acompanhado de pequena comitiva. Em fins de agosto um dos quatro rapazes escalados por José Bonifácio já retornava ao Rio, com a notícia de que dom Pedro costumava passar as noites na companhia de uma velha amiga do Chalaça, uma certa Domitila de Castro. Informava também que o príncipe parecia andar doente, passando a dormir durante o dia.

Ao receber esses informes do correio, José Bonifácio imediatamente se dirigiu ao palácio de São Cristóvão, a fim de conversar com dona Leopoldina. Foi uma conversa memorável essa desses dois personagens. Em primeiro lugar José Bonifácio levou ao conhecimento de dona Leopoldina os informes que acabava de receber e, embora percebesse que ela empalidecera ao receber a notícia, declarou-lhe sem hesitar que jamais depositara plena confiança no príncipe.

— E a mesma coisa acontece com os meus colaboradores. Se o príncipe falhar agora, nesta hora importante da vida do Brasil, eu mesmo, com a autorização do Conselho de Estado, proclamarei a Independência e farei aclamá-la nossa imperatriz. Dom Pedro que vá embora, juntar-se aos parentes dele, em Portugal.

Dona Leopoldina quase desmaiou. Declarou, no entanto, com firmeza, que jamais se prestaria ao papel de traidora. Mas José Bonifácio não deu a menor importância ao que ela dizia. Continuou falando, para declarar que na qualidade de ministro de Estado sempre havia acatado rigorosamente as suas ordens e nesse propósito haveria de prosseguir até o fim. Nesse momento, porém, em que os destinos do país estavam numa encruzilhada, eram ela e ele, exclusivamente, os responsáveis pelo bem-estar do país. Tudo o mais, que envolvesse interesse pessoal, era coisa inteiramente secundária.

Ao perceber da parte de dona Leopoldina uma resistência muda ao que ele vinha expondo, disse-lhe então que tinha muito mais respeito por um simples tropeiro, que por um príncipe irresponsável. Dona Leopoldina assustou-se profundamente. Sabia que José Bonifácio iria efetivar as suas ameaças. Como podia falar dessa maneira para ela? De repente sabia o porquê: ele era a única pessoa a quem ela não conseguia iludir. Ele bem sabia que o amor que ela outrora talvez pudesse ter sentido por dom Pedro desaparecera.

Sabia, sim, José Bonifácio, que nem mesmo ela confiava inteiramente no príncipe. Ela precisava agir. Assim, tão logo José Bonifácio se retirou dali, Leopoldina ajoelhou-se no genuflexório e ardentemente suplicou ao espírito branco que fizesse com que os correios expedidos com a mensagem assinada por ela e por José Bonifácio conseguissem encontrar dom Pedro, e que ele se convencesse imediatamente do perigo que todos estavam correndo.

Sua prece foi ouvida, pois os correios conseguiram efetivamente encontrar dom Pedro, quando se achava no alto da colina do Ipiranga, de regresso para o Rio. Leu as duas mensagens e reconheceu, de pronto, que a Independência do Brasil tinha de ser proclamada naquele instante. E foi o que fez. Em meio da comitiva que o acompanhava e de numerosas pessoas que haviam se aglomerado na sua passagem, proclamou a Independência do Brasil. Era o dia 7 de setembro de 1822.

Minutos antes de proclamar a Independência, dom Pedro foi acometido de um repentino estado de fraqueza e sentiu como se não pudesse proferir uma só palavra. Com grande esforço conseguiu superar esse angustioso momento e a sua voz ecoou clara e sonora, ao proferir as palavras:

"Independência ou Morte!"

Enquanto dona Leopoldina, no Rio de Janeiro, orava para que dom Pedro não se deixasse mais arrastar por caminhos tortuosos, e se tornasse um verdadeiro soberano, dom Pedro só pensava na mulher que terrenal e espiritualmente dera o último empurrão para a sua destruição: Domitila de Castro. Foi, no entanto, bom para dona Leopoldina que ainda não soubesse quão nefasta se faria sentir a influência dessa mulher na vida de dom Pedro e dela própria.

Dom Pedro foi delirantemente aclamado em seu regresso ao Rio. O povo se sentia numa atmosfera de indescritível regozijo. No dia 12 de outubro realizou-se a coroação, e longos dias de festa encheram todo o país.

Leopoldina, no entanto, não se sentia feliz. Dom Pedro estava mudado. Ela havia dado à luz outra menina, mas esse nascimento bem pouca alegria lhe trouxe. A menina era fraca e dom Pedro achava que já era tempo de dar um sucessor ao trono. José Bonifácio notou também a mudança operada em dom Pedro, e bem suspeitava de onde provinha. Tanto quanto ouvira falar da tal Domitila, não era como as demais meretrizes que se contentavam em passar a vida atrás das cortinas. Exigiria mais.

Leopoldina começou a perceber que dom Pedro estava ficando insuportavelmente vaidoso. Muitas vezes deixava-se ficar parado diante do espelho grande do salão, contemplando-se contente, dando-se ares de imperador até em relação a ela. Além do mais, até dizia-lhe abertamente que ela jamais havia contribuído para incentivar a sua autoconfiança. Somente agora é que percebia quantos valores trazia dentro de si. Além disso, andava bem prevenido a respeito de tudo, e ela que tomasse cuidado em não conspirar contra ele, junto com os Andradas.

Horrorizada, dona Leopoldina encarava dom Pedro ao vê-lo falar assim. O que poderia, afinal, ter acontecido? Não teve, ele mesmo, provas da lealdade dos Andradas?

Leopoldina ainda não sabia de que modo a nova amante de dom Pedro exercia influência sobre ele. Ainda não sabia que essa mulher despertava e alimentava a desconfiança nele. Bem antes previra José Bonifácio o perigo que essa mulher representava, confiando abertamente a dona Leopoldina os seus receios.

Domitila chegara ao Rio de Janeiro como conselheira do imperador. Foi nomeada dama de honra de dona Leopoldina e tinha livre acesso ao palácio. Quando dom Pedro se achava em casa e Leopoldina procurava, como antigamente, preveni-lo a respeito de qualquer coisa que oferecesse perigo, ele ria com escárnio. Respondia-lhe que afinal era preciso compreender ser ele o imperador e que bem sabia o que tinha de fazer. No mesmo instante, pedia-lhe perdão, dizendo que não sabia o que estava acontecendo, e que tivesse paciência com ele.

Não tardou, porém, e a própria dona Leopoldina teve de reconhecer que não se podia mais ajudar dom Pedro. Domitila, que na qualidade de recém-nomeada marquesa de Santos começava a desenvolver o seu domínio no Rio de Janeiro, ligara-se desde logo ao partido português. Além disso, não descansou enquanto não conseguiu obter uma relação completa de todas as pessoas que estavam em contato com dona Leopoldina. Nem bem de posse desses nomes, procurou logo, de uma ou de outra maneira, atrair para si, através de engodos, a simpatia dessas pessoas.

Quando não o conseguia pelos seus atrativos físicos, lançava mão de seu prestígio político, fazendo ver a todos que dependia dela, exclusivamente, dom Pedro conceder ou não certos cargos de projeção no recém-formado império. E teria mesmo atraído muito mais homens, se não tivesse incorrido no erro de aderir à facção portuguesa. Tanto mais que se vangloriava de manter correspondência com uma dama de honra de Carlota Joaquina. Além de tudo, referia-se com os mais rasgados elogios à pessoa de dom Miguel.

Formou-se, assim, em torno dela um círculo de mulheres e moças cuja maior preocupação era alardear que não precisavam casar para conseguir a companhia de um homem: bastava um leve aceno, e logo os homens casados já enxameavam em torno delas. Dentre essas tais, achava-se também a irmã ou meia-irmã de Domitila. Era moça muito bonita e não tardou que passasse a andar com dom Pedro, traindo a própria Domitila.

Quando Domitila chegou a perceber que muitos dos adeptos da Independência não queriam saber mais dela, chegando mesmo a repeli-la publicamente, então procurou outra saída. Em primeiro lugar os Andradas tinham de desaparecer, pois enquanto eles estivessem no país, não lhe seria possível cogitar da expulsão de dona Leopoldina. E, enquanto dona Leopoldina estivesse presente, os seus desejos não se concretizariam.

Domitila aspirava ser imperatriz do Brasil. Achava que dispunha de muito mais dotes para preencher o lugar dessa estranha austríaca, que parecia viver somente para rezar e para pôr meninas no mundo. Todas as criaturas espiritualmente sem valor juntavam-se em torno da marquesa. Eram seus adeptos, e, com isso, esperavam finalmente alcançar dignidades, títulos e posições. Bem sabiam por que até agora não tinham chegado a ser alguém: a estrangeira era culpada de tudo.

Conquanto a marquesa não houvesse dito expressamente, tinha-lhes, contudo, dado a entender indiretamente que dona Leopoldina, tão-somente, era a responsável de não terem ainda conquistado posições adequadas. A intriga dos partidários da marquesa chegou a tal ponto, que em uma das lojas maçônicas do Rio de Janeiro exigiam a expulsão de dona Leopoldina do país e a volta do antigo regime português. A conselho do Chalaça, começavam a espalhar, de novo, pela cidade gravuras e panfletos comprometedores, gravuras essas que apareciam coladas pelas paredes e nas árvores do passeio público.

Procuravam por todos os meios destruir a confiança do povo em dona Leopoldina. Muitas vezes acontecia, também, de aparecerem de manhã cartazes com outros dizeres, colados por cima, constando quase sempre de poucas palavras: "Abaixo com a meretriz Domitila, viva dona Leopoldina!"

Chegou a situação um dia ao cúmulo de dona Leopoldina, com os filhos, tendo dado à luz recentemente a sua quarta filha, ser compelida a pedir asilo e proteção na embaixada inglesa. E isso pelo fato de dom Pedro, em pleno sol do meio-dia, ter chegado ao palácio da Quinta da Boa Vista, a cavalo, acompanhado de amigos e de um bando de dez ou mais meretrizes.

Toda essa malta estava sendo dirigida pela marquesa. Dom Pedro declarou que não havia nada de mais, que tinham vindo apenas para realizar ali um festival artístico.

— Tão-só por isso, minha querida, apenas para uma demonstração de arte, explicou dom Pedro, com voz insegura ao deparar com dona Leopoldina. Maria da Glória pode, também, tomar parte no papel de anjinho...

Com profunda tristeza no coração, dona Leopoldina viu que dom Pedro estava novamente sob a influência de um chamado "elixir de amor", elixir esse que estava em moda entre os amigos de dom Pedro e não era nada mais do que um entorpecente. Enquanto essa turba se assentava à mesa do palácio para almoçar, Leopoldina reuniu as crianças e deixou-se levar, de liteira, em direção à embaixada inglesa, no bairro do Botafogo. Lord e lady Chamberlain eram bons amigos seus, e ela podia ficar por lá até que o palácio ficasse de novo limpo.

Leopoldina foi recebida de braços abertos pelo casal de embaixadores. Lord Cochrane achava-se também ali no momento, acompanhado de um amigo, de passagem pelo Brasil. Não fazia ainda uma hora que dona Leopoldina havia chegado, quando ali surgiram José Bonifácio com o irmão Martim Francisco e um padre que sempre pregava na Igreja da Glória.

José Bonifácio aparentava estar doente e esgotado pelo trabalho. Quando estavam reunidos, lord Cochrane tomou a palavra para dizer que o destino tinha vindo em auxílio de todos, porquanto havia muitos dias que vinham estudando a possibilidade de conversar com dona Leopoldina, livres da presença de espiões. A situação no país era de tal modo grave, que urgia de qualquer forma encontrar uma solução.

Tendo lord Cochrane concluído o que desejava dizer, ergueu-se José Bonifácio e, tecendo comentários sobre a profunda amizade que dona Leopoldina sempre demonstrara pelo Brasil, pediu-lhe que aceitasse a coroa imperial, assumindo as rédeas do governo sozinha, como soberana, visto que o povo não depositava mais confiança no imperador. Este começara a alardear seu título de dom Pedro IV de Portugal, havendo mesmo declarado num círculo, em que se achavam presentes portugueses e partidários da Independência, que Portugal e Brasil deviam andar juntos.

Leopoldina certamente estava a par da situação reinante no país, tão bem ou melhor que todos os presentes. Tendo José Bonifácio concluído, tomou a palavra lord Amherst, para dizer que a Inglaterra estava perfeitamente disposta a fechar contratos comerciais com o Brasil, porém fechar contratos com quem? A Inglaterra tudo faria para lhe dar apoio, uma vez que se tornasse imperatriz, pois nesse caso, sim, todas as transações podiam ser feitas com ela. Pessoa alguma de bom senso estaria disposta a fazer qualquer negócio com o volúvel dom Pedro. Mas em dona Leopoldina, filha do imperador da Áustria, toda gente depositava confiança...

Dona Leopoldina, que ouvira tudo aquilo calada, bem sabia que dom Pedro havia perdido a confiança do povo e que já se esboçava mesmo um movimento para exigir a sua abdicação. Ela própria havia também perdido a confiança nele; a despeito de tudo, porém, não devia de forma alguma deixar o seu lugar. Agradecia, assim, profundamente a todos a confiança nela depositada, mas enquanto dom Pedro fosse vivo, não aceitaria jamais a posição de soberana do Brasil.

— Como posso abandonar o pai de meus filhos no momento mais cruciante da vida dele? Não penso, contudo, nos meus filhos agora, penso no povo. Se essa proposta fosse levada a efeito, a consequência seria uma sangrenta guerra civil. A intervenção de tropas inglesas complicaria ainda mais a situação. Não, nunca, de modo algum haveria de sobrecarregar a minha consciência com um ato de traição; jamais desencadearia uma revolução sangrenta!

— Traição? exclamou exaltado Martim Francisco, pondo-se de pé. Como pode Vossa Majestade falar em traição, quando o próprio imperador, dia e noite, outra coisa não faz senão trair a todos nós?

Lord Amherst sacudiu os ombros. Tinha compreendido tudo. Disse em voz alta que o amor, naturalmente, era mais forte que todas as razões de Estado reunidas. Leopoldina fitou-o, sem compreender de momento, o que ele queria dizer. Depois, baixou a cabeça. Talvez fosse melhor ele pensar que ela amava Pedro, não querendo abandoná-lo, pois as suas razões verdadeiras ele não entenderia mesmo.

A única preocupação que a torturava era de ainda não existir um sucessor ao trono. Se existisse um tal, ficaria ao menos garantida a estabilidade da Independência. Assim, porém...

Na manhã seguinte, depois dessa memorável reunião na embaixada inglesa, o próprio dom Pedro veio buscar dona Leopoldina e as crianças. Parecia estar doente, com as mãos trêmulas, queixando-se de dor de ouvidos e de violenta dor de cabeça. Pediu-lhe de joelhos perdão, dizendo que se arrependia das suas fraquezas e que ela ainda mais uma vez tivesse paciência com ele.

Leopoldina retornou ao palácio com as filhas. Não havia outra solução. Se não voltasse, o próprio povo ficaria sabendo que até ela não confiava mais nele, e dom Pedro seria expulso do país. No palácio ela veio a saber que no dia anterior tinha havido ali a representação de uma peça de teatro, na qual a marquesa fazia o papel de Psique e dom Pedro o papel de Amor. Não tardou, porém, que surgissem vários amores à conquista de Psique, resultando daí uma grossa pancadaria, da qual resultou sair ferida uma das moças francesas que fazia parte do grupo...

Dom Pedro esteve doente por mais de quinze dias e dona Leopoldina cuidou dele, desveladamente. Dr. Bernardino, que conhecia bem ervas curativas indígenas, preparou uma beberagem que restabeleceu a saúde de dom Pedro. Dona Leopoldina, contudo, percebeu que também o dr. Bernardino era um daqueles que queria a separação dela de dom Pedro. Mas não se deixou perturbar por isso. Já era suficientemente triste que ela não pudesse salvar dom Pedro, ele que trazia também uma missão a cumprir.

Dom Pedro restabeleceu-se completamente, mas percebia-se claramente que não era um homem feliz. Certo é que continuava como antigamente, conversando e trocando ideias com dona Leopoldina, apenas com a diferença de agora desconfiar de todo o mundo, especialmente dos irmãos Andradas.

— Eles são traidores, dizia, e é preciso cortar-lhes as asas... Toda a explicação que dona Leopoldina pretendesse dar era inútil. Dom Pedro retorquia, dizendo estar informado de fonte fidedigna que os Andradas tramavam contra o império, querendo proclamar a República.

Chegou o dia em que a marquesa, com a ajuda de Carlota Joaquina em Portugal e de um bando de parasitas, conseguiu que dom Pedro consentisse na expulsão dos Andradas. Deviam ser metidos no navio, exilados, a fim de responder perante a justiça, em Portugal.

Ao ter conhecimento dessa notícia, dona Leopoldina procurou pôr-se em contato com José Bonifácio, a fim de dizer-lhe que ficava autorizado a tomar a deliberação que quisesse. Não foi possível. Dom Pedro havia dado ordens terminantes no sentido de não deixar dona Leopoldina sair do palácio e muito menos receber notícias de fora. Era uma prisioneira dentro do palácio. Como poderia ajudar? Andava de um lugar para outro no palácio, desesperada. Nem sequer no parque a deixavam sozinha. Oficiais da confiança de dom Pedro vigiavam para que não entrasse em contato com pessoa alguma.

José Bonifácio e os seus podiam ser exilados do país, mas de forma alguma para Portugal, porque ela bem sabia o que os esperava lá. Na sua angústia dona Leopoldina se pôs a orar, pedindo socorro: "Salve-os, Senhor! Salve-os, Senhor!" Era tudo quanto lhe vinha à mente.

Finalmente a sua prece parecia ter sido ouvida. Achava-se reclinada na cama de olhos fechados. Lágrimas já não tinha mais para chorar. Eis que o som de um sino, já bem seu conhecido, veio arrancá-la do seu abatimento. Ao descerrar ansiosa os olhos, deparou com o vulto de um estranho personagem ao lado da cama. Vinha revestido de um manto prateado salpicado de constelações coloridas, a cabeça coberta por um chapéu de ponta muito comprida. Leopoldina encarou firmemente a aparição, que devia ser o seu auxiliador nas horas de provação. O visitante fitou-a com força dominadora, erguendo nas mãos três rosas.

Entregou-as e desapareceu. Três rosas? Leopoldina pôs-se a pensar no que poderiam significar essas três flores. A figura prateada lhe havia entregue uma rosa branca, uma cor-de-rosa e uma vermelha. Finalmente, Leopoldina veio a lembrar-se de uma palestra que havia tido com Martim Francisco, em que ele lhe tinha explicado, minuciosamente, o rito maçônico. As rosas eram um símbolo da maçonaria: "Que a sabedoria guie a nossa construção, que a força a complete e a beleza a ornamente."

Apenas imprecisamente se lembrou do significado das rosas. Ela teria, portanto, de entregar três rosas a alguém? Mas a quem? Quem poderia, então, proteger José Bonifácio dos assassinos que o aguardavam em Portugal?

"Só mesmo o capitão do navio!" disse alguém em voz alta, a seu lado. Dona Leopoldina não perdeu tempo em pensar quem teria falado. Chamou imediatamente a sua dedicada camareira Roseliana, determinando que fosse procurar Görgey, oficial da sua guarda pessoal. Era um dos oficiais da guarda que tinha vindo com ela para o Brasil. Descendente da velha estirpe dos Woiwoden de Siebenbuergen, o qual, com toda a sua família, sempre tinha servido na corte imperial da Áustria.

Görgey no decorrer dos anos tinha se tornado um auxiliar indispensável para dona Leopoldina em muitas ocasiões. Só ele seria capaz de, às escondidas, fazer com que as rosas chegassem a tempo em mãos do capitão do navio. Ordenou à camareira que fosse ao jardim colher um punhado de rosas, escolheu dentre elas três que lhe serviam e fez um embrulho.

Quando dona Leopoldina contou a Görgey o que planejava fazer, este respondeu-lhe que estava fortemente vigiado, considerando-se, também, como prisioneiro.

"Lady Chamberlain é quem pode ajudar! Mas como entrar em contato com ela?" De repente dona Leopoldina teve a intuição de que a sua amiga inglesa poderia ajudá-la. E Görgey descobriu um meio de fazê-lo. Uma das negras da cozinha do paço, a quem ele, Görgey, havia certa vez socorrido, salvando-lhe o filho, poderia servir de portadora do pacote para a embaixada inglesa. Tinha ele ainda algumas moedas que iria dar para ela.

Leopoldina correu à sua escrivaninha e traçou ligeiro algumas linhas, ocultando o bilhete no meio das rosas. A escrava cumpriu fielmente o seu papel, e lady Chamberlain imediatamente se pôs a caminho do porto. Ao despedir-se de dona "Narcisa", esposa de José Bonifácio, não chamaria a atenção fazer essa entrega, pois as duas eram amigas.

E assim chegaram as três rosas, envoltas num pedaço de seda verde, na cabina do capitão do "Lucânia", navio em que os três Andradas e as suas famílias eram deportados para Portugal.

Ardentemente Leopoldina suplicou a todos os bons espíritos que esclarecessem o capitão do navio. Sendo maçom, o capitão compreenderia o significado das rosas e o pedido que encerravam. E o capitão entendeu a mensagem. Desde o começo a incumbência lhe era desagradável. Sabia muito bem o que se pretendia fazer com José Bonifácio em Portugal. E não era fácil para ele, de sã consciência, entregar à sanha de carrascos pessoas que nada haviam feito de mal.

Demoradamente segurou nas mãos o pedaço de seda verde em que tinham vindo envolvidas as três rosas. Estas estavam amarradas por um cordão de seda amarela. Verde e amarelo! De repente tornou-se tudo claro para ele. Outra pessoa não era, senão dona Leopoldina mesma, que lhe suplicava a salvação dos seus amigos, por intermédio das rosas. Ela mesma havia escolhido essas cores para a bandeira da libertação do Brasil. "O verde de nossas matas, e o amarelo do sol de nossa terra", tinham sido as suas palavras...

E o capitão recebeu o necessário auxílio. Nem foi preciso entrar em conflito com o seu sentimento do dever, porquanto ao se aproximarem do porto de destino, tempestades sobre tempestades açoitavam de tal modo a costa de Portugal, que não foi possível lançar âncora. O Lucânia ficara fortemente avariado, tendo de fazer ancoragem forçada no porto de Vigo, na Espanha. Os portugueses exigiram imediatamente a extradição dos Andradas, mas José Bonifácio sem perda de tempo se pôs em contato com o ministro inglês Cannings. Os Andradas foram salvos através dos ingleses. Chegaram sãos e salvos em Bordéus, na França.

Nem bem chegados ali, dona Narcisa transmitiu notícias a dona Leopoldina, dando conta da feliz chegada deles. Ao ler a notícia Leopoldina caiu de joelhos, agradecendo a Deus pela salvação das famílias. Era para ela como que uma ironia do destino que o mais fiel servidor do país fosse exilado como traidor da pátria, ao passo que os verdadeiros inimigos do Brasil continuavam aqui, governando o país. Vilela, que havia atuado intensamente na deportação de José Bonifácio e dos seus, recebeu uma recompensa de judas: foi elevado à nobreza.

Finalmente raiou o dia que Leopoldina tão ardentemente desejara. Foi a 2 de dezembro de 1825; nascera um herdeiro do trono. A criança era robusta e recebeu o nome de Pedro. Parecia que todas as mulheres dignas, de norte a sul do Brasil, exultavam com ela. As igrejas não podiam conter a multidão que se aglomerava em ação de graças. Dona Leopoldina, contudo, não passava bem. A sua saúde, tantas vezes posta à prova em emoções, contrariedades e cuidados, periclitava. Foi preciso permanecer de cama durante um mês, e o pequeno Pedro foi o único filho a quem não pôde dar de mamar pelo menos uma vez ao dia.

Já no segundo dia do nascimento da criança uma nova tentativa de morte foi feita contra ela e contra o futuro sucessor do trono. Leopoldina acordou na manhã do segundo dia, encontrando o recém-nascido no seu braço. Estranhando que a ama não tivesse vindo buscá-lo, puxou pelo cordão da sineta junto da cama, a fim de chamar pela criadagem. Ninguém apareceu. Tentando levantar da cama, caiu sem sentidos, não sabendo quanto tempo ali permaneceu, largada no chão.

A custo e com extraordinário esforço, conseguiu voltar para a cama. Enregelada, foi acometida de calafrios. A criança extenuada de tanto chorar, adormecera de novo. Também ela estava fria. Não se via nem se ouvia viva alma no palácio; parecia que estava sozinha com a criança. Ia já caindo a tarde, e nada; ninguém aparecia. A Leopoldina só restava pedir a Deus que lhe tirasse a vida, porém que deixasse vivo o filho, a nova esperança do povo.

Desceu o crepúsculo e dona Leopoldina só esperava a morte. De repente, ela devia estar desmaiada, sentiu-se fortemente sacudida pelo braço e Ana, esposa do bibliotecário do palácio, estava de pé, com os olhos amedrontados, ao lado da cama.

— Salva o meu filho, Ana... Nem bem acabara de falar e Leopoldina viu que Ana levava o menino ao seio e o amamentava. Estava, porém, doente e cansada demais para pensar nesse estranho fato.

Na manhã seguinte veio a saber, por intermédio do dr. Mello Franco o que havia sucedido. Ele fora chamado com urgência para socorrer dom Pedro, que tinha tido um ataque e pedia a sua presença. Dr. Mello Franco atendera ao chamado, embora suspeitando de alguma coisa. No caminho desprendeu-se uma roda do carro, escapando ele, por um triz, de sair ferido do desastre.

Chegando à casa onde presumivelmente o imperador devia estar à sua espera, logo que ali entrou, fecharam a porta por fora, ficando ele preso durante horas e horas.

A camareira de dona Leopoldina foi encontrada amordaçada e sem sentidos, atirada num quarto desocupado. Os oficiais da guarda tinham desaparecido. Por sua vez, todos os outros serviçais do palácio tinham sido habilmente afastados das suas ocupações, se é que também não estavam comprometidos na trama.

Leopoldina não se espantou por ninguém se achar no palácio no momento que mais precisava de auxílio, pois todas as pessoas em que ela podia depositar confiança tinham sido substituídas por outras, por dom Pedro, que desconfiava de todos. Até as damas de honra estavam sendo sempre mudadas. O próprio dr. Bernardino foi posto de lado, e novos médicos que dona Leopoldina detestava, pela ignorância e presunção deles, estavam dando serviço no paço. Mais dia, menos dia, dr. Mello Franco também seria dispensado. O mordomo do palácio, os oficiais da guarda, até as pajens das crianças viviam sendo trocados constantemente.

Tendo ouvido o depoimento do médico, dona Leopoldina de mãos postas implorou-lhe que protegesse o pequeno Pedro. Vou morrer muito breve, sinto isso nitidamente, mas o Pedrinho precisa viver! Tão-só a presença dele será a garantia da Independência do Brasil, que ninguém mais poderá comprometer.

Dr. Mello Franco prometeu tudo, mas sentia-se também profundamente abatido. Parecia que dom Pedro tinha sido inteiramente abandonado pelos bons espíritos. Que poderia ele, simples médico, fazer contra tudo isso?

Depois que o dr. Mello Franco se retirou, Ana voltou para o quarto de dona Leopoldina, com a criança nos braços. Estava com o rosto contraído, dando a perceber perfeitamente que qualquer coisa a atormentava. Quando Leopoldina com olhar de gratidão e a voz embargada começou a expressar o seu reconhecimento pela salvação da criança, Ana de joelhos e lavada em lágrimas pedia perdão a dona Leopoldina, dizendo que ela também lhe havia feito mal. O remorso não lhe dava sossego.

Nos primeiros momentos dona Leopoldina não compreendeu bem o que com isso queria dizer a mulher que tinha vindo com ela da Áustria para o Brasil.

— É que eu também tenho um filho dele, de dom Pedro... balbuciou Ana. Dona Leopoldina estremeceu. Será que tinha ouvido direito? Mas como haveria de recriminar Ana? Não tinha vindo ao seu socorro na hora do extremo sofrimento? Poderia, acaso, ser má uma mulher assim? Recordou-se dona Leopoldina do marido de Ana. Era um bibliotecário que só tinha interesse por velhos escritos, nada mais. Não deveria ela, Leopoldina, ter dado mais atenção a essa mulher? Pensando assim, colocou a mão sobre a cabeça da mulher ajoelhada, perguntando como, então, viera ter com ela no momento certo.

Ana contou como ouvira dois pretos se referirem veladamente à iminente morte do herdeiro do trono e de dona Leopoldina. Ficara profundamente impressionada com o que ouvira e desejava apenas prevenir...

Dona Leopoldina notava a dor e o estado de arrependimento de Ana. Pedia portanto a ela que como prova de arrependimento – como prova de arrependimento não, que o seu casamento com dom Pedro na realidade havia muito já estava desfeito – pedia-lhe simplesmente que fosse a ama do pequeno Pedro.

— Tens de conservar a vida do sucessor do trono, pelo amor ao povo! Ana, o teu filho poderá ser criado junto com o meu. Foste a salvadora do meu Pedro, fica junto dele e não deixes acontecer nada de mal a ele. Meu tempo na Terra em breve chegará ao fim; de repente mãos assassinas hão de atingir-me, mas estou preparada.

Chorando ainda, Ana agradeceu a bondade de dona Leopoldina, prometendo zelar mais pela vida do sucessor do trono, do que pela vida do seu próprio filho.

E assim foi: Ana cuidava mais do pequeno herdeiro do trono, cercava-o de muito maior carinho do que ao outro, seu filho. Leopoldina não poderia ter encontrado pessoa mais dedicada para o menino do que Ana. Enquanto Leopoldina viveu, foi a sua mais fiel auxiliar.

Mais uma vez falhara a tentativa de assassinato. Os inimigos, no entanto, isto é, os servos de Lúcifer não se davam por satisfeitos.

Era como se não pudessem mais suportar a presença de dona Leopoldina. Cônscios estavam de que tudo lhe poderiam arrancar, menos aquilo que o povo mais admirava nela: a fidelidade.

Dom Pedro não tinha mais sossego. De todo o canto vinham notícias de agitações. Impunha-se uma viagem até a Bahia. Mas não queria ir sem dona Leopoldina. Ela, porém, pediu-lhe que a deixasse em casa. Não tinha recuperado de todo ainda a antiga saúde, além disso não desejava afastar-se do Pedrinho. Por motivos inexplicáveis, no entanto, dom Pedro obrigou-a a fazer a viagem.

Leopoldina já se sentia por demais extenuada para oferecer resistência, do contrário bem que poderia contornar o plano da projetada viagem ao nordeste do país. Quando terminou concordando, porém, ele já não se mostrava tão interessado em que ela fosse, mas como tudo estava preparado para isso, seguiu com ele para a Bahia, mais ou menos dois meses depois do nascimento do menino.

Na Bahia, Leopoldina teve muitas alegrias. As baianas demonstraram francamente que estavam firmes a seu lado. Tinham bordado especialmente para ela uma grande colcha na qual se via a figura da Virgem Maria, olhando para uma pomba em voo. Profundamente comovida, dona Leopoldina recebeu o valioso presente. A casa em que se hospedou o régio casal pertencia a um rico senhor de engenho de açúcar, cuja família tudo fez para tornar o mais agradável possível a estada de ambos na Bahia.

Tão-só dom Pedro era como uma nota dissonante na sucessão dos luminosos dias que dona Leopoldina passou no nordeste. Mal podia ela suportar a companhia dele, sentindo nojo da sua presença, não compreendendo por que motivo ele vivia incomodando-a com a sua presença. Já era tempo de ele perceber que ela não via nele senão um desprezível fracalhão, que não se envergonhava de sacrificar o império, que lhe fora confiado por Deus, por causa de meretrizes e os seus alcoviteiros.

Assim, a despeito dos dias e semanas realmente bonitos que passou na Bahia, Leopoldina ficou contente ao ver-se de novo no

Rio de Janeiro. No Rio era-lhe mais fácil defender-se dele e das suas importunações. Percebeu, com horror, que estava novamente grávida. Não, não era possível trazer para o mundo esse filho gerado contra a vontade... era preciso achar uma solução e a solução veio, porém, diferente do que havia pensado.

    Dom Pedro, dia a dia, tornava-se mais irrequieto. Expedia as mais contraditórias ordens, de sorte que os ministros muitas vezes não sabiam o que deveriam fazer. Além disso, cada dia que passava, mais se notava que ele se sentia como rei português e que a Independência do Brasil pouco lhe importava. Bebia muito e usava um entorpecente que vinha do norte.

    Dona Leopoldina percebia que ele já andava extenuado e que gostaria de se libertar das malhas nas quais estava preso. Sentia-se entediado da marquesa, que de repente passou a fazer-lhe sermões moralistas, como também enojado estava de todas as demais. E ele achou uma saída, declarando um belo dia que era seu propósito assumir o comando das tropas que lutavam na Província Cisplatina. E haveria de voltar vitorioso!

    Leopoldina via o afã com que ele preparava tudo para empreender essa viagem, parecendo mesmo que era açulado para isso por forças invisíveis. Bem sabia dona Leopoldina que dom Pedro, no deplorável estado de condições psíquicas e físicas em que se achava, não conquistaria vitória alguma. Mas calou-se. Uma indescritível tristeza apossava-se dela, todas as vezes que observava dom Pedro. Que extraordinária dádiva não tinha tido nas suas mãos, todo um reino, sim, mais do que isso, um reino no sentido espiritual da palavra, e, no entanto, havia se colocado ao lado dos preparados servos de Lúcifer...

No dia da partida, dom Pedro veio ao palácio num estado incrível de exaltação. Foi direto ao dormitório de dona Leopoldina, que andava doente, desde a sua volta da Bahia. Entrou no quarto batendo as esporas, colocou-se em atitude de comando, e declarou que era sua imperial deliberação que ela fosse com os filhos para Portugal, a fim de lá dar à luz a criança que trazia no ventre.

— Pois só desse modo poderemos assegurar para nós a herança do trono português. Leopoldina não ouvia nada do que ele explanava. Ouviu, sim, um ruído como o bramir dos ventos. Respondeu apenas negativamente e talvez tivesse dito mais alguma coisa, mas não sabia, pois dom Pedro num dos violentos acessos de ira, agarrou-a pelos braços, sacudindo-a e empurrando-a para longe de si.

No mesmo instante, o cão fiel, que nunca abandonava dona Leopoldina, deu um salto e investiu ferozmente, de dentes arreganhados, contra dom Pedro. Dom Pedro arrancou o sabre para matar o animal, o que não chegou a executar, pois companheiros seus, tendo dado pela sua ausência e demora, vinham justamente ver o que estava acontecendo.

Ao verem que dom Pedro, nesse seu acesso de ira, procurava matar o cão, arrastaram-no depressa para junto de si e, fechando um cerco em torno dele, não o largaram até que montasse no cavalo que devia conduzi-lo ao cais do porto. Chegando lá, trataram logo de embarcar. Nem bem entraram no navio, já erguiam ferros, e a embarcação partia.

No navio dom Pedro ficou completamente prostrado. Amaldiçoava a todos quantos o haviam obrigado a deixar dona Leopoldina naquela situação de briga. Viagens e mais viagens havia ele feito, e em todas tinha partido satisfeito, acompanhado das suas bênçãos. E agora? Ela estava doente... e ele, em absoluto, não queria que ela fosse com os filhos para Portugal. Somente então brilhou no seu espírito que na realidade não só queriam aqui ficar livres de dona Leopoldina, como dele também. E que outro motivo, senão esse, teria juntado Domitila com dona Carlota? Leopoldina em primeiro lugar. Depois ele. Tendo agora dom Pedro percebido que estava por demais comprometido em tudo, embriagou-se até cair sem sentidos.

Dona Leopoldina, tão logo dom Pedro saiu dali, foi levada para a cama. Os médicos, chamados a toda pressa, não sabiam o que fazer. Não apresentava ferimento algum, nem parecia sentir dores. Custos, o cão, teve de ser retirado à força de junto da cama, pois não queria deixar ninguém se aproximar da dona.

Leopoldina jazia inerte na cama. Pediu a presença dos filhos e, em seguida, passou a despedir-se de cada um deles. Ao ver Pedrinho, chorou um pouco, porque justamente para ele o seu tempo tinha sido o mais curto de todos. Depois pediu a Ana que assumisse o lugar de mãe para os seus filhos. Perdoava tudo a dom Pedro e pedia que ele encontrasse igualmente perdão diante de Deus.

Tendo sido retiradas as crianças, dona Leopoldina cerrou os olhos. Sentia-se feliz e livre como nunca. A única dor que ainda sentia era a de ter de deixar tão cedo os seus filhos. Pediu então a Deus, o Senhor, em silenciosa oração, que fizesse com que os filhos fossem conduzidos de tal modo, que viessem a reconhecer a tempo o Salvador, pois se todos voltavam à Terra, também os filhos estariam aqui novamente. "Ó Senhor, não os abandones!" Após essa oração, desfez-se também sua derradeira preocupação. Era como se o pedido tivesse sido ouvido. Portanto, não precisava mais se preocupar.

Nas horas que se seguiram, do que lhe restava passar aqui na Terra, pôde vivenciar, como preparação, já uma grande parte do Juízo Final. Viu bem como o Juiz e Salvador descia dos céus à Terra, não sendo, porém, Jesus, embora tivesse de viver igual a Jesus, como ser humano entre os seres humanos. Onde, porém, estavam os servos de Deus? O mundo parecia estar povoado unicamente por servos de Lúcifer.

Entre os adversários da Luz, conseguiu vislumbrar de novo algumas estrelas azuis e, onde estas se achavam, encontravam-se também os servos da Luz. No meio dos inimigos da Luz, portanto, estavam também aqueles que tinham uma missão a cumprir ao lado do Juiz.

"Mais uma vez ainda agir entre os inimigos de Deus, ou melhor, lutar...?"

Horror e medo fizeram estremecer o corpo de dona Leopoldina. As pessoas e os médicos, que se encontravam no aposento, pensavam que a agonia da morte havia principiado. Mas o tremor passou logo. "Que significa o nosso pequeno sofrimento terreno em comparação com o privilégio de poder servir à Luz?"

A alma de dona Leopoldina começava a desprender-se. Divisou ela, então, através das paredes, uma multidão imensa de pessoas ajoelhadas em oração. Admirada, notou que oravam por ela. Por quê? Não sabiam, então, que fora liberta e podia agora voltar à sua verdadeira pátria? Não sabiam que tinha sido uma agraciada? Agraciada como todos quantos permaneceram ao lado da Luz?...

Mais uma vez ainda Leopoldina foi de novo arrastada para a Terra. Seu querido cão tinha se libertado, de alguma forma, conseguindo chegar até a cama e lamber uma das suas orelhas. Ouviu ainda como o oficial Görgey falava com o cão e procurava afastá-lo de junto da cama. Ao mesmo tempo conseguiu captar o pensamento dele e teve de sorrir, pois Görgey pedia a Deus que nunca mais na vida precisasse ver outra vez dom Pedro, nem a cidade maldita, em que mulheres indefesas podiam ser assassinadas. Impunemente assassinadas!

Leopoldina conservou durante longos momentos esse ar sorridente. Os dois médicos movimentaram-se, procurando fazer ainda uma última tentativa para salvar a agonizante. Como, porém, divergiam nos pontos de vista, falhou o seu propósito. Assim pôde Leopoldina, livre e tranquilamente, desembaraçar-se do corpo terreno. Um último agradecimento ergueu-se para as alturas e um último pensamento de amor baixou para os seres humanos na Terra.

"Se todos pudessem saber e intuir como a morte era maravilhosa." Aromas de rosas envolviam o seu espírito, e espíritos conhecidos seus, belos, estendiam-lhe, saudando, os braços. Estava agora entre os seus iguais. Para trás ficara o seu corpo terreno, restando apenas uma vaga lembrança no espírito que por curto espaço de tempo dominara esse corpo.

Tão-só depois da morte de dona Leopoldina é que os médicos descobriram o motivo da sua morte ter sido tão tranquila e sem padecimentos. Havia se exaurido lentamente numa hemorragia. Preocupados com o caso, passeavam de um lado para outro no jardim do palácio. Não podia transparecer e vir a público o fato de não terem tomado medida alguma para salvar a enferma, uma vez que ignoravam por completo o motivo causador dessa morte lenta. Se tal acontecesse, estaria por terra toda a reputação profissional dos dois. Diante disso, procuravam urdir complicadas explicações técnicas para definir o que pudesse ter sido a causa da morte.

Leopoldina teria ficado surpresa se visse quão sincera e profundamente foi sentida a sua morte. Nos últimos meses de vida terrenal esteve tão só e abandonada, que nem lhe passava pela mente que alguém pudesse ainda se lembrar dela.

O povo, na verdade, deveria sentir pesar, não por ela, mas pela vida de dom Pedro. No mesmo instante em que dom Pedro deu nela o empurrão que a fez cair no chão, começou a extinguir-se a chama azul, que, embora fraca e bruxuleante, ainda pairava sobre a cabeça dele. E os laços espirituais que o prendiam a dona Leopoldina, para cumprimento de um destino comum aqui na Terra, no mesmo instante também se romperam. Espiritualmente ele afundou até o degrau dos servos de Lúcifer.

Tristeza, profunda tristeza reinava entre os espíritos e seres luminosos da planície astral, encarregados de estabelecer ligação com os espíritos que serviam na Terra. Um após outro dos escolhidos seguiam os engodos dos servos de Lúcifer. A humanidade estava madura para o Juízo Final...

Dona Leopoldina faleceu em 11 de dezembro de 1826, antes mesmo de completar trinta anos. Ao ser conhecida a sua morte, foi imediatamente enviado um brigue, a fim de levar a notícia a dom Pedro. Nesse meio tempo surgiram agitações e tumultos no Rio de Janeiro, ouvindo-se constantemente gritos de: "Abaixo com o traidor dom Pedro!" "Abaixo com os assassinos da imperatriz!" e também "Abaixo com a meretriz Domitila!"

Com a morte de dona Leopoldina estava praticamente extinta a carreira imperial de dom Pedro. Guardando o esquife de dona Leopoldina, recriminava-se pelo que havia feito, mas nem um momento sequer gastou em considerar que, pela sua vida irregular e dispersiva, havia desperdiçado a sagrada força de Deus, força de Deus que lhe fora dada para a luta e vitória aqui na Terra!

D. PEDRO I

Sobre a pessoa de dom Pedro foi dita e escrita tanta coisa, mas nem sequer os seus contemporâneos sabiam como o classificar. Dessa maneira, mais tarde, com elementos da fantasia, da mentira e da verdade, surgiu uma das figuras mais contraditórias da História do Brasil. Hoje em dia, o monarca de outrora sagrou-se o herói que em 1822, em São Paulo, proclamou a Independência do Brasil.

Como dom Pedro I pertence a um grupo de espíritos humanos que há muitos milênios foi escolhido pela Luz para servir na Terra nos dias do Juízo Final, vamos focalizar aqui novamente a sua pessoa.

A missão destinada a ele foi a de estar na Terra por ocasião da grande purificação, desempenhando o papel de um dos vinte e quatro apóstolos do Filho do Homem, Imanuel, e de servi-lo com toda a lealdade. A partir daqueles tempos imemoriais, ele foi sendo sucessivamente conduzido por várias escolas da vida, através de várias experiências e encarnações, ficando, assim, perfeitamente preparado, no mais rigoroso sentido, para ser um alto chefe terreno, e assim, por força da sua missão e ao tempo do cumprimento dela, poder ser também na Terra um regente espiritual. Infelizmente, falhou no desempenho do seu papel, quer espiritual quer terrenalmente falando.

Antes de entrar, propriamente, na vida de dom Pedro no Brasil, é preciso mencionar primeiro duas encarnações que ele, em determinados espaços de tempo, teve de vivenciar, antes de se encarnar para ser imperador do Brasil. Uma dessas vidas terrenais ele viveu no México, na figura do derradeiro chefe asteca, chamado Montezuma. Na outra, foi czar da Rússia. No decorrer dessas duas vidas em que deveria agir como regente terreno, o seu papel era aprender a dominar a si mesmo, para depois poder realmente dominar os outros. Nessas duas vivências terrenais, contudo, ele falhou, aderindo aos vícios e fraquezas daqueles dois povos, nas respectivas épocas. Essas fraquezas subjugaram-no de tal modo, que ele, reencarnando para agir no Brasil como dom Pedro I, já trazia consigo pesadíssimo carma. Na sua encarnação terrenal como czar da Rússia, a desconfiança começou a envolver o seu espírito e a sobrecarregá-lo.

Durante a sua vida como Montezuma, no México, sendo o último rei dos astecas, entregou-se ao vício de um entorpecente que produzia grandes estragos no meio daquele povo, na época da decadência. Esse veneno, que se disseminava com a rapidez de uma epidemia, aumentava doentiamente a sensualidade, levando, ao mesmo tempo, a toda a sorte de perversidades.

Montezuma fora justamente enviado para o seio desse povo, como escolhido, a fim de indicar às pessoas de boa vontade os meios para conseguirem se libertar do labirinto dos vícios. A despeito, porém, da poderosa força que fluía através dele e de todos os auxílios espirituais que recebia, não cumpriu a sua missão. Justamente o contrário foi o que aconteceu: Montezuma entregou-se inteiramente à fascinação do vício, arrastando ainda mais o povo a caminhos tortuosos, pelo seu péssimo exemplo.

Montezuma pecava perfeitamente consciente do que estava fazendo. Havia tempos em que lutava contra esta fraqueza, afastando-se inteiramente do convívio com outras pessoas. "Está de penitência", diziam os sacerdotes idólatras, ou então, "ele está conversando com os deuses..." na verdade, porém, o que acontecia, nessas fases de profundo abatimento moral, era que Montezuma via o seu guia espiritual, como também ouvia claramente as suas admoestações. A derradeira exortação espiritual que recebeu, foi pouco antes de Cortés conquistar o México, e dizia assim:

"Montezuma, abandona a tua vida pecaminosa; já te distanciaste demais da graça do amor. Logo chegará a hora do Juízo e não estarás em condições de sobreviver!"

Montezuma recebeu essa admoestação, achando-a justa e verdadeira. Quando Cortés, o conquistador espanhol, tomou depois a capital do seu reino, viu nesse acontecimento um castigo justo. Mais ainda: rejubilou-se com o julgamento que desabou sobre o seu povo e sobre ele mesmo. Supunha que não oferecendo resistência ao conquistador, aceitando com humildade o castigo, os seus pecados seriam perdoados e entraria salvo no mundo do Além.

O guia espiritual, porém, não estava absolutamente se referindo à derrocada terrenal do povo asteca, quando se referiu ao Juízo, nas suas exortações. Os espíritos guias sempre tinham se referido naquela época ao vindouro Juízo Final.

Montezuma, por ter falhado na sua missão, atraiu sobre si não só o peso de um novo carma, como também perdeu quase que inteiramente a ligação com as irradiações puras do amor de Deus.

Tão-só quando foi chegado o momento da sua morte terrenal, ele viu, com desespero e horror, que não havia cumprido o que Deus, o Senhor, podia esperar dele. No seu desespero pediu, então, para si, a graça de uma nova encarnação terrenal, na qual esperava redimir definitivamente todos os seus erros. Assim, decorrido o necessário espaço de permanência na matéria fina, foi reconduzido a uma nova encarnação terrenal. Mas essa encarnação lhe seria ainda mais pesada, uma vez que não era fácil livrar-se da sobrecarga de males que trazia consigo. E justamente essa vida terrenal devia ser a última preparação para a sua verdadeira missão no tempo do Filho do Homem.

Aqui é preciso acrescentar que, além das três citadas encarnações como soberano terreno, esse espírito humano teve outras encarnações na Terra. Se aqui são mencionadas apenas aquelas três, é tão-só para mostrar como um espírito humano, ainda que muito bem preparado e eleito, não obstante, é sujeito a falhar no cumprimento da sua missão na Terra.

Na nova encarnação esse espírito humano foi levado a Portugal. Nasceu na família real portuguesa e recebeu o nome de Pedro. Seu pai foi dom João VI, e a mãe Carlota Joaquina. A criança ficou aos cuidados de uma ama, que desde o começo a educou erradamente, com excessivos mimos.

À medida que Pedro ia crescendo, tinha na pessoa da irmã mais velha uma dedicada companheira de brinquedos infantis e, mais tarde, vieram os professores que conseguiram ensinar-lhe alguma coisa, com esforço. O menino era inteligente, mas muito preguiçoso. Quando tinha doze anos, tomaram o lugar dos professores, os cortesãos e parasitas que nunca mais o deixaram. Nessa ocasião recebeu novos companheiros que, como espíritos malignos, exerceram nefastas influências sobre a maior parte da vida de dom Pedro.

E foram ainda esses mesmos companheiros que arrastaram dom Pedro para aventuras noturnas, pondo o menino em contato com os vícios. O retorno do carma começava a atuar.

Não havia ninguém que pudesse dar um fim a esses muitos parasitas. O pai do menino, dom João VI, era bom pai, mas fraco. Além disso, vivia sempre sobrecarregado com preocupações do governo. A mãe, Carlota Joaquina, era indiferente ao menino Pedro e sua irmã mais velha, Maria Teresa. Todo o seu amor pertencia a Miguel, o irmão mais moço de Pedro. Miguel, tido na conta de filho de dom João VI, na verdade era filho de um coronel espanhol. Dom João sabia muito bem que Miguel não era seu filho, porquanto desde o nascimento de Pedro vivia separado de Carlota, ressalvando apenas para efeito social sua condição de casado.

Pedro, extraordinariamente atilado e sensível, percebeu logo com que fanatismo a mãe estimava Miguel. Ao mesmo tempo ficou consciente do que essa mulher teria dado para que Miguel, e não ele, Pedro, fosse o príncipe herdeiro.

Nisso Carlota nada podia modificar. Deixou, no entanto, bem claro que Pedro com a sua vida leviana faria muito bem em deixar a primazia da sucessão para Miguel.

Dom João pouco se incomodava com essas ideias, muito menos com as atividades da mulher. Sentia-se tão afastado dela, que somente por ocasião de cerimônias oficiais se mostrava ao seu lado. Foi justamente numa dessas cerimônias que manifestou a intenção de pedir a mão de uma princesa austríaca para o seu filho Pedro. Tinha ele nas veias sangue de Habsburgos e também seria bom para o príncipe se ele conseguisse ligação com aquela casa real. Ao ouvir isso, a ira de Carlota não teve limites.

— Pedro tem de casar com uma princesa da família Bourbon, pois ali, onde Carlota impera, os Habsburgos nada têm a ver! Dom João ouviu a resposta com um sorriso significativo, mas ficou firme. Ainda por cima, já havia efetuado as primeiras sondagens junto a Metternich e estava esperando uma resposta favorável.

Dom João sabia que Carlota queria muito uma princesa de Habsburgo para o seu filho Miguel, pois Pedro não deveria ainda ser favorecido com uma ligação dessas.

Dom João estava sentado pensativo ao lado da mulher. Não se impressionou com seu ódio, nem com sua ira. Nada mais o ligava a ela. Rememorava apenas, com grande satisfação, que fora por intermédio de um sonho que lhe viera a ideia de uma união com a casa reinante da Áustria. Não era religioso, mas acreditava firmemente em sonhos, tanto mais que muitos desses sonhos tinham se confirmado mais tarde. Além disso, dom João tinha a esperança de que o destino de Pedro pudesse ser modificado ou melhorado através desse casamento.

Dom João estimava muito a esse filho, porém não tinha ilusões a seu respeito. Acresce ainda que dom Pedro desde os dez anos vinha sendo atormentado, ou melhor, advertido em sonhos por uma visão. Esse sonho se repetira de maneira exatamente igual, por várias vezes. Nele dom Pedro via-se cavalgando num bonito cavalo branco, que primeiramente corria a galope e depois cada vez mais devagar. Quanto mais vagarosa se tornava a marcha, tanto mais diminuía o tamanho do cavalo. Não era, porém, só o cavalo que diminuía, mas também o cavaleiro ia se encolhendo de tal forma, a ponto de ficar reduzido ao tamanho de um anão, e mais ainda: um anão ressequido, de cabeça despropositadamente grande.

Depois de uma longa cavalgada, o cavalo reduzido parava diante de uma cova gigantesca, recentemente aberta. Em torno da cova, a terra era cor de chumbo, e um vapor repugnante se desprendia dali. Grandes bandos de corvos esvoaçavam sobre essas massas de terra repugnante. Os corvos tinham como que mãos humanas revestidas de garras cor de sangue e cabeças humanas grotescas com longos cabelos.

Tremendo, o atrofiado Pedro contemplava no sonho os corvos; não, porém, por muito tempo, pois uma invisível força o obrigava a olhar para dentro dessa grande cova. Neste ponto Pedro sempre despertava sacudido por uma indizível impressão de pavor.

"A cova é uma cova sem fundo..." disse o jovem Pedro, chorando, a seu pai, quando da primeira vez foi assaltado por esse sonho impressionante.

Dom João tinha a certeza de que esse sonho nada de bom prenunciava para o filho. Por enquanto podia ser considerado como uma advertência. Nesse sentido tratou de tranquilizar o desesperado filho. Mas, coisa curiosa: Pedro sempre soube que aquele sonho viria a ser realidade um dia. Como evitá-lo, porém? Medo, revolta e indignação contra um destino desconhecido eram sempre as consequências, todas as vezes que tinha esse sonho.

No decurso da sua vida, Pedro teve por sete vezes exatamente o mesmo sonho. Ao vir para o Brasil esperava estar livre do perigo que o ameaçava em Portugal; logo, contudo, notou que não se podia escapar das forças invisíveis, pois um dia antes do navio "Príncipe Real" dar entrada na Bahia, Pedro teve novamente o horripilante sonho. Exortando, o guia espiritual encontrava-se ao lado do jovem.

Surgiu, afinal, no horizonte, a costa da colônia do Brasil. A família real portuguesa, ainda que forçada pelas circunstâncias, tivera de se transferir para cá. O general napoleônico, Junot, já havia transposto as fronteiras de Portugal, quando dom João, acompanhado dos seus, tomou os navios ingleses prontos para zarpar. Mais de doze mil pessoas acompanharam o monarca português nessa fuga. Os navios mal podiam dar conta das massas humanas que se comprimiam neles. As mais ricas pessoas de Portugal dormiram junto com os outros no imundo convés do navio, e também nos compartimentos destinados às cargas. Mais tarde, essas mesmas pessoas não sabiam por que fugiram tão desesperadamente.

Visto sob o ponto de vista espiritual, foi Napoleão, ou melhor Junot, seu general, o instrumento para que todas essas pessoas viessem para o Brasil. A direção espiritual já muito antes havia preparado tudo de maneira que, na hora certa, viessem para o polo espiritual da América do Sul, aquelas pessoas que estavam destinadas a este país. Sem nenhuma pressão de fora, não teria sido possível deslocar tantas pessoas.

Também o jovem Pedro já se havia encarnado uma vez aqui no Brasil, ao tempo em que alguns poucos atlantes haviam se casado com mulheres da tribo dos tupanos, do que resultou a primeira tribo dos guaranis. Naquele tempo ainda não existia o pecado nestas paragens, muito menos nenhuma revolta contra o Criador.

Grande surpresa seria, certamente, para Pedro se alguém lhe contasse, ao desembarcar aqui em 1807, que já havia vivido neste país, há milhares de anos, de modo puro e sem pecado.

Também Pedro foi tomado dos mais contraditórios sentimentos, quando, ao sair da infância, viu que teria de viver no Brasil como herdeiro do trono português. Sem oferecer a menor resistência, deixava-se levar de um lado para outro, tornando-se, dessa maneira, uma vítima fácil dos maus espíritos que rodeavam aquelas pessoas que deviam servir à Luz aqui na Terra. Nessas condições, mal chegado à adolescência, teve logo o seu caminho atravessado por homens e mulheres que a ele estavam ligados por fios cármicos de uma existência anterior, a saber, da época do seu reinado entre os astecas. Entrar em minúcias sobre o fato não é objeto desta narração, mas, de passagem, pode-se dizer que as orgias a que dom Pedro se entregava eram de estarrecer até a seus mais íntimos amigos.

A esses dias e noites malbaratados, seguiam-se, quase sempre, semanas da mais profunda depressão. Pedro retraía-se, então, inteiramente do convívio geral do paço e ia passar os dias nas cavalariças, junto dos cavalos prediletos. Lavava e escovava os animais com todo o zelo e assentava ferraduras como um escolado ferrador. Nessas ocasiões costumava, também, dormir ali mesmo, nas estrebarias, ao lado dos tratadores de cavalo, conversando com eles sobre a morte e acontecimentos misteriosos. Chegava até, certas vezes, a lhes dizer que dentro em breve tomaria jeito e haveria de andar em trote compassado, como este ou aquele cavalo. Seja como for, era nas cavalariças que Pedro vivenciava horas amargas de autorreconhecimento.

Nessas ocasiões até o próprio Chalaça se mantinha longe dele. Mesmo assim, como esse maligno espírito não podia viver sem intrigas, ia procurar Miguel, contando-lhe minuciosamente como e de que modo o irmão passava tantos dias e noites. Tais relatos, que eram avidamente ouvidos por Carlota Joaquina, com mostras de fingida indignação, traziam-lhe sempre recompensas.

Passados os dias de depressão e de autorreconhecimento, novamente Pedro se transformava. Aparecia então o ser humano que devia ser o mediador de irradiações da Luz e que também trazia em si todos os predicados para isso.

Nessas ocasiões sabia como conquistar novamente verdadeiros amigos, pois era de uma natural afabilidade e muito prestativo com todos, sempre disposto a ajudar no que podia, executando espontaneamente até mesmo encomendas feitas pelo pai. Costumava, também, passear a cavalo pelos arredores, indo às vezes até a Fazenda Santa Cruz, propriedade da família real, lá permanecendo dias inteiros e até semanas.

Acontecia, também, às vezes que, estando a cavalo em meio de uma aglomeração de pessoas, tomasse da palavra e lhes dirigisse um discurso, despertando no ânimo dos ouvintes não pequena admiração pelas coisas extraordinariamente sábias e elevadas que proferia. Nessas fases Pedro se sentia verdadeiramente feliz. Não obstante era invariavelmente desviado dessa vida simples, entregando-se de corpo e alma aos mais variados sentimentos, jamais oferecendo resistência ao mal.

Chegou afinal o dia em que dom João veio comunicar ao filho Pedro que a filha do imperador da Áustria, Maria Leopoldina Josefa Carolina, havia concordado em se tornar sua esposa. Chegara espontaneamente a essa resolução, parecendo mesmo que Metternich não havia exercido nenhuma pressão nesse sentido.

Ao receber Pedro a notícia, a primeira impressão foi de alegria, sim, mesclada também de medo. E sob essa impressão, procurou os olhos do pai com certa insegurança. Dom João, todavia, nada mais disse, senão que a jovem arquiduquesa tinha sido educada com esmero, em uma das mais finas cortes da Europa. Pedro percebeu que o pai estava radiante com o casamento. Como não? Uma aliança com a casa imperial da Áustria viria certamente solidificar a situação meio combalida do trono português. Tempos depois, Pedro veio a ler a descrição, não oficial, que o procurador Marialva havia enviado.

"A princesa imperial Maria Leopoldina é de estatura baixa, um pouco gorda demais, loira, de olhos azuis: no meio de nossas beldades morenas será de aparência insignificante. Os vienenses desejavam vê-la na regência do trono austríaco. Além do mais, é muito devota e filha predileta do imperador." Pedro, não é preciso dizer, decorou essa informação.

    Tomado de grande contentamento, ele começou a ajudar o pai em tudo quanto se referia aos preparativos de recepção da noiva. Nem mesmo o Chalaça conseguiu turvar a sua alegria, quando, dias depois, lhe murmurou aos ouvidos que Carlota Joaquina e o seu conselheiro, José Presas, estavam firmemente dispostos a fazer sentir à princesa austríaca que ela era indesejável na corte. Pior, muito pior teria sido ainda, se Carlota e os da sua igual espécie viessem a saber que a austríaca vinha para cumprir uma missão no Brasil, para o que, então, teriam achado meios de impedir a sua vinda.

    Raiou afinal o dia em que ela, com dom João, dom Pedro e os demais membros da família real tiveram de seguir ao encontro da nau capitânia "Dom João VI", em que viajava a princesa. Quando o iate imperial, ricamente adornado de ouro, encostou ao lado do grande navio, imediatamente o conde de Viana subiu a bordo para anunciar à noiva a chegada de dom João. A noiva veio em companhia do embaixador austríaco príncipe de Thurn und Taxis e do almirante da frota.

    Com surpreendente alegria dom Pedro olhou para a noiva. Mas de repente teve de reprimir as lágrimas. Tudo quanto de bom abrigava em si, veio à tona, e ele teve a intuição, como um relâmpago, de que aquele sonho horrível, que de tempos em tempos o atormentava, se tornaria uma realidade. Olhou com gratidão para a noiva: sim, ela haveria de ajudá-lo a nunca mais ter de enxergar aquela cova sem fundo...

    Se a noiva, por sua vez, soubesse com que boas intenções o jovem príncipe a cumprimentou, teria abandonado com o coração mais leve o navio e suportado melhor, também, o olhar carregado de ódio, com que Carlota a cumprimentou.

    No dia imediato, depois da cerimônia das núpcias na capela imperial, realizada com toda a pompa da corte, o jovem casal seguiu para a Quinta da Boa Vista. E assim começou a vida em comum para essas duas pessoas, preparadas para um destino todo especial aqui na Terra.

Nos primeiros tempos Pedro se sentia muito feliz ao lado da princesa, que depois de casada passou a chamar-se dona Leopoldina ou princesa real. Já no segundo dia de casados, Pedro contou minuciosamente a sua mulher o sonho horrível que costumava assaltá-lo de quando em quando, e dona Leopoldina estava prestes a confiar-lhe algo das suas vivências espirituais, se uma força estranha não lhe tivesse embargado a voz. Teve, nesse momento, a intuição de que daí por diante teria de calar sempre, e guardar silêncio sobre tudo quanto se referisse a coisas ligadas à sua vida espiritual.

Pedro notou, com alegria, que Leopoldina já conhecia regularmente bem o português. Por enquanto, procuravam ainda entender-se melhor através do francês e como ele falasse muito mal essa língua, surgiam, não raro, cômicos mal-entendidos.

Pedro estava radiante com os cavalos magníficos que, já antes da vinda da princesa, haviam chegado da Áustria. Quanto aos dois cães dinamarqueses, vindos da Europa com dona Leopoldina, não os apreciava tanto. Começando a notar, porém, como a princesa gostava deles, resolveu, também, fazer camaradagem com os mesmos. Os cães chamavam-se Custos e Custódia; eram, porém, chamados simplesmente: Cuca e Tota. Estes, por mais que dom Pedro fizesse por agradá-los, conservavam-se sempre esquivos para com o príncipe.

Chalaça, como amigo íntimo que era de dom Pedro, apareceu um dia na Quinta da Boa Vista, montado a cavalo. Aparentemente para render homenagem à princesa real. Na verdade, o que o trazia ali era assoprar aos ouvidos de dom Pedro que havia sido aberta uma nova casa de modas na Rua do Ouvidor e que, com os novos modelos vindos de Paris, tinham chegado, também, três lindíssimas francesinhas. Pedro deu de ombros e voltou-lhe as costas. De uma janela, a distância, dona Leopoldina viu bem o jeito do Chalaça. Ao chegar junto dela, dom Pedro notou que dona Leopoldina estava trêmula e pálida.

— Não deixes mais esse tipo pisar aqui, ele está atacado de uma moléstia repugnante que pode, também, infeccionar-te! Ao ouvir essas palavras, Pedro assustou-se, pois jamais havia percebido que Chalaça fosse um doente, atacado de moléstia repelente. De súbito lembrou-se, não sem orgulho, de que dona Leopoldina esperava um filho. E nesse estado, é sabido, as mulheres viam muitas coisas que não existiam. Com isso se deu por satisfeito...

No primeiro ano de casado, dom Pedro estava sempre contente da vida. Nunca mais o tal sonho voltou a torturá-lo nem mais chegou a sofrer as terríveis crises de depressão, às quais em outros tempos frequentemente estava sujeito. Vivia, além disso, numa atividade contínua. Todo contente, dom João observava a felicidade do filho, vendo que amigos novos apareciam substituindo os velhos, dentre eles jovens de valores espirituais e que pertenciam às melhores famílias do país. Dom Pedro era, por essa época, uma personalidade radiosa.

Riu dos aborrecimentos de dona Leopoldina ao ver que tinha dado à luz uma menina, em vez de um menino.

— Não faz mal, disse dom Pedro, bem-humorado, gosto até muito mais das meninas que dos meninos... E esta primogênita, Maria da Glória, foi dos seus filhos a única que ele realmente queria bem.

Enquanto dom Pedro e dona Leopoldina continuavam numa vida feliz, cheia de atividades e interesses mútuos, os espíritos das trevas não descansavam. O primeiro golpe, realmente sério, foi desferido um ano depois do nascimento da criança.

Achava-se certa vez dona Leopoldina, durante o dia, no terraço da Quinta da Boa Vista, quando manifestou desejo de tomar um refresco. Um criado desconhecido veio trazer-lhe um refresco de caju. Ao ver que lhe era servido apenas um copo, estranhou o fato, pois era de praxe ser servida sempre uma jarra cheia, para que suas damas de companhia pudessem também beber à vontade.

Mesmo assim, como estava com muita sede, bebeu um gole grande do referido refresco. Notou que a bebida estava com gosto diferente e ao levar novamente o copo aos lábios o seu braço tremeu de tal modo, que ela mal conseguiu recolocar o copo sobre a mesa. Ao lado do copo vislumbrou, num repente, uma nebulosa forma de bola, de cor amarela e, momentos depois, espalhou-se por ali um mau cheiro. A bola explodiu e desapareceu. Dona Leopoldina ergueu-se imediatamente, recolheu-se aos seus aposentos particulares e disse às damas de confiança que fora envenenada.

Momentos depois, seus membros estavam como que paralisados e já não podia articular frases completas. Mal conseguiu balbuciar: água! água!

Quando os dois médicos do paço, dr. Bernardino e dr. Mello Franco, chegaram, dom Pedro e duas damas da corte estavam já ao pé da cama, servindo água gota a gota, numa pipeta. Os médicos não viram grande vantagem nessa medicação, mas não sabendo, também, o que fazer numa tal conjuntura, puseram-se eles mesmos, alternadamente, a gotejar água nos lábios da paciente. Quatro longas horas durou esse tratamento, pois todas as vezes que os médicos tentavam interrompê-lo, a doente se mostrava inquieta.

Dom Pedro, nesse ínterim, acompanhado de dois oficiais da sua guarda pessoal e de um palafreneiro, dirigiu-se às dependências do palácio, onde se encontravam os servos e escravos. O criado que havia servido o refresco desaparecera. Trêmulos de medo, três outros criados, que também tinham vindo do paço da cidade, nada sabiam. Esses três estavam completamente alheios ao fato; não obstante, dom Pedro, irritado, tocou-os dali com chicote.

Nesse espaço de tempo dona Leopoldina melhorou, depois de haver suado muito; foi justamente isso que a colocou fora de perigo, argumentou dr. Bernardino.

Dom Pedro ficou arrasado. Dirigiu-se às cavalariças e sentou-se ali, ao lado dos cavalos. Mal havia descansado um instante, quando, numa das estrebarias, ouviu a voz do amigo Gomes da Silva, o Chalaça. Dom Pedro foi ao encontro dele e viu que o Chalaça parecia estar com muita pressa. Mal se aproximou ele de dom Pedro, foi logo dizendo que vinha diretamente do paço e lá ficou sabendo, através de amigos, que a princesa real não haveria de reinar por muito tempo mais.

— Parece, acrescentou ainda, que foi envenenada...

— Sim, balbuciou dom Pedro, foi envenenada, mas vive ainda e continuará reinando!

Chalaça de fato ignorava o atentado contra a vida da princesa. Vendo dom Pedro tão abatido como estava, convidou-o para um passeio a cavalo, ao que bem fazia jus, depois de tantas horas de preocupação. Pedro aceitou o convite, pois queria avisar o pai do acontecido.

Chalaça sabia, porém, que o seu tempo havia chegado. Habilmente fez com que dom Pedro se desviasse do rumo da caminhada habitual, a fim de lhe mostrar a nova casa de modas da Rua do Ouvidor. Além do mais, o príncipe bem poderia comprar ali um presente para oferecer à princesa.

Dom Pedro aquiesceu imediatamente. Naturalmente não se comprou presente algum. Chegando na tal casa, dom Pedro começou a beber e foi ficando por lá, numa noite de orgia, como tantas outras, de outros tempos. Ao romper do dia, Chalaça trouxe o príncipe de volta, para a Quinta da Boa Vista. Dona Leopoldina não chegou a tomar conhecimento do fato.

Tinha vingado plenamente o primeiro golpe das trevas. Não com relação ao envenenamento. Este tinha sido em parte bom, visto que dona Leopoldina não dera ouvidos a inúmeras advertências que lhe tinham sido feitas no decorrer do ano. Não podia imaginar que houvesse pessoas realmente interessadas em lhe tirar a vida e como até aquele momento só tivesse sido rodeada de gente bem-intencionada, não podia bem formar uma ideia do que fosse uma pessoa movida tão-somente pela inveja, pelo ódio ou pelo ciúme. Não sabia, também, que as pessoas capazes de abrigar em si essas maldades pudessem desde logo afundar, espiritualmente falando, e por conseguinte afastar-se de todos os bons espíritos.

Dona Leopoldina restabeleceu-se inteiramente, pois tinha sido pouco o veneno que chegara a ingerir. O mesmo não aconteceu com dom Pedro. É verdade que fisicamente não sofrera intoxicação alguma, mas moralmente um veneno muito mais penetrante começava a atuar nele.

A partir daquele dia voltou à antiga vida de depravação. Seus velhos amigos, instigados pelo Chalaça, tudo faziam para tê-lo sob a sua influência.

A vida desregrada de dom Pedro não logrou ficar muito tempo escondida. Uma noite, ou melhor no clarear de um dia, ele apareceu bêbado, cambaleante e com o rosto ensanguentado no dormitório de dona Leopoldina. Horrorizada, ela contemplou o marido, que lhe parecia inteiramente estranho. Rindo, um riso idiota, dom Pedro deitou-se num divã. De frases desconexas que proferia, dona Leopoldina chegou a entender que um marinheiro havia quebrado dois dentes de dom Pedro.

Levantou-se a princesa e se pôs a limpar com um pano molhado o sangue do rosto do homem que já havia adormecido. À medida, porém, que ia fazendo isso, começava a sentir uma repugnância insuperável. Uma repugnância da qual jamais conseguiu se desfazer. Só mais tarde veio ela a saber que dom Pedro tinha o costume de sair disfarçado, frequentando espeluncas do porto com os amigos. Foi numa dessas vezes que ele se postou na frente de alguns, afirmando que era o príncipe real dom Pedro. Um marinheiro português, que estava ao lado, desferiu-lhe um soco no rosto e disse quando Pedro estava deitado no chão:

— Este verme bêbado tão cedo não pronunciará o nome do nosso príncipe!

Começou assim, para dom Pedro, uma época em que era arrastado continuamente de um lado para outro, entre o bem e o mal. Fazia-se comumente vista grossa à sua conduta escandalosa, porque às ocultas ele já vinha apoiando o movimento da Independência. As pessoas mais prudentes costumavam dizer que o príncipe era como um vinho novo, ainda em estado de fermentação e que, com o decorrer do tempo, haveria de se modificar.

Uma das suas aventuras prejudicou-o realmente, pois tentou entrar a cavalo, bêbado, numa das igrejas. Um dos amigos, que ainda estava sóbrio, tentou demovê-lo disso. Quando, porém, dom Pedro viu que o impediam mesmo de entrar na igreja, exclamou em altas vozes aos padres, que vinham ao seu encontro, que ele e o cavalo todos os dias, dali em diante, haveriam de vir e de entrar na igreja. Disse mais, que a sua esposa estava de tal maneira interessada na salvação da sua alma, que ele tomara na noite anterior a séria resolução de vir ali rezar todos os dias, montado a cavalo.

— É só pela minha alma que ela se interessa, disse ele em tom de choro, enquanto os amigos se esforçavam para tirá-lo dali. Passados alguns dias, dom Pedro, por insistência de dona Leopoldina, desculpou-se com os padres, mas a confiança que o clero brasileiro depositava no herdeiro do trono ficou muito abalada.

Dom Pedro notou o abismo que se abriu entre ele e dona Leopoldina. Sabia, também, que ela sofria por sua causa. Nos bons tempos, empenhava tudo quanto podia para fazer crer que as suas aventuras galantes nenhum efeito exerciam sobre a sua vida, propriamente dita.

— Acato todos os teus conselhos e a tal ponto consegues fazer de mim o que queres, que já me tornei um conspirador contra a minha própria pátria, Portugal, e sou tido na conta de traidor! Assim ele falou exasperado para ela, certo dia.

Fez com que ela jurasse, em nome de todos os santos, que jamais haveria de abandoná-lo. Vendo, então, a sua repulsa, agarrava-a fortemente pelos braços, obrigando-a a responder. Ela esgueirava-se das suas mãos e dizia que todas as mulheres ruins do mundo e todos os Chalaças do mundo não poderiam impedi-la de cumprir a sua missão.

Diante de uma afirmativa dessas, dom Pedro deixava-se cair como que prostrado sobre uma cadeira. Sabia muito bem que tinha, da mesma forma, uma missão a cumprir. Não compreendia, porém, por que Leopoldina se empenhava tanto pelo bem do Brasil.

"Ela não me ama, eu sinto isso, qual, então, o motivo de se dedicar dessa maneira?" Desconfiança brotou nele, porém imediatamente envergonhou-se desse sentimento, pois sabia muito bem que embora Leopoldina o evitasse, colocando-o num segundo plano da vida dela, em público, e diante de todos, sempre o chamava de "meu adorado esposo".

Aproximava-se o dia que devia ter sido o ponto máximo da vida terrenal de dom Pedro, o dia da proclamação da Independência do Brasil.

Havia meses já que os guias espirituais vinham preparando tudo de modo que no dia em que tinha de ser proclamada a liberdade do Brasil o príncipe dom Pedro se achasse em São Paulo. A separação do Brasil, de Portugal, foi deliberada no Rio de Janeiro, porém a proclamação devia processar-se em São Paulo, pois era o centro preestabelecido de onde deveriam partir todas as deliberações importantes, quer espirituais quer terrenais. Ao mesmo tempo essa declaração terrenal de independência, em São Paulo, em solo sul-americano, valia também como um sinal a todos os auxiliares espirituais e enteais de que o terreno estava preparado e a obra podia começar.

Como dom Pedro tivesse novamente uns dias bons, captou na hora certa o querer dos guias espirituais. Estes compeliram-no a ir a São Paulo. Ele sentiu, mesmo inconscientemente, esse impulso, tomando de repente a deliberação de fazer uma visita aos paulistanos.

Fazia já algum tempo que fora convidado pela cidade de São Paulo, mas nunca tinha sentido disposição para atender ao convite. Mensageiros que deveriam anunciar a sua chegada foram enviados à frente. E, acompanhado de uma pequena comitiva, um belo dia, bem-disposto, dom Pedro partiu do Rio em direção a São Paulo.

Exultaram os espíritos das trevas ao verem dom Pedro tomar essa direção, pois morava em São Paulo uma certa mulher tão estreitamente ligada aos servos de Lúcifer nos submundos, que sozinha seria capaz de promover a queda do escolhido. Essa mulher era Domitila do Canto e Melo. Já na primeira noite em que dom Pedro passou em São Paulo, a saber, 24 de agosto, o Chalaça conseguiu aproximar o príncipe de Domitila. Esta era separada do marido, bem conhecida na alta roda de São Paulo, pelas suas aventuras galantes. Chalaça, já desde muito tempo, tivera ocasião de travar contato com ela através de uma sua parente, uma espécie de alcoviteira, e tão logo avistou pela primeira vez essa sedutora beleza, surgiu nele a resolução de aproximá-la de dom Pedro.

Dom Pedro partira do Rio movido das melhores intenções. Fazia já meses que não via Chalaça; assim, ficou deveras surpreso ao vê-lo aparecer, de repente, à sua frente, pouco antes da Freguesia da Penha, pedindo-lhe permissão para acompanhá-lo. E assim foi que dom Pedro deu entrada em São Paulo, na companhia do Chalaça.

Chalaça não perdia tempo. Já na primeira noite em que dom Pedro passou no palácio do governo, Chalaça levou Domitila para lá. Ele e a alcoviteira, sua parente, sabiam muito bem que Pedro não era homem de se deixar prender muito tempo por uma mulher e trataram logo de lançar mão de um entorpecente.

Domitila deu de beber ao príncipe vinho contendo um entorpecente mexicano. Essa substância, extraída de uma espécie de cogumelo do México, foi trazida por marinheiros para o Rio e para Santos. Podia, também, ser misturada no rapé, de uso na época. Essa droga servia para ativar a sensualidade, dando a impressão de que a vida era, sob todos os aspectos, mais bela. Notando, porém, Domitila, que tal substância não surtia o desejado efeito, instigada pelo Chalaça, fez o príncipe fumar "diamba" ou "timbó". Esse entorpecente, procedente do Amazonas, é de ação idêntica à da atual "maconha". Para dom Pedro, contudo, o encontro com Domitila não passou de mais uma aventura. De 24 de agosto, porém, até 5 de setembro, todas as noites, estando com Domitila, ela dava-lhe aquele entorpecente, sem que ele soubesse. Na madrugada do dia 5, dom Pedro sentiu-se tão mal como nunca na vida.

A guarda de honra e a comitiva de paulistanos, do seu séquito, ficaram alarmados com o seu aspecto, quando apareceu diante deles. As suas pupilas tinham se tornado tão pequenas, que impressionavam. Além disso, não podia quase falar, pois os lábios pareciam paralisados. O camareiro pôs-se a correr de um lado para outro, gritando que o príncipe fora envenenado. O dr. Bernardino, que se achava também em São Paulo, viu logo do que se tratava: dom Pedro estava sob a ação de um entorpecente. Tranquilizou os assustados paulistanos, dizendo-lhes que provavelmente o príncipe havia fumado timbó.

Uma cavalgada ao ar livre, e água em abundância dissipariam, sem demora, o efeito do veneno. E assim foi que a assustada comitiva propôs ao príncipe uma excursão até Santos. Dom Pedro, que gostava muito de andar a cavalo, alegrou-se em poder continuar ao ar livre. Embora ainda se sentisse muito mal e atordoado, aceitou imediatamente a sugestão de darem uma chegada até a vizinha vila de Santos. Isso, na realidade, era um verdadeiro rapto do príncipe. Sim, porque de maneira nenhuma podia acontecer-lhe algo em São Paulo, estando todos de acordo que em absoluto não devia mais se encontrar com a Domitila.

Dom Pedro aceitou imediatamente a sugestão. Permaneceu apenas um dia em Santos, e a toda força queria retornar ao Rio. Sentia-se profundamente triste, tendo a impressão de que o mundo estava envolto numa nuvem de angústia e de secretos sofrimentos, pois alguns dias antes fora, de novo, assaltado pelo terrível sonho e, dessa vez, pareceu-lhe como se tivesse não só olhado para dentro da cova, como de fato caído dentro dela.

Sentia-se ansioso para falar com Leopoldina e rever os filhos. Imersos em sombrios pensamentos encetaram todos a viagem de regresso. A guarda de honra ganhou dianteira na marcha e dom Pedro seguia mais lentamente atrás com a sua comitiva. Ao atingirem a colina nas proximidades do riacho Ipiranga, dois cavaleiros exaustos vieram ao encontro de dom Pedro, entregando-lhe duas cartas. Uma grande multidão aguardava-o nesse local.

Dom Pedro leu ambas as cartas. Uma de dona Leopoldina, outra de José Bonifácio. As veias de dom Pedro latejavam de ira à medida que ia lendo. Puxou a espada da bainha, voltou-se para a comitiva e exclamou:

— Camaradas! A corte de Lisboa quer mesmo a nossa escravidão; precisamos declarar já a nossa Independência!

Tendo dado essa explicação, gritou em voz alta:

"Independência ou Morte!"

Esse momento representou o ápice da vida de dom Pedro. Nem mesmo os espíritos das trevas conseguiram impedir que a emancipação fosse proclamada. Até esse momento dom Pedro, apesar das suas muitas aventuras, havia cumprido a missão que lhe fora confiada, pois sempre dera ouvidos aos conselhos de dona Leopoldina, conselhos ditados pela Luz, e também sentia que tudo quanto José Bonifácio fazia era tão-só para o bem do Brasil.

Dom Pedro foi recebido com uma indescritível demonstração de júbilo e de gratidão pelo povo de São Paulo. Difícil seria dar uma ideia exata do entusiasmo contagiante que inundou o Rio de Janeiro, quando dom Pedro retornou de São Paulo. Todos esses pormenores, contudo, fazem parte da tradição histórica, sendo desnecessário reproduzi-los aqui.

O Sete de Setembro de 1822 foi o ponto culminante da vida de dom Pedro e, ao mesmo tempo, o começo de seu declínio, pois a partir desse dia, passou a ser orientado tão-somente por espíritos dos submundos. Intermediária desse mundo de trevas e de negação era Domitila de Castro ou Domitila de Canto e Melo. Sua influência foi, todavia, de natureza bem diferente daquela que lhe é atribuída pela História.

Na noite de sete de setembro, pouco antes da meia-noite, quando dom Pedro, exausto, mal se havia estirado na cama, Domitila, envolta numa capa e com a cabeça encapuzada, entrou no seu aposento. Tirando fora os disfarces, ajoelhou-se diante do leito e, com bonitas palavras patrióticas, agradeceu a dom Pedro a liberdade que havia dado ao Brasil. A seguir implorou, humildemente, que lhe consentisse ficar a seu lado, como seu anjo da guarda. Enquanto ele era apenas príncipe, ela nada queria dizer, mas agora que ia ser imperador, queria confessar-lhe que uma conspiração estava sendo urdida contra a sua pessoa.

Deixou transparecer, com muitas palavras, que através de um amigo de Gonçalves Ledo chegara ao seu conhecimento a informação de que José Bonifácio estava somente à espera da Independência do Brasil para proclamar a República. Outros pormenores seria difícil dar no momento; de uma coisa, porém, ficara consciente: que ele, o jovem rei, precisava pelo menos de uma pessoa que estivesse firme e fiel ao seu lado.

Domitila fez uma pausa e ergueu os olhos para dom Pedro. Quando ele a encarou, porém, de fisionomia imperturbável, ela se viu insegura e acrescentou depressa:

— Perdoe-me, majestade, perdoe minhas palavras. A preocupação que tenho por vós, pelo primeiro rei do Brasil, deu-me coragem de alertar-vos.

Dom Pedro encarou aquela mulher, que ali estava diante dele, com lágrimas nos olhos. Na sua curta vida terrena quantas delas já não lhe tinham preparado ciladas para cativá-lo por menor ou maior tempo, e todas tão-somente para obter vantagens, por mero interesse pessoal e nada mais. Mas essa mulher aos seus pés, essa Domitila, parecia realmente se preocupar com ele, desprendida, somente por amor. Além disso, não pedia outra coisa do que o direito de velar por ele e para isso era preciso, naturalmente, que permanecesse ao seu lado. Ele ergueu-a, dizendo-lhe que de agora em diante poderia ficar ao seu lado como um anjo da guarda...

A partir desse instante começou a derrocada espiritual e não tardaria muito viria também a derrocada terrenal do espírito humano escolhido, Pedro de Bragança.

Domitila conscientemente havia ativado nele a vaidade e a desconfiança. Com habilidade soube alimentar esses dois terríveis defeitos e, com isso, dominou-o completamente durante algum tempo. Obteve o título de "marquesa de Santos", foi declarada amante oficial do imperador, conquistando por serviços prestados a alta condecoração da "Ordem do Cruzeiro". Além de tudo isso, dom Pedro fez dela uma das damas de honra de dona Leopoldina...

Logo depois da coroação de dom Pedro como imperador do Brasil, Domitila, com a ajuda do Chalaça e dos muitos asseclas que gravitavam em torno dela depois da sua elevação, começou a obra de destruição. Antes de mais nada, tinham de ser derrubados os irmãos Andrada e os seus adeptos, bem como todos quantos haviam lutado pela Independência do Brasil fielmente e que continuavam firmes ao lado de dona Leopoldina.

A nova marquesa sabia muito melhor, e com muito mais sutileza que o Chalaça, como abalar a influência que dona Leopoldina ainda tinha sobre dom Pedro. Uma tarde, conversando, ela apenas deu a entender a dom Pedro que José Bonifácio influenciava mal dona Leopoldina, e ninguém ignorava que a política de José Bonifácio era contra os interesses dele, dom Pedro.

Rapidamente, porém, acrescentou que ela era apenas uma fraca mulher que devia proteger o imperador dos seus inimigos, nada mais. Nessa conversa a marquesa sugeriu, então, a dom Pedro que o mais seguro para o país seria exilar os irmãos Andrada. Na realidade, o que ela pretendia era separar dona Leopoldina dos seus fiéis amigos.

O partido português começou a tomar força novamente, conseguindo muitos novos adeptos. Esse partido via na marquesa o seu melhor auxílio. Cumulava-a das mais ricas joias, prometendo elevá-la ao trono, como verdadeira patriota.

Ela, por sua vez, conseguiu levar as coisas a tal ponto, que o próprio dom Pedro se pôs publicamente ao lado desse partido. Nada de admirar, portanto, que o povo começasse a ficar inteiramente confuso com a situação reinante, confiando cada vez menos na atuação de dom Pedro. Decretos, os mais contraditórios, eram promulgados. O que ele hoje achava bom, no dia seguinte anulava. Entregando-se novamente ao uso abusivo de entorpecentes, ficava num estado tal, que durante dias seguidos não podia se levantar. E quando conseguia levantar-se, perambulava cansado e emagrecido, e as mãos tremiam tanto que não podia segurar o copo de vinho.

Na verdade, dom Pedro havia se transformado num homem doente. Sentia-se de uma ou de outra maneira traído, e estava mal-humorado e infeliz. Seu primitivo e jovial cavalheirismo, sua alegria de viver, tudo isso tinha desaparecido completamente. Tornou-se um homem rabugento e desconfiado. E quando os historiadores afirmam que dom Pedro, depois da coroação como imperador, mudou muito, dizem a verdade. Não sabiam, porém, a causa dessa transformação.

Todos pensavam que a marquesa era, antes de mais nada, sua amante, não acreditando, porém, que as suas intrigas para subir ao trono pudessem representar um perigo, pois julgavam que dom Pedro jamais teria ousado colocar essa mulher em lugar de dona Leopoldina. A verdade, porém, é que dom Pedro, desde o início, ludibriava a marquesa até com a bela irmã dela, e com muitas outras mulheres que enxameavam em torno dele como moscas.

Se tivesse sido simplesmente a amante, sua influência teria sido nula, mas ela alimentava constantemente as desconfianças de dom Pedro, mostrando-lhe sempre de novo como tinha espiões em todas as camadas, que lhe informavam onde pudesse se desenvolver um perigo para ele, o jovem imperador.

Entretanto a marquesa, por intermédio do partido português, havia entrado em contato com dona Carlota Joaquina e seu filho dom Miguel. Cartas secretas iam e vinham a Portugal, para cá e de cá para lá. Carlota enviou para a marquesa um valioso colar, em reconhecimento pelos serviços prestados a Portugal. Morta dona Carlota, dom Miguel continuou se relacionando com a marquesa. Dom Miguel era suficientemente tolo para ter as maiores esperanças na nova marquesa.

A marquesa, porém, e o pequeno círculo dos seus íntimos adeptos, dos quais Chalaça era um deles, não estavam contentes. É verdade que tinham conseguido junto de dom Pedro o banimento dos irmãos Andrada, através de uma hábil influência e uma campanha de difamação dissimulada. Contudo ainda era dona Leopoldina o mais forte empecilho para os seus planos de poder. Tinha de acontecer algo de definitivo, visto que dom Pedro não era mais tão fácil de ser manobrado. Era muitas vezes teimoso e rebelde, ficando dias seguidos no quartel, num pequeno círculo de oficiais que lhe eram dedicados cegamente. Pior ainda, passava dias e dias recolhido no palácio, supostamente doente, sendo tratado por dona Leopoldina.

Domitila e Chalaça sabiam que, a despeito de todos os males que dom Pedro havia causado a dona Leopoldina, ele não se separaria dela. Tinha de ser encontrado um meio para eliminar o empecilho que dona Leopoldina representava. De veneno, a marquesa não queria saber. Ela era supersticiosa e tomara conhecimento, por intermédio do Chalaça, que dona Leopoldina já fora por duas vezes indiretamente envenenada por dona Carlota, porém, sem sucesso, pois nas duas vezes fora salva. Parecia ser imune a envenenamentos. Também o atentado contra ela e o recém-nascido Pedrinho, herdeiro do trono, não teve êxito.

Era preciso descobrir algo de novo. Isso foi encontrado por intermédio de um espírito das trevas que insuflou um plano verdadeiramente diabólico a esse grupo de malfeitores. Ele fazia parte do círculo íntimo da marquesa; era um polaco que dizia ter o dom de profetizar o futuro através de um espelho.

Um dia, pouco depois do nascimento do filho de dom Pedro, o tal polaco leu no espelho que dom Pedro haveria de ter outro filho com dona Leopoldina, filho esse que deveria nascer em Portugal. Através desse nascimento dom Pedro solidificaria novamente a posição insegura da coroa de Portugal, promovendo, além disso, o bem-estar de todo o povo português.

Quando Domitila, a seu modo, falou desse plano a dom Pedro, este inicialmente se mostrou desconfiado, pois já conhecia esse polaco, dos tempos em que andava procurando aventuras nas espeluncas do cais do porto. O porto era o quartel-general do polaco, onde costumava predizer o futuro aos marinheiros e às mulheres de rua. Dessa maneira o adivinhador tinha uma vida fácil e folgada.

O plano ou a profecia, contudo, agradou a dom Pedro. Queria, de repente, ter novamente o afeto dos portugueses. Chegava mesmo, às vezes, a lhe parecer estranho como é que um dia, vibrante de entusiasmo, dera o grito de "Independência ou Morte!"

O plano submetido a ele tinha, porém, uma dificuldade. Desde o nascimento do herdeiro do trono, dona Leopoldina havia se afastado inteiramente, falando-lhe friamente que se chegara a suportar uma vida em comum com ele, fora única e exclusivamente no propósito de dar um herdeiro ao trono do Brasil. Ele tinha de achar um meio para obter apoio. E para começar teria de convencê-la a acompanhá-lo na projetada viagem à Bahia. Ele e dona Leopoldina haviam recebido convite insistente para visitar a Bahia, e seria imprudente não atender a esse convite.

Mas quando dom Pedro falou a dona Leopoldina que a sua presença era absolutamente indispensável na Bahia, ela recusou-se peremptoriamente. Sentia-se muito fraca desde o susto que levara após o nascimento do tão desejado filho, que temia uma viagem. Além do mais não queria deixar o pequeno Pedrinho sozinho.

Quando o imperador ouviu essa resposta negativa, foi acometido de um acesso de cólera, e caiu no chão em estado convulsivo. O dr. Bernardino, que morava no palácio, compareceu imediatamente, explicando a dona Leopoldina que o físico de dom Pedro estava muito debilitado devido ao uso de entorpecentes e que ela devia tratá-lo sempre como um doente. Foi por isso que dona Leopoldina, muito a contragosto, resolveu acompanhá-lo à Bahia: não queria dar motivo para vê-lo morto, num desses acessos.

Ao retornarem da Bahia, não demorou muito e dona Leopoldina verificou, com desespero no coração, que estava, de novo, esperando um filho. Dom Pedro bem notava quanto a esposa sofria com essa imposta gravidez. Nessas circunstâncias, não sabia como lhe falar numa viagem a Portugal, acompanhados dos filhos, e de permanecerem lá até depois de ela ter dado novamente à luz.

A marquesa, que não cabia em si de contente pela engenhosa ideia do polaco, via que dom Pedro hesitava na execução do plano. Precisava agir com toda a presteza e, assim, uma tarde, ela mesma preparou uma dose de vinho com veneno mexicano, chamou Querida, a sua irmã de criação, e mandou que servisse o vinho a dom Pedro. Enquanto a jovem estivesse ao lado dele, ela entraria subitamente no quarto para comunicar-lhe que nesse instante havia recebido a informação que uma potência estrangeira estava empenhada em destituí-lo da coroa, e deixar dona Leopoldina sozinha no trono.

— Pedrinho, mostre agora que você é mesmo o imperador! disse-lhe a jovem Querida. Por aí andam dizendo que você na realidade não é o imperador!

Dom Pedro, porém, não reagiu à zombaria da jovem. Sentia-se exausto e não tinha ânimo de nesse dia dizer qualquer coisa que fosse a Leopoldina; terminou adormecendo no divã onde estava acomodado. Na manhã seguinte sentiu-se novamente mal, muito mal. Tinha a impressão de que precisava fugir de algo que o perseguia. Sob essa impressão, a conselho de amigos, resolveu ele, em pessoa, assumir o comando das tropas da Campanha Cisplatina.

Embora os verdadeiros amigos procurassem dissuadi-lo dessa campanha, dom Pedro mandou ultimar os preparativos para essa viagem ao sul. Iria para a guerra, e na guerra haveria de curar-se e de reconquistar a alegria perdida. Também queria libertar-se da armadilha que as mulheres lhe preparavam, disse aos seus oficiais.

A marquesa, por sua vez, durante os preparativos, a todo o momento que o via, insistia para que dom Pedro não partisse. Não só ela, como também o Chalaça, tudo faziam para mostrar como era perigoso deixar dona Leopoldina sozinha, enquanto ele ia lutar tão longe pelo país. Essa e não outra era justamente a oportunidade que há muito tempo dona Leopoldina estava aguardando, insuflava o Chalaça.

No entanto, era extraordinariamente difícil convencer dom Pedro de uma infidelidade por parte de dona Leopoldina. Nessa hesitação é que os falsos amigos de dom Pedro precisamente viam uma prova de como era necessário libertar dom Pedro da presença dessa mulher.

Somente o constante estado de desconfiança fez com que dom Pedro, no mesmo dia em que embarcaria para o sul, entrasse nos aposentos de dona Leopoldina a fim de lhe comunicar que ela deveria viajar para Portugal, onde deveria nascer a criança. Dentro de uma semana partiria um navio do Rio, podendo ordenar tudo como quisesse para a viagem. Além do mais, poderia levar as crianças consigo.

— Nunca seguirei essa resolução tua. Dom Pedro, no auge da ira, não percebeu como a esposa repentinamente empalidecera e como um tremor tomara-lhe conta de todo o corpo. Via somente a sua oposição. Cego de ira, agarrou-a pelos braços, sacudiu-a violentamente e a empurrou para trás.

Dona Leopoldina tombou ao chão, sem sentidos. Enquanto dom Pedro ainda permanecia ali, coberto de suor, olhando para a esposa desmaiada, veio Cuca, o cão dinamarquês, e de dentes arreganhados investiu contra dom Pedro.

Nesse ínterim o aposento se encheu de pessoas. Companheiros de dom Pedro tomaram-no pelo braço e levaram-no para fora do recinto. Enquanto isso, as damas da corte e alguns fiéis oficiais do palácio ocupavam-se com dona Leopoldina, chamando os médicos.

Horas depois, morria dona Leopoldina. Fora libertada e podia agora retornar à sua pátria. Outro, porém, foi o destino de dom Pedro. Ele não a matou conscientemente, mas a lembrança dessa morte, por ele provocada, nunca mais o abandonou.

Assim, também a marquesa, os seus cúmplices, dom Miguel em Portugal e todos aqueles que aguardavam ansiosamente a morte de dona Leopoldina, perceberam que nada haviam lucrado com a sua morte.

A marquesa só saiu perdendo, pois a partir desse dia, dom Pedro se tornou brutal para com ela. Começou a odiá-la e para mostrar que ela nada mais lhe representava, repetidas vezes entrou na sua casa, altas horas da noite, bêbado, acompanhado de uma ou duas meretrizes. E quando, um belo dia, ela tentou bater-lhe com a porta na cara, agarrou-a com tal violência pela garganta, que a teria estrangulado, não fosse a intervenção de um escravo.

Embora a marquesa estivesse farta de saber que dom Pedro já não lhe dava a mínima importância, e dela fazia as piores zombarias em público, procurava ainda guardar as aparências de maneira que muitos de seus seguidores, tanto portugueses como brasileiros, ainda acreditavam que tinha certa influência sobre o fraco imperador. Aos portugueses costumava mostrar a sua crescente correspondência com o príncipe Miguel.

Quanto aos raros amigos brasileiros que ainda lhe restavam, desempenhava junto deles o papel de uma pobre vítima de dom Pedro. Chegava ao cúmulo de sustentar que durante anos a fio procurara levar dom Pedro para uma vida correta, o que não conseguira realizar, a despeito de incansáveis esforços.

E ela começou realmente a recriminar dom Pedro pela sua sórdida decadência de conduta. Infelizmente, não lhe fora possível reiterar por muitas vezes essa tentativa de chamá-lo à ordem, porque dom Pedro se enfurecia, ia logo às vias de fato e a injuriava com os piores nomes possíveis. Via nos olhos dele a intenção de matá-la, matá-la a sangue frio, se voltasse a insistir com os seus procedimentos hipócritas. No entanto, não era hipocrisia; ela mesma tudo empenharia agora para conseguir ver dom Pedro assim como ele era quando o tinha conhecido.

Durante sete anos conseguiu dom Pedro se suster no trono. E não teria chegado a tanto, se a atenção do povo não tivesse sido desviada pelos tumultos e lutas que foram surgindo em muitos pontos do país. A campanha do sul terminou mal, a despeito do próprio dom Pedro ter assumido a direção.

Em Pernambuco pequenas e grandes revoluções estavam em andamento. Dom Pedro, por sua vez, ausentava-se em longas e demoradas viagens, dentre outras, para Minas Gerais. O povo, porém, que o havia aclamado com fervoroso entusiasmo na coroação, vendo nele o seu libertador, repelia-o oculta e abertamente. Muita coisa tinha acontecido para que ainda pudessem ter confiança nele.

No entanto morrera dom João VI e, no seu testamento político, indicava o filho Pedro para rei. Dom Pedro IV, de Portugal. Com desagrado o povo brasileiro viu dom Pedro aceitar essa investidura e tomar francas atitudes de verdadeiro rei de Portugal. Não tardou, porém, e foi compelido a abdicar da coroa portuguesa em favor da filha dona Maria da Glória. Apesar desse ato, o abismo cavado entre dom Pedro e o povo brasileiro se tornava cada vez maior. E assim aconteceu que, após numerosos incidentes desagradáveis, foi ele compelido a assinar a sua abdicação do império do Brasil, em inícios de 1831.

Todos os acontecimentos políticos que se sucederam entre a coroação e a abdicação de dom Pedro, foram registrados pela História. Como estas linhas pretendem deitar luz apenas sobre a parte espiritual da vida de dom Pedro, não há necessidade de entrar em pormenores quanto ao desenvolvimento dos incidentes políticos do assunto.

Poderiam, quando muito, ser evocadas as duras lutas que ainda teve de sustentar em Portugal, com o seu irmão Miguel, para manter no trono sua filha Maria da Glória. Mesmo essas lutas resultavam mais de um íntimo arrependimento de sua parte, por ter sido tão mau pai, e além disso sabia muito bem que dona Leopoldina se teria alegrado, se ele fizesse algo em favor da filha.

Tudo isso, porém, nada mais conseguiu alterar o seu destino. Encurtara a vida terrena de dona Leopoldina e a sua própria. Durante o tempo que lhe restou, nada mais pôde redimir. Assim ele, o grande escolhido, teve de sair pesadamente sobrecarregado da Terra.

JOSÉ BONIFÁCIO DE ANDRADA E SILVA

José Bonifácio de Andrada e Silva nasceu no ano de 1763 na então vila de Santos. Recebeu as primeiras aulas num seminário de padres, em São Paulo. Essa instrução, porém, não era suficiente para o pequeno Bonifácio. Queria estudar, mas não existindo ainda naquele tempo cursos superiores no Brasil, seu pai, que era negociante abastado, enviou-o para Portugal. Em Coimbra poderia estudar o que quisesse. Não foi sozinho, porquanto, à última hora, os pais resolveram que com ele seguissem também seus dois irmãos mais moços, com o mesmo propósito.

José Bonifácio optou pelos estudos de Direito e Filosofia. Nem bem formado, foi logo eleito membro da Academia de Ciências, em Lisboa. Por intermédio do fundador da recém-criada academia, o duque de Lafões, Bonifácio recebeu uma bolsa de estudos, a fim de percorrer toda a Europa. Concluída essa viagem de estudos, permaneceu durante algum tempo em Paris, onde estudou mineralogia. Em Paris começou a escrever trabalhos científicos que despertaram grande interesse nos círculos especializados, contribuindo para que logo fosse eleito membro da Sociedade de Ciências Naturais.

José Bonifácio, porém, não se fixou em Paris. Uma voz interior impelia-o para diante. Seguiu para a Alemanha, para a cidade de Freiberg. Na Alemanha travou conhecimento com quase todos os homens famosos da Europa. De todos esses, aquele a quem ele mais prezava era Alexander von Humboldt. Pouco tempo depois de chegar em Freiberg, resolveu visitar a academia de minas, daquela cidade. Escrevia, ao mesmo tempo, artigos científicos sobre química e mineralogia, que eram reproduzidos pelos jornais de várias cidades. Da Alemanha seguiu para o norte da Europa, realizando pesquisas de solo nos mais diversos lugares. Tudo quanto encontrou digno de nota nessas peregrinações científicas, ia publicando nos respectivos periódicos técnicos.

José Bonifácio não contava ainda quarenta anos e já era um cientista de alta reputação em toda a Europa. Falava corretamente alemão, francês e inglês. Publicou sobre Alexander von Humboldt um livro, que escrevera em alemão e foi muito lido na época. A despeito dos seus largos conhecimentos, José Bonifácio não era um erudito, no sentido comum do termo. Era, sim, na verdadeira acepção da palavra, um naturalista. "Tão-só na natureza é que podemos encontrar harmonia ou reencontrá-la no caso de a havermos perdido." Essa era uma das suas frases prediletas quando o inquiriam sobre qual o motivo de visitar de preferência regiões inóspitas.

Chegavam a pensar que fosse um metafísico nato. A isso, José Bonifácio sorria, dizendo que o caso o levava a lembrar-se de um tonto que conhecera em sua terra natal, que passava o tempo pescando caranguejos e siris, para comer e para vender aos transeuntes. Quando, porém, se abria o cesto, a fim de examinar o material que continha, não eram mais do que uns caranguejos ressequidos e umas cascas de siris. "A metafísica não passa de um frasco de perfume vazio." Era o que também dizia às pessoas que não soubessem o que eram caranguejos e siris, nem formavam ideias das praias em que os mesmos eram pescados.

Por onde quer que José Bonifácio andasse, fazia prontamente amigos. Na juventude gostava de juntar os amigos para pequenas festas, onde salientava que nada superava uma boa comida, um bom vinho e bonitas mulheres. Mais tarde, quando veio a conhecer sua futura esposa, dona Emília O'Leary, comentava então, que daí em diante só duas coisas lhe bastavam: boa mesa e boa bebida. Pois nada se comparava à sua flor de narciso, Emília. Bem, Emília não poucas vezes foi na sua vida um verdadeiro anjo da guarda.

Pelo ano de 1800, aproximadamente, José Bonifácio, obedecendo aos imperativos de sua voz interior, voltou a Portugal. Lá encontrou um dos irmãos, muitos parentes e amigos. Um dos parentes ocupava justamente naquela época o cargo de ministro em Portugal e através dele recebeu um chamado para a Universidade de Coimbra, onde devia ensinar metalurgia.

No decorrer dos anos foram-lhe atribuídas várias outras funções. Em primeiro lugar, recebeu do governo a incumbência de pôr de novo em atividade as minas de carvão de Buarcos e, logo a seguir, reabilitar as fundições de ferro de Figueira dos Vinhos, de modo a entrarem no mais perfeito funcionamento. Nesse ínterim recebeu, também, o diploma de doutor em Ciências Jurídicas e Filosofia. Mais algum tempo trabalhou, durante curto estágio, nas fundições de Foz d'Alge.

Ali travou amizade com Guilherme von Eschwege, Guilherme Varnhagen e Dietrich Feldner, amizade duradoura e sincera. Quando Junot, general de Napoleão, invadiu Portugal, José Bonifácio recebeu as insígnias de coronel do exército português e, como tal, exercia o comando onde quer que se tornasse necessário estabelecer fortalezas para a defesa do país. A coragem e a iniciativa com que enfrentava o inimigo elevaram-no logo à categoria de herói nacional.

Passavam-se os anos. Já estávamos em 1811, mas até ali José Bonifácio não se dava ainda por satisfeito com as suas realizações. Sentia-se sempre como que à espera de alguma coisa, sem saber, propriamente, o que fosse. Certo é que muitas vezes pensava em retornar ao Brasil, sua amada pátria, mas aqui eram tais os decretos e proibições que impediam o acesso dos brasileiros a qualquer carreira pública, que esmorecia só em imaginar que em seu país não daria um passo além de simples habitante da colônia. Não obstante, um belo dia recebeu um chamado que o obrigou a voltar ao Brasil, sem hesitação.

José Bonifácio, em companhia de um velho amigo piemontês, tinha ido para a Beira, a fim de realizar pesquisas geológicas. Chegados ao porto onde as pesquisas deviam ser realizadas, os dois se afastaram um do outro, cada qual começando o trabalho num determinado lugar. José Bonifácio sempre se sentia extremamente feliz quando se via a sós, em plena natureza. Começou a trabalhar, mas logo viu que, curiosamente, no momento lhe fugia a disposição de trabalhar; além disso, sentia-se atordoado. Sentou-se, apoiando-se num bloco de pedra.

De repente, começou a rememorar os tempos de menino na cidade de Santos. Desse tempo veio, então, à sua mente, principalmente um episódio que sempre despertara zombaria por parte das pessoas adultas, toda a vez que ele o recapitulava. Reportando-se a esse período da sua vida, era como se não fosse ele aquele menino que outrora vivia sempre a insistir com os pais para que o deixassem ir a cavalo a uma praia consideravelmente distante de casa.

— Preciso ir à praia, era o que dizia, preciso ver os sentinelas que estão montando guarda lá. Sou também um sentinela encarregado de vigiar a costa, para que nenhum navio invada a nossa terra.

Certa vez, os pais lhe perguntaram que sentinelas eram esses que ele tão frequentemente tinha necessidade de ver, uma vez que a praia era deserta e não precisava de guarda. Foi quando ele, menino, zangado respondeu que a praia de maneira alguma deixava de ser vigiada e que os guardas que lá se achavam eram muito maiores e muito mais bonitos que todas as pessoas que ele conhecia, tendo a pele lustrosa, tão brilhante como o vestido amarelo de mamãe ir à igreja aos domingos. E mais: em vez de incômodas calças comuns que toda a gente usa, os guardas usavam panos brancos, mais alvos que as roupas brancas da casa. Traziam, também, às costas e sobre o peito escudos quadrados, presos ao pescoço e ao peito por meio de correntinhas muito finas.

O que, porém, sobremaneira encantava o menino eram as lanças que os guardas aparentemente apontavam para o mar. A ponta dessas lanças brilhava como o fulgor de pequeninas estrelas. De uma feita, quando o menino descrevia o aspecto de uma dessas pontas aos pais, o pai se pôs a rir, dizendo que os tais guardas, a que o menino se referia, não passavam de simples índios, como a Chica e o Josuá, que trabalhavam na cozinha da casa ou no armazém.

Muito decepcionado, o menino encarou os pais, não compreendendo de que maneira seria possível comparar aqueles guardas extraordinários com os indígenas da casa. Ao mesmo tempo, percebeu que os pais se riam dele, não acreditando no que lhes narrava. Por isso, daí em diante, nunca mais contou coisa alguma do que enxergava, a não ser ao negrinho que o acompanhava a cavalo à praia, a quem descrevia, com minúcias, todos os movimentos que os guardas executavam, muito embora o negrinho Benê nada chegasse a ver do que o pequeno Bonifácio dizia...

Ao recordar-se desse episódio da infância, José Bonifácio se pôs a rir. Nesse mesmo instante, porém, brilhou como que um relâmpago no seu espírito, a intuição de que os tais guardas, que havia enxergado em longínquos tempos, pertenciam efetivamente a um povo, que, há muito e muito tempo, antes mesmo dos então conhecidos indígenas, era nativo do Brasil.

Esse novo saber de algum modo o encheu de íntima satisfação. Quando se tornou maior, nunca mais conseguiu ver os tais guardas, porém jamais pôs em dúvida a existência deles. Mais tarde, entretanto, sendo já homem feito, com frequência ouvia vozes, vozes que pareciam provir de um mundo invisível, e o estimulavam sempre na conquista de novas experiências e de novos conhecimentos. Devido a essas vozes, que muitas vezes pareciam surgir do seu próprio íntimo, foi levado a estudar filosofia, na esperança de que assim seria possível chegar a uma explicação sobre a origem delas.

Os estudos, porém, não lhe trouxeram elucidação alguma a respeito. De quando em quando retornavam essas vozes, admoestando-o e compelindo-o a novas realizações. José Bonifácio sorria diante desse fato, imaginando o que os amigos haviam de dizer dele, se algum dia viesse a confessar que acreditava num misterioso mundo invisível, não só isso, como também acreditava num misterioso poder que dirige o destino dos homens. Para esses seus conhecidos, ele não passava de um realizador entusiasta, voltado para todos os prazeres terrenos, que não temia em proferir às vezes frases e comparações nem sempre próprias a um ambiente de etiqueta social.

Uma divertida risada feminina, de moça ou de mulher, sacudiu-o desse torpor de sonho. Olhou em torno de si, mas não avistou viva alma pelas redondezas, a não ser o seu amigo de mineração. Onde, então, estaria essa moça? De repente, ouviu, como se alguém o chamasse pelo nome. Certificando-se de que ninguém estava por ali, sentou-se de novo tranquilamente.

Novamente tornou a ouvir a alegre risada e logo em seguida chegaram aos seus ouvidos vozes que proferiam mais ou menos estas palavras:

"Volta para a tua terra natal, Bonifácio! A tua missão vai começar. Estás suficientemente preparado. Tens de ajudar a romper os laços que até agora mantiveram o Brasil preso a Portugal. Porque a tua terra natal tem de ser um país livre! Sim, livre, porquanto em breve virá o Juízo Final. O Brasil é um ponto de ancoragem da Luz na Terra dominada pelas trevas. Cumpre a tua missão de conformidade com os desígnios de Deus, sabendo que é de pedra em pedra que se faz um edifício. O mesmo se dá com a atividade do homem. Muitos e insignificantes trabalhos, alguns até aparentemente sem importância, espiritualmente falando, são necessários para preparar e possibilitar um grande acontecimento..."

José Bonifácio ouviu tudo isso como que fora de si. Vozes tinha já ouvido muitas vezes e também compreendido seu sentido; agora, porém, era diferente. Por que era bem diferente, não poderia explicar. Ao fazer menção de levantar-se, percebeu que tremia muito; assim resolveu continuar sentado, apoiando a cabeça. Sentia-se como que desligado da Terra e dos homens.

"Volta para a tua terra! Volta para a tua terra!" não eram essas as palavras que ecoavam ainda em seus ouvidos? A risada alegre desse ser feminino abafou aquelas palavras e sacudiu Bonifácio do seu torpor. Dessa vez foi como se a risada tivesse penetrado diretamente no seu coração. Sorriu, também, contente, cheio de gratidão e foi se levantando lentamente.

A sensação de fraqueza havia desaparecido como que por encanto, e ele se sentia de novo cheio de ânimo, como nunca. Era como se a voz tivesse derramado por sobre ele uma onda de força e de ímpeto de realizações, que somente agora começava a espalhar-se pelo seu corpo.

Nesse ínterim ficou tarde, e José Bonifácio precisava voltar para casa. Já não o interessavam mais as pesquisas geológicas. Estava finalmente de posse do conhecimento da missão que trazia para cumprir nesta vida, missão que sempre e inconscientemente tinha aguardado.

Na cavalgada de volta, José Bonifácio se sentia tão contente e feliz, que ficou durante um longo trajeto da caminhada junto a um grupo de camponeses que retornava para casa, cantando terços.

O contentamento de José Bonifácio, entretanto, logo se transformaria em aborrecimento e receio, ao verificar que lhe era negada a autorização para voltar ao Brasil. Ele mesmo fora o culpado disso. Sim, ele havia contado a muitos dos seus conhecidos que pretendia retornar ao Brasil a fim de se juntar aos partidários da Independência do país. Não tardou e os seus planos chegaram aos ouvidos do chefe do governo português e do general Beresford.

Ambos estavam perfeitamente a par da popularidade de José Bonifácio em Portugal e não tinham a menor dúvida de que o mesmo haveria de acontecer no Brasil. E lá, já não era pequeno o número de agitadores. Como Portugal estivesse em pleno estado de guerra, José Bonifácio não teve outro recurso senão se conformar. Estava amargamente arrependido de não ter sabido calar-se. Sabia muito bem que não deveria ter espalhado os seus planos e mesmo assim o fez. Em vista disso, viu-se obrigado a continuar vivendo em Portugal, aborrecido e sem paz. Temia que alguém se incumbisse da sua missão, visto que ele mesmo havia se excluído.

Foi necessário o decurso de oito anos para que afinal ele e a família, através da influência política de parentes, conseguissem a necessária permissão para deixar o país. Tendo já conseguido isso, mais uma vez os servos de Lúcifer se puseram em campo para impedir ou, pelo menos, retardar a sua partida.

O caso foi assim: durante uma festa só para homens, José Bonifácio havia atado relações de amizade com uma lindíssima dançarina, provavelmente natural da ilha de Martinica. Essa jovem, conhecida pelo apelido de "Chéri", desde a primeira vista demonstrou grande predileção por ele. Lisonjeado pela escolha, José Bonifácio deixou-se enlevar durante algum tempo. Fazia-o no intuito de assim poder dissipar um pouco o seu desassossego e a sua inquietação. Contudo, suportou Chéri somente por pouco tempo, abandonou-a e só tornou a vê-la outra vez alguns dias antes da sua partida. A sua família já estava a bordo, mas José Bonifácio tinha ainda vários assuntos para liquidar em terra.

Nem bem havia descido do navio, já se viu rodeado de um grupo de amigos que desejavam ficar com ele até a hora da partida. Tinham andado uns poucos passos, quando depararam com a dançarina

Chéri, com um volume no braço. Mal avistou José Bonifácio, e já se pôs a gritar que estava justamente a caminho do navio para ir contar à mulher dele tudo quanto havia se passado entre os dois e mostrar-lhe a criança, fruto desses amores. Pretendia apenas mostrar a criança a dona Emília e na presença dela estrangular o recém-nascido. Deixaria apenas de fazê-lo, se José Bonifácio se dispusesse a levá-la consigo para o Brasil.

José Bonifácio ficou estarrecido. Perceberam, ele e os seus amigos, que a jovem estava falando a sério e era capaz de levar a cabo a sua intenção assassina. Não tanto pela criança, mas por ele, ficaram os seus amigos com receio de que o general Beresford viesse a saber do caso, que bem serviria de pretexto para adiar a partida de José Bonifácio.

Sem perda de tempo rodearam a jovem, obrigando-a a ir com eles para casa. Receberia uma certa quantia em dinheiro, sob a condição de entregar a criança. Sua viagem ao Brasil nem poderia ser cogitada, pelo menos não com a ajuda de José Bonifácio. Como a jovem persistisse no seu intento, José Bonifácio tomou-lhe a criança dos braços, para que não viesse a ser sacrificada por um erro da sua parte. Com a criança nos braços, dirigiu-se em rápidos passos a bordo, entregando-a a dona Emília, sua esposa.

Profundamente consternado pela situação, contou-lhe tudo o que havia acontecido, pedindo-lhe que aceitasse a criancinha, porquanto não tinha a menor dúvida de que a mãe estava disposta a eliminá-la, ou mandar que outra mulher qualquer, da mesma laia, desse cabo da criança. Dona Emília era uma senhora de extraordinária bondade e grandeza de espírito. Conhecia perfeitamente bem o marido e estava certa de que as diversões, que procurava para amenizar a sua inquietação e desespero, só lhe tinham trazido males e dissabores. Ao mesmo tempo, com a sua aguçada sensibilidade, viu logo o perigo que pairava sobre todos, de como seria fácil ordenar que desembarcassem do navio e esperassem por nova oportunidade.

A partida da família não podia, de forma alguma, ser adiada. Tomou a criança e aconchegou-a carinhosamente. As suas duas filhas já estavam crescidas e ela se sentia feliz por seu marido ter depositado nela toda a confiança. Deu à criança o nome de Cândida e educou-a com o mesmo zelo que dispensou à educação das filhas. Logo depois desse acontecimento, o navio zarpou para o Brasil.

Fazia pouco tempo que José Bonifácio estava no Brasil e já era o centro de convergência de um considerável grupo de amigos e de conhecidos. Via, com surpresa, como todas essas pessoas eram do seu igual modo de pensar, apenas não formando ideia clara de como pôr em prática os ideais da Independência. O que principalmente chamava a sua atenção, era o fato de que toda essa gente, com quem ia travando conhecimento nas lutas da Independência e se punha de corpo e alma na defesa da causa, agia sempre como se estivesse cumprindo uma missão. Tornou-se-lhe nitidamente consciente que ele era apenas um entre muitos.

Nos primeiros tempos do seu retorno ao Brasil, José Bonifácio permaneceu em São Paulo. Só se transferiu definitivamente para o Rio de Janeiro depois de dom João VI ter seguido para Portugal. Na qualidade de ministro da justiça pôs-se, então, a preparar tudo o que fosse necessário para a vindoura Independência, da qual era o primeiro paladino e lutador.

Todo o seu trabalho convergia para uma só meta: a libertação do Brasil. Para com dom Pedro sentia quase como um amor paternal. Viu desde logo as grandes qualidades e os defeitos do jovem príncipe e fazia tudo, visando prepará-lo para a alta investidura. Não tardou que conquistasse também a confiança de dom Pedro, confiança que só foi abalada quando Domitila de Castro apareceu em cena, como uma sombra negra.

A desconfiança que essa mulher conseguiu despertar no ânimo do príncipe, desconfiança que antes de tudo era dirigida contra os mais leais servidores do país, tornava quase impossível qualquer colaboração. Dom Pedro se mostrava fechado, enigmático, inacessível a qualquer sugestão, por boa que fosse. Mais de uma vez dom Pedro ameaçou anular a Constituição que José Bonifácio havia elaborado para o novo império e mandar elaborar outra pelas mãos de seus novos amigos.

José Bonifácio, por sua vez, estava na firme convicção de que dom Pedro dissolveria tudo, e demitiria não só a ele, como aos seus irmãos e todos os demais organizadores da Independência. O círculo que rodeava dom Pedro naturalmente haveria de tomar a peito isso sem tardança, sabendo de que maneira tratar o jovem imperador. Nesse círculo de seus novos amigos, dom Pedro era comparado muitas vezes a Nero; esse sim sabia como exercer ilimitadamente, sem entraves, o poder. Faziam sentir que dom Pedro era excessivamente modesto, mas que não devia, de forma alguma, continuar permitindo que os Andradas, de comum acordo com dona Leopoldina, continuassem governando o país. José Bonifácio sabia perfeitamente em que teia de aranha dom Pedro se deixara prender, mas sempre alimentava a esperança de que um dia o lado bom de Pedro dominaria o mal que havia dentro dele.

Um belo dia, isso foi poucos meses antes de sua deposição, José Bonifácio, acompanhado de alguns de seus gaúchos, empreendeu uma viagem a São Paulo. Nessas longas jornadas a cavalo, José Bonifácio sempre achava onde pernoitar em casa de pessoas amigas, em fazendas existentes ao longo do trajeto Rio–São Paulo.

Uma tarde, porém, notando que o seu cavalo começava a manquejar, resolveu interromper a caminhada na "casa do registro", ao sopé da serra da Mantiqueira, e mandar que os ferreiros examinassem as ferraduras da montaria. Justamente ao chegar com os seus gaúchos, percebeu que ali havia desusado movimento.

Poucos momentos antes havia estacionado ali uma extensa tropa de mulas, procedente de Minas, com carregamento de fumo. O fumo estava precisamente sendo pesado, a fim de ser retirado o quinto do imposto real. Uma outra tropa também tinha vindo de Minas, porém inteiramente vazia. Os soldados que fiscalizavam a pesagem, vigilantes para que ninguém pudesse ocultar ouro ou pedras preciosas, debaixo de grande vozerio e imprecações, revistavam os guias que tinham vindo com a caravana vazia.

Era bem possível que tivessem escondido em algum lugar o ouro e agora quisessem desviar a parte que competia ao rei ou imperador.

Havia, além disso, ali, uma outra tropa com carregamento de sal, procedente do Rio com destino a São Paulo, que tinha de pernoitar no lugar, a fim de trocar algumas juntas de mulas. José Bonifácio olhava divertido ao redor. Espalhavam-se por todos os cantos os grupos de tropeiros, alguns jogando baralho ao redor de pequenas fogueiras, outros assistindo à briga de galos, ao passo que ciganas perambulavam por ali, lendo a sorte de uns e de outros.

Como já era tarde, teria forçosamente de pernoitar ali, mesmo porque tanto ele como seus companheiros estavam com fome, esperando comida. José Bonifácio dirigiu-se a um dos casebres do lugar, onde sabia que poderia conseguir o que comer, e se dispunha justamente a entrar, quando ouviu de dentro ecoarem vozes alegres, que lhe pareciam vir de gente conhecida sua. Instintivamente, parou no lugar. Pelo menos uma dessas vozes ele reconheceu logo, como sendo de Vilela Barbosa, mas logo foi abafada por outras, por gritos entrecortados de gargalhadas de mulheres.

José Bonifácio afastou-se da porta e colocou-se num dos vãos das janelas, que nesse ínterim tinham sido fechadas com esteiras. Tudo fazia crer que lá dentro estavam realizando alguma grande festa... José Bonifácio deixou-se ficar alguns instantes à escuta, até que de repente reconheceu a voz de Domitila de Castro, num tom de triunfo.

A mulher, ao que parecia, estava sendo homenageada como futura imperatriz do Brasil. Mas não era só ela que era alvo dessas ruidosas aclamações. Em altas e empoladas frases erguiam-se, também, os nomes do jovem dom Miguel e Carlota Joaquina, que voltariam ao Brasil na qualidade dos seus salvadores.

José Bonifácio ouviu durante algum tempo ainda como o Chalaça, que parecia estar fortemente embriagado, erguia "vivas" às duas futuras rainhas do Brasil, Domitila e Carlota. Já se dispunha a sair dali, quando, inesperadamente, percebeu que eram erguidos brindes pelo bom êxito do banimento dos Andradas e de uma série de outras grandes personalidades.

Um dos semibêbados berrava que o seu maior prazer seria ver o tal de José Bonifácio pendente em uma forca, em Lisboa. Um dos presentes que não tinha bebido, num dado momento inquiriu tranquilamente a alguém se já tinha obtido de dom Pedro o assentimento para a deportação dos Andradas. A essa pergunta, os turbulentos gritadores calaram-se, desejando cada qual ouvir melhor a resposta que, a bem-dizer, já sabiam.

— É natural que dom Pedro já tenha resolvido a deportação, uma vez que já se convenceu de que os Andradas são traidores!

Uma algazarra retumbante coroou a informação de Domitila. Outros discursos foram proferidos, mas José Bonifácio, enojado, retirou-se dali. Não precisava ouvir mais nada.

Só agora podia compreender certas coisas e até mesmo umas tantas evasivas de dom Pedro. Bem sabia, agora, a razão verdadeira de determinadas pessoas do partido português cerrarem fileiras em torno de dom Pedro e de Domitila. E o povo! Nada a estranhar, portanto, que dia a dia aumentasse a desconfiança do povo contra o imperador. Vozes, muito tímidas ainda, começavam já a segredar coisas sobre uma possível traição do imperador...

Depois do que ouviu, José Bonifácio resolveu mudar de plano. Enviou apenas um dos gaúchos com notícias para São Paulo e com os demais retornou imediatamente ao Rio de Janeiro.

Sentia pesar e ao mesmo tempo ira. Ao passo que ele tudo havia feito para dar à nação uma direção segura depois dos grandes abalos políticos da Independência, e fortalecido o trono de dom Pedro, este fazia causa comum com um grupo de inimigos da pátria.

Martim Francisco tinha razão quando o prevenira a respeito de certos acontecimentos. Era chefe do governo e poderia ainda desviar muita coisa. Bem lembrado estava de como dona Leopoldina já meses antes tinha chamado a sua atenção para acautelar-se, não quanto a dom Pedro, mas quanto aos seus novos amigos. Naquela ocasião estava ainda na esperança de que dom Pedro não se deixasse envenenar de todo, e que, aos poucos, as coisas tomassem rumo certo.

Agora, no entanto, via-se obrigado a reconhecer que se enganara. Com amargura lembrou-se de um dito de um velho amigo seu, o desembargador Antônio Rodrigues, que, de uma feita, estando a conversa desenrolando-se em torno de dom Pedro, comentou que as moscas varejeiras só enxameiam sobre cadáveres ou sobre o que já exala cheiro de cadáver. Bem tinha razão o seu velho amigo. Sobre um corpo interna e externamente sadio não conseguiam agarrar-se parasitas. Contudo, essa sabedoria não adiantava mais nada agora. Só uma solução poderia evitar o caos total: dona Leopoldina passar a ser soberana do Brasil, e dom Pedro com os seus amigos serem embarcados para Portugal. Antes de tomar qualquer deliberação nesse sentido, porém, desejava primeiro falar com dom Pedro, para se convencer definitivamente sobre tudo quanto tinha ouvido.

No mesmo dia em que chegou ao Rio, procurou falar com dom Pedro. Este recebeu-o com a costumeira e arquitetada pose que vinha mantendo desde a sua coroação. Todavia, quando José Bonifácio lhe fez saber que tinha ouvido falar de uma conspiração que se articulava para derrubar o governo, dom Pedro vacilou.

— A nação está livre e eu de livre vontade ponho o meu cargo nas mãos de Vossa Majestade, mas antes de ir-me embora, quero pedir a Vossa Majestade que se desfaça de uns abutres que só desejam a vossa ruína e a ruína do país. Sois imperador de uma das mais belas e ricas terras do mundo; tendes uma leal e magnânima esposa. Tendes filhos sadios e bonitos e muitos amigos fiéis, que tudo desejam fazer para conservar em vossas mãos o governo do império!

José Bonifácio pronunciou estas palavras serenamente e com firmeza. Depois ergueu-se para despedir-se. Ia retirar-se quando dom Pedro o reteve, com vivas demonstrações de apreço. Bem sabia ele que falsos amigos procuravam rodeá-lo, mas que a situação estava longe de ser aquela que José Bonifácio vislumbrava. Certo era que pretendia mesmo restabelecer de novo a censura da imprensa, mas de uma derrubada do governo não tinha a menor suspeita... Terminou, pedindo a José Bonifácio que se mantivesse no cargo.

José Bonifácio ouviu tudo serenamente. Mas quanto mais o imperador se desfazia em explicações, mais ele se convencia de que dom Pedro efetivamente fazia causa comum com os traidores do país.

Nem bem José Bonifácio tinha chegado em casa, depois da audiência, comunicou tudo quanto havia passado ao irmão. Ao mesmo tempo ordenou que fossem convocados a comparecer imediatamente na sua casa todos os amigos que pudessem ser encontrados. Assim foi feito.

Aproximadamente umas cinquenta pessoas atenderam à convocação. José Bonifácio cientificou-as do que se tratava, concluindo por dizer que a sua intenção era passar a coroa a dona Leopoldina, que se tornaria, então, a soberana do Brasil. Dom Pedro, no entanto, com todos os seus amigos e amigas deveriam ser mandados de volta para Portugal. Com exceção de dois, todos os demais presentes estavam de pleno acordo com o projeto de José Bonifácio. Os dois outros, que se manifestaram contra, achavam que dona Leopoldina não tinha descendência de linha masculina, sendo portanto aconselhável esperar mais algum tempo. A maioria, contudo, não queria saber de esperar mais coisa alguma e, assim, José Bonifácio tomou a resolução de ir entender-se com dona Leopoldina. Viu logo, porém, que já não era mais tão fácil entrar em contato com ela. Dom Pedro havia dado ordens terminantes que dona Leopoldina só pudesse falar na presença de um secretário da sua absoluta confiança. Sem nada ter resolvido, José Bonifácio voltou para casa.

No trajeto de volta ocorreu-lhe a ideia de que talvez lady Chamberlain achasse uma solução para o caso. Ela já havia promovido festas infantis em que dona Leopoldina com a filha Maria da Glória tinham tomado parte. Pois bem, lady Chamberlain achou de fato uma saída para o caso, porém não imediata.

Só depois de alguns dias pôde enviar um recado a José Bonifácio: dona Leopoldina, numa crise de desespero, havia pedido asilo na embaixada inglesa. A oportunidade para um entendimento aí estava. José Bonifácio poderia agora lhe falar de viva voz, oferecendo-lhe a coroa de soberana do Brasil. De nada valeu o ensejo: dona Leopoldina não achou viável o plano.

José Bonifácio ficou profundamente decepcionado com a recusa. Sempre, de outras vezes, dona Leopoldina o havia compreendido quase sem necessidade de palavras. Por que, então, não queria compreendê-lo agora? Sabia então que o destino tinha de seguir a sua marcha. Havia empenhado tudo para evitar o caos que fatalmente, mais dia menos dia, envolveria o país em virtude da má conduta pessoal do imperador.

Mais calmo agora consigo mesmo, pôs-se a pensar que apesar de tudo realizara a missão de que fora incumbido há tempos, por um ser invisível, na região da Beira, em Portugal. O Brasil estava emancipado. E como o país parecia estar sob a aura de uma proteção especial, talvez fosse ainda possível que a liberdade viesse a triunfar, apesar dos parasitas e inimigos.

A prisão e o exílio não vieram tão de surpresa quanto se pensava, para José Bonifácio. Verdade é que até o último instante esperou por um acontecimento milagroso que interferisse no caso, porém, como esse acontecimento não viesse, submeteu-se tranquilamente à marcha do destino, animando os seus companheiros de sofrimento, pela sua serena e inabalável confiança num breve retorno à pátria.

Seu maior pesar foi ver as senhoras da sua família serem também obrigadas a seguir com eles para o exílio. Além das famílias dos três irmãos Andrada, foram juntamente exilados outros amigos, tidos na conta de indivíduos perigosos. Os prisioneiros foram tratados como criminosos. Primeiramente recolhidos à Fortaleza de Santa Cruz, obrigados a dormir na pedra fria do chão, sendo levados dali à Fortaleza das Lajes, de onde, às ocultas, foram transportados ao escurecer, a bordo do navio "Lucânia". Dali partiram em novembro de 1823. Em Bordéus, na França, onde desembarcaram depois de muitas vicissitudes, entraram em sérios atritos com o chefe de polícia Franchet d'Esperey. Este cidadão, com a sua odiosidade, perseguia-os onde e em tudo quanto fosse possível.

Só muito mais tarde, José Bonifácio veio a saber que a mulher desse chefe de polícia fora regiamente cumulada de ouro pelo partido português do Rio de Janeiro. Presumivelmente com a anuência de dom Pedro. Portador dos obséquios foi um homem da confiança de um certo conde Gestas, o qual, em carta, solicitava ao chefe de polícia que não perdesse de vista os condenados.

Esse período de sofrimento passou também. No ano de 1828 os irmãos Antônio Carlos e Martim Francisco obtiveram permissão para regressar ao Brasil. Só um ano depois José Bonifácio e a sua família obtiveram igual permissão. Os três outros deportados, que tinham seguido com eles, puderam também retornar ao país.

O regresso ao Brasil foi, para José Bonifácio, profundamente triste. A sua esposa, dona Emília, morreu a bordo, vitimada por um colapso cardíaco. Ao entrar no Rio de Janeiro, José Bonifácio trazia consigo o corpo da sua extremosa companheira de exílio.

Fazia pouco tempo que José Bonifácio estava de volta e já notava que dom Pedro tinha se transformado em uma figura completamente insignificante. Continuava, é certo, a expedir decretos, que logo a seguir revogava, contudo ninguém mais o levava a sério, no que fazia ou deixava de fazer.

Um dia estava José Bonifácio numa esquina da Rua do Ouvidor, quando viu aproximar-se a carruagem imperial. Não pôde deixar de sorrir amargamente ao enxergar quem ia dentro: dom Pedro e a sua segunda esposa, dona Amélia de Leuchtenberg.

Enquanto assim observava a carruagem, aproximou-se dele um velho amigo, que também se pôs a olhar. Depois, dirigindo-se a José Bonifácio, disse que dom Pedro tão-só devido aos filhos ainda era tolerado no Brasil, mas que dentro em pouco a sua situação aqui se tornaria de todo insuportável, momento em que teria de forçosamente voltar para o lugar de onde viera.

Prosseguindo, narrou-lhe, o velho amigo, como dom Pedro, pouco antes do segundo casamento, tinha tocado a marquesa de Santos a pontapés, palácio afora. José Bonifácio não quis ouvir mais nada, despediu-se do amigo e afastou-se.

O encontro com dom Pedro encheu-o de amargura, e o episódio da marquesa de Santos fê-lo lembrar-se vivamente de dona Leopoldina e das duras lutas que ela teve de sustentar.

"Estou lutando pela alma de Pedro" foi a sua exclamação, um dia em que ele, José Bonifácio, não estava entendendo a sua atitude de sacrifício.

José Bonifácio, pensativo, parou ao lado de uma palmeira. Era como se estivesse ouvindo o claro riso de dona Leopoldina, riso que o fazia sempre rememorar o episódio da Beira em Portugal. Via ao mesmo tempo toda a imensa tragédia dos destinos humanos: de como um único homem, como dom Pedro, tinha a capacidade de lançar toda uma nação no desassossego e na desordem, pelo fato de não estar preenchendo o lugar que lhe competia, que lhe fora confiado por desígnios da divina providência. Reconhecia, igualmente, que uma pessoa bondosa e pura só poderá compreender verdadeiramente o mau procedimento dos maus, ao tê-lo de suportar na sua própria carne. Uma pessoa boa tem de necessariamente ficar conhecendo os meios de que os maus podem lançar mão, do contrário sempre estará em situação inferior.

Cada vez mais se evidenciavam para José Bonifácio as correlações da vida humana. Muitas vezes punha-se a pensar que a morte não lhe tardaria a vir e que, então, poderia chegar à exata visão do conjunto de todos os acontecimentos.

A morte, contudo, ainda não chegaria para José Bonifácio. No ano de 1831, quando dom Pedro foi compelido a abdicar do trono, foi ele ainda o escolhido para assumir a tutela dos filhos de dona Leopoldina. Para ele, eles eram sempre somente filhos dela.

José Bonifácio de Andrada e Silva, Patriarca da Independência do Brasil, morreu em Niterói, aos setenta e três anos de idade. Deixou a Terra proferindo no seu coração uma prece de agradecimento a Deus.

CARLOTA JOAQUINA

Esta mulher desempenhou, certamente, um dos mais tristes papéis na História do Brasil. Falhou, lamentavelmente, não só como rainha, mas também como mãe. Sua ignorância, fruto da vaidade espiritual, e as suas mentiras tornaram-se conhecidas na época. Quando ainda era moça, iludia a muitos com uma fingida beatitude, mas à medida que ia se tornando mais velha, foi se revelando, de maneira espantosa, a sua verdadeira personalidade.

Como ela mesma crescera na mais completa ignorância, não lhe passava pela mente a ideia de mandar educar os filhos. Pedro, futuro herdeiro da coroa, aprendeu, com grande dificuldade, a ler e escrever e, pessimamente, o francês. Maria Teresa, a filha mais velha, movida pelo seu próprio desejo de saber, pediu ao pai que lhe ensinasse a ler e escrever.

As demais quatro meninas, porém, permaneceram sempre tolas e ignorantes. Apenas Maria Isabel aprendeu a tocar harpa, porque era dotada de vivo talento musical. O próprio ídolo de Carlota Joaquina, Miguel, seu filho, mal sabia ler, tendo aprendido a escrever somente mais tarde, durante a sua estada na Áustria.

Maria Teresa e Pedro eram filhos de dom João VI, porém os cinco restantes eram filhos de um parente espanhol, da casa de Bourbon, parente esse que ocupava alto cargo militar e viveu vários anos nas proximidades de Carlota. Esse homem insuflou no espírito de Carlota Joaquina que tinha ela direito às possessões espanholas na América do Sul e que, na qualidade de herdeira do trono espanhol, devia reivindicar para si o seu domínio.

Como Carlota, além do mais, era muito presunçosa, achou que o amante tinha razão e começou a tecer uma tal série de intrigas, que conseguiu conquistar o apoio de dom João VI para os seus planos espanhóis. Como essa aventura espanhola só trouxe consigo desastres e perdas de homens e de material, e é objeto pormenorizado da História, torna-se desnecessário narrar nesta curta apreciação o que foi aquela tentativa de conquista.

Carlota, embora rainha coroada do Brasil e de Portugal, sentia-se sempre insatisfeita e como que preterida na sua posição.

Declarou por várias vezes às suas damas de honra que odiava o mundo inteiro. Esse ódio chegou ao auge quando o seu filho Pedro casou com Maria Leopoldina, filha do imperador da Áustria. Desde os primeiros momentos Carlota mostrou-se hostil para com a jovem Leopoldina. E então, quando percebeu que essa descendente dos Habsburgos conseguia sem esforço a simpatia e dedicação de muitos, tornou-se cega no seu ódio.

Por duas vezes mandou envenená-la, pelas mãos de um dos seus asseclas, José Presas.

Carlota, é certo, não desejava a morte da estrangeira. Matar ela não podia, pois como cristã não desejava atrair sobre si a culpa de um pecado mortal. Queria, apenas, aplicar nessa pessoa odiável uma dose de veneno que, através de um prolongado sofrimento, a impossibilitasse de interferir em todas as coisas.

Como as duas tentativas não tivessem surtido o desejado efeito, começou Carlota a urdir outros meios. Os seus adeptos propuseram, então, que a rainha mandasse publicar panfletos, desencadeando sobre a cabeça da austríaca uma tal onda de ridículo, que a tornasse objeto de escárnio do grande público e ninguém mais a levasse a sério.

Por esse tempo já era sabido que dona Leopoldina se empenhava, com todas as forças, pelo movimento da Independência do Brasil. Nesse sentido foram lançados cartazes apresentando Leopoldina vestida de um modo grotesco, empunhando um facho aceso, à testa de uma multidão de gente esfarrapada. Em um dos cantos desse cartaz via-se uma casinha de cachorro na qual uma criança ao lado do animal roía, com ele, uns pedaços de ossos.

Esses cartazes apareceram, certa manhã, em toda a parte no Rio de Janeiro. Isso tinha a finalidade de mostrar ao povo que Leopoldina descuidava das suas obrigações de mulher e de mãe, para viver preparando, com uma horda de maus elementos, uma espécie de Revolução

Francesa no país. A criança visava representar Maria da Glória, primogênita de dom Pedro e de dona Leopoldina.

O que acontecia era simplesmente isso: a menina amava os dois cães dinamarqueses pertencentes à sua mãe e todas as vezes que podia, ia dar alguma gulodice a ambos, tendo uma vez ou outra tido oportunidade de sentar-se à entrada da casinha dos cães e, mesmo isso num momento em que tivesse conseguido escapar da governanta.

Esse cartaz era ainda uma coisa inocente, em comparação com muitos outros que por longos meses enfeiavam as paredes das casas, as cercas e até as próprias árvores do passeio público. Tudo quanto era baixeza foi publicado para desmoralizar dona Leopoldina, através do mais torpe ridículo. O "Chalaça" e outros tipos suspeitos recebiam de Carlota ricos presentes, quando lhe traziam da Quinta da Boa Vista qualquer novidade que ela pudesse de algum modo empregar contra dona Leopoldina.

Entretanto, o filho de Carlota Joaquina, Miguel, havia crescido. O amor de Carlota por esse filho teria lhe ajudado a erguer-se da sua decadência moral, se esse amor já não tivesse degenerado numa espécie de fanatismo. De todos os seus filhos era só Miguel a quem ela amava. Desde pequeno ela mesma lhe insuflara a ideia de que ele era o melhor, o mais belo e o mais inteligente dos seus irmãos e que só mesmo a uma injustiça da sorte se devia o fato de Pedro, e não ele, ser o herdeiro do trono. Dizia mais: ele podia ficar tranquilo que ela não haveria de morrer enquanto não lhe assegurasse o lugar que por direito e justiça lhe competia.

Graças a essa perniciosa insinuação materna, não é de admirar que lentamente se desenvolvesse no ânimo de Miguel um exagerado espírito de orgulho, que nem sempre lograva vir à tona, porquanto Miguel, a despeito de todos os esforços de Carlota, passava invariavelmente despercebido na corte. Pedro, às vezes, levava-o consigo nos seus passeios a cavalo, pois queria muito bem ao irmão, embora não o compreendesse. Mas a circunstância era sempre a mesma: onde quer que Miguel estivesse presente, era como se não existisse.

Certa vez, quando dom Pedro perguntou a Leopoldina o que, afinal de contas, deviam fazer com Miguel, ela respondeu que, em seu modo de ver, só havia uma solução: fazê-lo papa, porque tudo o mais seria pouco para esse ídolo de Carlota Joaquina. Dom Pedro riu gostosamente ao ouvir essa resposta, mas quando Carlota teve conhecimento do caso, ficou tão revoltada e cheia de ódio, que caiu de cama durante uma semana, atacada de dores de estômago. Foi muito bom para Leopoldina que estivesse se aproximando o dia da família real, com exceção dela e de dom Pedro, ter de encetar viagem de regresso para Portugal.

Chegando a Portugal, Carlota tomou outro rumo de ação. Através do seu confessor, um padre espanhol que sempre estava em sua companhia, ela veio a saber que Metternich tudo havia feito para afastar Leopoldina da Áustria. Radiante de alegria, Carlota ouviu essas palavras do padre, porque com essas veio-lhe uma nova ideia. Ela enviaria Miguel à casa imperial da Áustria, onde ele haveria de conquistar simpatias e possivelmente também o apoio de Metternich.

E assim aconteceu que Carlota Joaquina, através de um dos seus confidentes, mandou escrever uma carta, que era uma obra-prima de mentiras. Entre outras coisas dizia ela que infelizmente a princesa Leopoldina cada vez mais atraía a antipatia e o desfavor do povo brasileiro contra si, porquanto não só prejudicava o país com as suas atividades revolucionárias e vulgares, como também desorientava a vida do seu filho Pedro, arrastando-o aos mais tortuosos caminhos.

Que aquele dileto filho de Carlota passava a noite em espeluncas imundas, apresentando-se habitualmente bêbado. Longe dela, dizia Carlota Joaquina, pretender queixar-se dos males que Leopoldina fizera a ela pessoalmente e à sua família, uma vez que já se achavam em segurança na sua terra. Mas não tardaria o dia em que Miguel, na qualidade de verdadeiro soberano, haveria de impor ordem tanto em Portugal como no Brasil. A carta era escrita nesse teor, e foi entregue pelo próprio dom Miguel, em mãos, a Metternich. Como presente a esse poderoso estadista e, a bem-dizer, o cabeça da Santa Aliança, Carlota Joaquina enviou, por intermédio de seu filho, um grande diamante, ainda não lapidado.

Metternich e a sua mulher, Leonor, ao lerem o palavreado untuoso daquela carta, alegraram-se sobremaneira, deduzindo ambos, daquelas linhas, como tinha sido bom ter afastado para o mais longe possível, pelo casamento, a filha do imperador. Quem sabe se ela não viria a provocar também ali, na Áustria, uma sangrenta revolução...

Metternich ficou longo tempo com o diamante nas mãos, pensando que seria muito mais inteligente se Leopoldina se ocupasse mais com as riquezas do país do que apoiar um punhado de patriotas no seu desvairado empreendimento. Infelizmente, porém, acontecia sempre que justamente aqueles que não sabem o que fazer com a riqueza é que vivem rodeados de toda espécie de tesouros...

Desde o dia da chegada de Miguel na Áustria, Metternich começou a apoiá-lo em todos os sentidos. Leonor Metternich chegou mesmo a dirigir uma carta sigilosa a Carlota Joaquina, na qual entre outras coisas dizia lamentar sobremaneira que ela tivesse sido tão duramente torturada pela nora. Em todo caso, ainda restava o seu filho Miguel, que certamente seria um dia rei de Portugal. E uma vez dado o primeiro passo, difícil não seria tomar pé, de novo, no Brasil.

Carlota Joaquina leu essa carta transbordante de alegria. E quando dom Pedro, no Brasil, já como rei de Portugal, abdicou em favor da filha Maria da Glória, pensou ela que havia chegado o tempo do seu bem-amado filho, Miguel. Miguel foi nomeado regente, em lugar de Maria da Glória, que ainda era menor de idade. Começou, então, Carlota a tramar e a intrigar de tal maneira em Portugal, até que conseguiu reunir um grupo firme a favor das suas ideias de aclamar Miguel como legítimo soberano e único senhor de Portugal.

Miguel, por si mesmo, preferia permanecer como regente, visto que gostava de viver na Áustria e Alemanha, porém como amava a mãe, cuja sagacidade sempre considerara como coisa extraordinária, terminou concordando com o plano e deu entrada em Portugal, na qualidade de rei. A conselho da mãe e de amigos, demitiu, desde logo, todos os ministros válidos da coroa e demais funcionários, substituindo-os por gente da sua confiança partidária.

Carlota e algumas amigas haviam encetado durante os últimos anos uma intensa troca de cartas, naturalmente mantida em segredo, com a marquesa de Santos, no Brasil. Carlota Joaquina foi, assim, informada de que essa mulher, que dom Pedro fora achar em São Paulo, estava inteiramente ao lado dos portugueses e que conseguira levar as coisas a tal ponto, que até o próprio dom Pedro ficou ao lado do partido português, sentindo-se novamente como português.

Como o prestígio da marquesa era aparentemente grande no Brasil, achou Carlota Joaquina de bom alvitre que Miguel também começasse a corresponder-se com ela. A marquesa poderia muito bem fazer no Rio de Janeiro o que ela, Carlota, já havia feito em Lisboa. Atingido esse ponto, poderia então Miguel, à testa de uma grande frota, dar entrada no Brasil e conquistar o domínio regular daquilo a que supunha fazer jus.

Porém todas as intrigas, mentiras e riquezas não conseguiram sustentar dom Miguel no trono de Portugal. Curta, bem curta foi a duração do reinado que ele usurpara a conselho da mãe e de falsos amigos. Quando ele, quase fugitivo, foi obrigado a abandonar Portugal a toda pressa, deixou atrás de si, como única e triste recordação do seu efêmero governo, lágrimas, sangue e discórdia.

Carlota Joaquina de Bourbon morreu em Lisboa, no ano de 1830. Viveu de 1807 até 1821 no Brasil. Ela e dom João VI foram coroados no Brasil.

Quando ela e a sua família em 1821 retornaram para Lisboa, levaram consigo todo o tesouro do Estado, sendo o Banco do Brasil, fundado por dom João VI, obrigado a fechar as portas, pois o dinheiro da nação, ali depositado, fora varrido dos cofres. Dom Pedro e dona Leopoldina ficaram com as arcas inteiramente vazias. Além disso, seguiram com a família real muitas arrobas de diamante bruto e muitas sacas carregadas de ouro. Retornavam, assim, a Portugal com os seus bens enormemente aumentados. Também os navios que integravam a frota de dom João VI, iam pesadamente cheios de madeira de lei. Ricamente carregada, a frota levantou âncora.

A despeito de todas as riquezas e honras que lhe pertenciam como rainha, Carlota Joaquina de Bourbon morreu descontente e afastada de Deus. Sim, porque a sua fé na justiça de Deus era muito limitada. Morreu na convicção firme de que no caso do seu dileto filho Miguel, Deus lhe havia feito injustiça.

Sobrecarregada de novas e pesadas culpas, essa alma que na Terra teve permissão de ser rainha, deixou o seu corpo material. Com horror e pavor, logo que deixou o corpo terreno viu-se rodeada de um bando de mendigos e mendigas, esfarrapados, que a aguardavam. Fez ainda um repentino gesto de quem pretendesse retornar ao seguro abrigo do seu corpo terreno, contudo não houve mais possibilidade para tal. Recebera todas as bênçãos e todas as vantagens que lhe haviam sido propiciadas na Terra, e nada, absolutamente nada, dera em retribuição.

Como nada havia dado, nada podia receber agora. Teria de viver entre os mendigos, como um deles mesmo. Sim, porque esses mendigos, por sua vez, tinham em outras vidas ocupado altas posições na Terra, e, semelhantemente ao espírito humano de Carlota Joaquina, haviam desperdiçado as vidas, através da sua atuação negativa. Eles não só dificultaram a outros o cumprimento da sua missão, devido à atuação hostil à Luz, como também, em vários casos, tornaram-na até impossível.

O PRÍNCIPE DE METTERNICH

Quando dom João VI, pai do futuro imperador do Brasil, dom Pedro I, movido por um sonho, tomava a resolução de pleitear para o seu querido filho o casamento com uma princesa da casa de Habsburgo, ao mesmo tempo, em Viena, na Áustria, o poderoso ministro Metternich estudava a história da casa reinante Portugal–Brasil.

Metternich também desejava a união dos Habsburgos com os Braganças, porém o desejo do estadista austríaco apoiava-se em motivos inteiramente outros. Sim, ele, o poderoso Metternich, sentia que o seu ilimitado domínio na Áustria estava ameaçado pela pequena e insignificante Leopoldina.

Desde o momento em que, num conselho secreto de família, a jovem arquiduquesa fora indicada para futura regente da Áustria, já não sentia ele mais o chão seguro debaixo dos pés como até então estava acostumado. E era certo que a arquiduquesa iria assumir um dia, em futuro não muito remoto, a regência, uma vez que o legítimo herdeiro da coroa, o arquiduque Ferdinando, já não entrava em consideração, em vista dos seus ataques epiléticos, que se acentuavam dia a dia.

Essa regência somente teria a possibilidade de ser anulada através de um casamento rápido e vantajoso, casamento esse que não era de todo improvável, dado que o rei de Portugal e Brasil, dom João VI, tinha um filho, Pedro, que estava em condições de casar. Assim, enquanto Metternich meditava sobre isso para descobrir a quem dos seus diplomatas devia confiar essa delicada missão de agente casamenteiro, dava, também, entrada na corte austríaca a sondagem da casa reinante portuguesa, no tocante às possibilidades do casamento de dom Pedro, herdeiro do trono, com uma princesa da casa dos Habsburgos. Estava ganha a batalha, antes do combate.

No tempo que se seguiu, Metternich fazia tudo para convencer o imperador Francisco da Áustria de que uma união da Áustria com a casa reinante de Portugal era de incalculáveis vantagens para o império. O imperador, que tinha especial predileção por sua filha Leopoldina, por mais que o quisesse, não conseguia descobrir que vantagens eram essas, que o seu ministro sugeria.

Mesmo a hipótese de que o casamento viria fortalecer em muito a preponderância política da Áustria, com relação à França e à Inglaterra, não conseguiu convencer o imperador. O mesmo se verificava no tocante ao contraste da superabundância do ouro brasileiro e as arcas vazias do erário público de Viena; nada disso conseguiu surtir o desejado efeito. O imperador respondeu que ia pensar sobre o caso e que, além disso, precisava ouvir primeiro o que a filha, a arquiduquesa, pensava de tudo isso.

Furioso, pelo menos por dentro, Metternich saiu do salão de audiências do imperador. Era essa a primeira vez que o imperador, habitualmente tão cordato quando se tratava de sugestões suas, deixava de aceitar, imediatamente, uma das suas propostas.

Também o imperador Francisco ficou mal-humorado. Dentro de poucos meses iria contrair casamento pela quarta vez, sendo que agora com Carolina Augusta, filha de Maximiliano da Baviera, parecendo-lhe, assim, muito inoportuno o projeto de casamento apresentado por Metternich. Além disso, não estava disposto a sacrificar mais uma filha sua ao prestígio político cada vez mais periclitante de Metternich. Esquecido não tinha ainda as lágrimas de desespero de Maria Luiza, e isso, por certo, era o que também acontecia com todo o povo de Viena.

Ao retornar, Metternich, à sua suntuosa sala de trabalho, alojada nas dependências do próprio palácio imperial, o dr. Gentz, que o aguardava, notou logo que o projeto de casamento não tinha recebido a aprovação do imperador.

O dr. Gentz era um dos melhores jornalistas da Europa. Metternich convidara-o para seu colaborador, devendo-se à inteligência desse jornalista o fato de haver se tornado uma espécie de confidente de Metternich, circunstância surpreendente em vista de o todo-poderoso ministro da Áustria não confiar em ninguém.

— Se não confio nem mesmo em mim, como então poderei confiar nos outros... essa era uma das suas frases prediletas.

Todos os colaboradores de Metternich sabiam que era extremamente sério quando dizia que não tolerava na sua proximidade pessoas tolas que acreditavam em tudo, mas, sim, que só dava valor a colaboradores inteligentes, que soubessem examinar com desconfiança tudo quanto lhes fosse parar às mãos.

O dr. Gentz, como primeiro dos seus colaboradores, sob esse aspecto, era uma brilhante exceção. Achava por demais cansativo desconfiar de tudo e de todos. Também não dependia de modo algum da aprovação ou desaprovação do ministro. Era um jornalista independente, por isso podia externar abertamente a sua opinião.

— Diamantes, macacos, negros e portugueses... e, sobre toda essa mistura, a filha do imperador, primorosamente educada! Tais palavras, pronunciadas lenta e pausadamente pelo dr. Gentz, irradiaram pelo recinto como que um ar de melancolia. Mas Metternich não estava com disposição poética... estava pensando apenas no dia, aproximadamente seis meses atrás, em que o imperador confiara a ele e a uns poucos outros ministros que andava cogitando em entregar a regência à arquiduquesa Leopoldina.

E Leopoldina simplesmente interrompera as palavras do pai, afirmando que tão-só sob uma condição estaria disposta a assumir o pesado encargo. Sim, "pesado encargo", fora a sua expressão. Olhando com ar divertido para a filha, o imperador respondera-lhe que dissesse, então, logo qual seria essa condição.

E aos ouvidos de Metternich soavam ainda as palavras da jovem, naquele dia:

— Assumirei o cargo se me for dado não só o título de regente, mas também toda a atribuição que lhe compete. Quero ser o que foi a minha grande antepassada, a imperatriz Maria Teresia. E para poder assumir essas funções, tenho de ser iniciada em todos os negócios de Estado, colaborar em tudo, para que possa aprender tudo!

E Metternich recordava-se bem de que o imperador, sorridente, dera a sua aprovação ao caso, ao passo que os ministros, com mostras de contentamento, colocavam-se à disposição da arquiduquesa para guiá-la no que fosse preciso. Lembrava-se, também, de que ao mesmo tempo alguns deles, com ar de visível escárnio, tinham olhado para ele, Metternich. Todos esperavam o que ele, "o rei sem coroa", iria responder.

Ele dera, naturalmente, a única resposta possível, a saber, que também ele estaria disposto a introduzi-la em certos negócios de Estado, mas que até ali as princesas austríacas sempre haviam se casado, tanto mais que havia pretendentes ao trono, na linha masculina...

O bom humor do imperador turvou-se imediatamente ao ouvir as palavras de Metternich sobre herdeiros masculinos, que o faziam lembrar dos seus filhos varões. Ferdinando sofria de ataques epiléticos e, quanto ao segundo filho, Francisco, não queria saber nada do trono imperial. Fazendo menção dos filhos do imperador, Metternich impedia que imediatamente fosse tomada uma resolução definitiva. Sem mais demora, o imperador ergueu-se e, despedindo-se, retirou-se dali em companhia da filha. Declarou apenas, como palavras de encerramento, que quando chegasse a hora oportuna de instruir a arquiduquesa Leopoldina, havia de convocá-los de novo.

O dr. Gentz interrompeu o curso dos pensamentos de Metternich, inquirindo-o, com toda a naturalidade, por que ele próprio, poderoso ministro, não tomava a si a tarefa de introduzir a jovem arquiduquesa no seu cargo. A Áustria nunca fora tão feliz como no tempo da grande Maria Teresia. Por que não poderia outra mulher subir novamente ao trono?

Metternich encarou firme o seu interlocutor. Às vezes não sabia se tinha ou não feito bem ao chamar para a corte esse jornalista. Seu modo de falar tinha, às vezes, algo de revolucionário...

Sim, por que motivo Metternich não queria a arquiduquesa na corte? Era inteligente, estimada e dona de uma perfeita educação.

A resposta era muito simples. Metternich sentia-se constantemente ameaçado. Ninguém jamais havia surpreendido essa fraqueza sua, tanto mais que ele a disfarçava sempre e habilmente com um riso superior, de escárnio. Acontecia com ele justamente o que acontece com todos os poderosos da Terra, que, sem consideração com os semelhantes, perseguem os seus egoísticos objetivos, e que por esse motivo estão atados às más formas do seu querer e dos seus atos, sentindo-se inexplicavelmente ameaçados por estas.

No tocante à arquiduquesa Leopoldina, de um modo todo especial, ele sentia através dela, sua posição ameaçada. A desconfiança, e também a sua antipatia para com ela, originou-se durante uma recepção de senhoras no palácio, quando, em dado momento, a arquiduquesa, aparentemente sem malícia alguma, perguntou a Leonor, mulher de Metternich, se não achava extremamente comprometedor, à dignidade do país, o fato de o seu marido, primeiro ministro do governo, utilizar-se dos mais ínfimos servidores da casa como espiões. Metternich ao ouvir da sua mulher essa frase, ficou tão indignado, como indignada ficara a esposa ao ser inquirida sobre isso, diante de outras damas da corte.

Metternich havia mesmo introduzido um sistema de espionagem que provocaria repulsa a qualquer homem de bem. Esse infeliz sistema começou quando um criado desonesto do ministro Stadion, deposto do cargo, fez confidências comprometedoras sobre o seu patrão a uma camareira do príncipe de Metternich, a qual, por sua vez, transmitiu sem demora o segredo aos seus patrões. Metternich ouviu a comprometedora comunicação com um sorriso de escárnio e, por intermédio da camareira, mandou entregar uma moeda de ouro ao camareiro desonesto.

Com a rapidez do vento espalhou-se a notícia entre a criadagem da alta roda de Viena, informando que o príncipe de Metternich gratificaria com uma moeda de ouro a todo aquele que lhe informasse algo que pudesse representar um perigo para o Estado.

Logo esse sistema fácil e barato de espionagem envolvia toda a Áustria como uma imperceptível teia de aranha. No próprio palácio imperial mais da metade dos criados e das criadas estava a serviço da espionagem de Metternich. Ao mesmo tempo, de maneira enigmática, espalhou-se a notícia da moeda de ouro em outros países, com os quais Metternich mantinha relações políticas.

E assim aconteceu que o ministro austríaco veio a ser o homem mais bem informado de toda a Europa. Além de tudo, ele, pessoalmente, sentia-se com a consciência perfeitamente tranquila, porque não havia incumbido a quem quer que fosse de fazer espionagem a seu serviço.

Se alguém entendesse de fazê-lo, que o fizesse por conta própria. Quanto ao fato de as notícias serem pagas, e a desonestidade, a deslealdade, a traição e semelhantes perversões estarem aumentando de maneira assustadora pela Europa, era coisa sobre a qual o casal Metternich nem cogitava.

Leopoldina e o irmão Ferdinando vieram um belo dia a descobrir essa rede de espionagem, por terem surpreendido uma serviçal do palácio, agachada, atrás da cortina de uma janela. Os dois estavam no salão da arquiduquesa Leopoldina, conversando em particular sobre os futuros destinos da Áustria.

De repente Leopoldina percebeu um movimento qualquer na pesada cortina de veludo que guarnecia uma janela. Levantou-se e foi verificar se a janela, por acaso, tinha ficado aberta ou mal fechada. Com grande espanto deparou-se com uma camareira do palácio acocorada no chão. A moça, que era meio tola, atrapalhou-se de tal modo ao justificar a sua presença naquele lugar, que os irmãos desconfiaram, ameaçando mandar chamar o imperador, se ela não explicasse direitinho o motivo de estar ali nos aposentos particulares da arquiduquesa.

Pondo-se a chorar, a menina retirou do seu avental uma carta, na qual Leopoldina imediatamente reconheceu ser correspondência de sua tia, na França. Dominada pelo medo, a moça contou o caso da moeda de ouro de Metternich, que tanto precisava conseguir, porque os seus pais eram extremamente pobres.

Horrorizados, os irmãos ouviram a confissão desconexa da camareira. De repente tornou-se-lhes claro de que modo e por que maneira as coisas mais íntimas, até mesmo insignificantes que conversavam em particular, misteriosamente chegavam aos ouvidos de Metternich. Estava resolvido o enigma. Com repugnância pensaram, então, naquele homem, maneiroso e sorridente, que friamente ia pervertendo toda a criadagem.

Metternich, naturalmente, veio logo a saber da estupidez da camareira, além do que passou a perceber claramente, pelas atitudes da arquiduquesa Leopoldina, que ela sentia repulsa pela sua política. E não seria ele um astuto estadista, se não tivesse previsto a sua queda, caso a filha do imperador viesse a ser regente da Áustria.

Nessas circunstâncias, é fácil de compreender que ele tudo fizesse para impedir essa regência. Mesmo assim, e apesar de tudo, nada teria conseguido, se Leopoldina por si mesma não tivesse deliberado o seu casamento com dom Pedro.

Por que teria ela tomado essa resolução, foi para ele, como para muita gente, sempre um enigma. Os adversários de Metternich sentiram-se profunda e amargamente decepcionados com a deliberação da arquiduquesa. E começaram a acreditar que Metternich, de fato, era um eleito da sorte, um ser especialmente favorecido pelo destino e que até mesmo a inteligente Leopoldina teve de recuar diante do favorito do destino.

O próprio Metternich, ao ser perguntado cautelosamente por outras pessoas, sorria com ar de superioridade, dizendo que as princesas eram, em primeiro lugar, servas do Estado.

Além do mais, a arquiduquesa Leopoldina não passava de uma mulher e, como mulher, de um modo ou de outro, teria de servir a um homem. Com isso, dava a entender, indiretamente, que ela também, como tantas outras mulheres que o olhavam com admiração, tinha afinal reconhecido a sabedoria da sua política. O prestígio algo combalido de Metternich havia se solidificado de novo.

Sim, ele também tinha sido um eleito do destino, porquanto pertencia aos poucos espíritos humanos eleitos na Terra. Em Viena sempre se apresentava em público numa carruagem puxada por seis cavalos. A pompa em que vivia devorava rios de dinheiro.

Chegou, porém, o dia em que o povo, desiludido e cansado, esperou a sua carruagem para atacá-la com ovos e frutas podres. Ouvindo os insultos e as vociferações do povo em peso nas ruas, só então começou a compreender que já era tempo de dar novo rumo à sua política, se é que pretendia continuar no poder.

Para conquistar novamente as boas graças do povo, pôs-se a disseminar ideias socialistas, embora na realidade fosse rigidamente conservador. Além da sua rede de espionagem, estabeleceu em Viena o controle policial e a censura. O seu poder político atingiu o auge em 1822; a partir daí começou francamente o declínio da sua influência na política europeia.

A proverbial argúcia, que sempre havia demonstrado como estadista, parecia tê-lo abandonado para sempre. Pela sua atuação inábil e incompreensível, estourou em 1848 a revolução em Viena. A situação pessoal de Metternich chegou a um tal extremo, que se viu obrigado a fugir da Áustria.

Depois de andar durante muito tempo, percorrendo países do norte da Europa, retornou ao castelo que possuía, em Rheingau. Era ainda esse castelo um presente do imperador Francisco da Áustria, propriedade célebre na época pelos seus magníficos vinhedos.

Também esse espírito eleito que, como príncipe de Metternich, viveu na Terra uma existência privilegiada, rica de experiências, abandonou com uma pesada carga cármica o seu corpo terreno.

BRASÍLIA!
CIDADE SEM LIMITES!

Brasília é hoje, certamente, a cidade mais cuidadosamente planejada da Terra. As edificações são grandiosas, todas as ruas foram traçadas largas e de modo funcional, e a região onde ela se situa não poderia ter sido melhor escolhida.

O primeiro a ter a ideia de transferir a capital do país para Goiás foi Francisco Tossi Colombina, que elaborou no ano de 1750 um mapa desse Estado. Naquele tempo, naturalmente, ninguém reconhecia a necessidade de tal medida, aliás impraticável. Não obstante, fizeram-se ouvir, sempre de novo no decorrer do tempo, vozes que se empenhavam a favor de uma transferência da capital para o interior. Foi como se Francisco Tossi, com a sua sugestão, tivesse dado um sinal secreto, recebido e interpretado corretamente por diversas pessoas vindas depois dele. Também José Bonifácio de Andrada fazia parte delas! Empenhava-se, igualmente, para a transferência da capital para o interior.

Esse plano tomava formas cada vez mais firmes até que se concretizou neste século. É desnecessário mencionar mais sobre isso, uma vez que a construção de Brasília e tudo o que precedeu a respeito já fazem parte hoje da História do Brasil.

No presente relato serão dados a conhecer acontecimentos que, embora remotos, justificam a afirmação de que a construção de uma grandiosa cidade em Goiás já havia sido planejada ainda antes do Descobrimento do Brasil pelos portugueses...

Temos que nos transportar para a época dos incas...*

Os incas viviam em palácios ricamente adornados de ouro, e quando saíam, seus pés pisavam caminhos cobertos de placas de ouro. Cuzco significa "pátio de ouro".

Como, pois, hoje de um modo geral é conhecido, existiam grandes povos altamente desenvolvidos na América do Sul, muito antes dos incas. Todos decaíram quando começaram a formar ídolos, entregando-se a seguir a cultos nefastos para o espírito.

O último povo altamente civilizado da era pré-incaica foi o dos "tiahuanacos". O nome tiahuanaco foi dado pelos arqueólogos que descobriram essa cultura.

Os descendentes dos povos outrora altamente desenvolvidos deixaram-se subjugar voluntariamente pelos incas. Até estavam orgulhosos de serem súditos dos poderosos incas, que reconduziam a sua origem até "Inti", o rei do Sol. O reino incaico expandia-se para todos os lados. Em tempo relativamente curto, os reis incas haviam dominado quase quinhentos povos índios.

Cada povo e cada tribo incorporada ao grande reino tinha de aprender a língua quíchua. Isso era lei! No reino todo devia se falar uma só língua.

Ao tomarem o poder, os incas logo começaram a ampliar a rede de estradas implantada pelos tiahuanacos. Nesse caso eles fizeram algo descomunal! Os incas construíram a estrada mais longa da Terra. Foi a estrada real "Capag-nan". Ela alcançava uma extensão de cinco mil e duzentos quilômetros, chegando até a Argentina de hoje. Essa estrada única era calçada, tendo em quase toda a extensão uma largura de oito metros. Ela passava por vales e atravessava os Andes numa altitude de quatro mil metros. Encostas íngremes foram vencidas através de degraus cortados na rocha. Sobre os impetuosos rios das montanhas, foram estendidas as famosas pontes de cordas de fibras de agave. Contudo, havia também pontes de madeira que transpunham riachos menores. Até

---

* Com relação aos incas aqui mencionados, vide "Esclarecimento" ao fim do capítulo.

balsas eram usadas, quando não havia outra possibilidade para atravessar um lago. Em toda a extensão de cinco mil e duzentos quilômetros não havia uma única interrupção. Pela costa do Chile e do Peru seguia uma estrada paralela que se encontrava com a estrada real na Argentina.

Alexander von Humboldt, que chegou a conhecer a estrada real dos incas, denominou-a, na sua descrição de viagem, "a mais útil e a mais admirável de todas as obras dos seres humanos"...

Além das duas estradas acima citadas, havia ainda muitas outras. A rede de estradas media ao todo quarenta mil quilômetros. Estendia-se até o Brasil, e também até a Colômbia, Equador, Bolívia, Paraguai, Chile e Argentina. Naquela época todos eles eram países sem divisas e sem nome.

Onde as estradas terminavam, encontrava-se a divisa do grande reino dos incas. O escritor Franz Braumann escreve em seu livro "Sonnenreich des Inka" o seguinte: "Na história mundial só se conhecem dois impérios cuja estrutura decisiva eram as estradas: o império romano e o colossal reino dos incas. Uma grande diferença havia entre as estradas do império romano e as da América do Sul. Estas não tinham sido construídas para um tráfego de veículos. As culturas sul-americanas não possuíam carros nem animais de tração. As suas estradas destinavam-se exclusivamente para andar a pé e para rebanhos de lhamas."

Os incas não se contentavam apenas com a ampliação da sua rede de estradas. Eles também cuidavam para que em determinados pontos houvesse armazéns e hospedarias, bem como estações de correio. Nestas revezavam-se os "estafetas" que levavam notícias, ordens e novidades de Cuzco até as divisas mais distantes do império.

Também no que se refere à construção de cidades inteiras, os incas eram mestres insuperáveis. Em pontos estrategicamente importantes surgiam cidades que cresciam aparentemente do nada. Membros de outras raças se teriam recusado a isso, alegando ser impossível a ideia de construir uma cidade numa região onde não existisse nada para tal. Os incas não pensavam assim. Quando, por exemplo, foi construída a cidade de "Tumi-pampa" (hoje Cuenca, no Equador), uma grande parte do material de construção teve de ser transportada de Cuzco, muito distante de lá. Também os arquitetos e os mestres-de-obras vieram de lá. Os incas sempre eram da opinião que o impossível se tornava possível, onde houvesse estradas! Distâncias nada significavam para eles. E o trabalho era a sua finalidade de vida!

Estradas e cidades! As últimas estradas construídas pelos incas alcançavam até o Brasil atual. Os vestígios de antigas estradas são ainda hoje nitidamente reconhecíveis no Mato Grosso e Goiás.

Edmund Doeppenschmitt, explorando o Mato Grosso e Goiás, em 1951, escreve o seguinte:

"No Mato Grosso e Goiás existem antiquíssimas estradas calçadas, construídas indubitavelmente muito antes do Descobrimento da América. São visíveis por longos trechos que seguem em linha reta, ao longo das encostas das serras. Sua continuação, já no Estado do Mato Grosso, pode-se visualizar exatamente na 'serra do Caiapó', bem como perto das nascentes do Araguaia... Se um dia eu perscrutasse os vestígios de antigas culturas sul-americanas, eu tentaria seguir pelas antiquíssimas estradas do Mato Grosso e Goiás..."

O autor desse artigo, atribuindo essas estradas aos fenícios, expressa a sua surpresa pelo fato de o explorador britânico, Fawcet, não mencionar em nenhum dos seus escritos essas antiquíssimas estradas calçadas...

Pouco antes da invasão do reino inca pelos espanhóis, o "vidente de Cajamarca" recebeu pela terceira vez o mesmo e sinistro aviso. Era dirigido cada vez ao respectivo rei inca, dizendo:

"O poder dos incas desaparecerá, diluindo-se como a neve nas encostas ensolaradas dos Andes. E um vento nefasto apagará os seus vestígios. O conjunto dos povos agregados ao reino dos incas não ouviu as advertências do reino dos espíritos, fechando os olhos para não ver os prenúncios da desgraça vindoura. Parece como se esses povos que se agregaram aos incas se encontram mergulhados num sono entorpecente. Acordai! A desgraça vindoura já está lançando as suas sombras. Ela se aproxima em forma de selvagens barbudos com almas famintas. Primeiramente vão querer vosso ouro, depois vossas almas! Esses selvagens não virão sozinhos. Trarão presentes* maléficos!"

A terceira advertência do vidente não ficou totalmente desconsiderada como as duas anteriores. Terremotos, tempestades e uma doença que corroía a pele do rosto atemorizaram os seres humanos. Contudo, aí aconteceu algo que fez estremecer até mesmo o rei e todos os grandes do império. Um terremoto tinha abalado a cidade sagrada, o lugar de romaria dos incas, ao lado do lago Titicaca! O grande Templo do Sol ruíra parcialmente e palácios e casas tinham sido severamente danificados, sendo que as águas do lago de duzentos quilômetros transbordaram, inundando vastas regiões cultivadas.

A sagrada cidade já uma vez fora destruída por um terremoto que se seguiu à erupção de um vulcão. Quando isso ocorreu, estremeceu um outro povo, igualmente poderoso e com o mesmo grau elevado de desenvolvimento dos incas. Eram os tiahuanacos! Eles haviam construído outrora a "cidade sagrada" ao lado do lago Titicaca, tendo-lhe dado também o nome de "cidade que se encontra tão perto do alto". A única coisa que ficara intata naquele tempo foi o portal do templo. Era cortado de uma só pedra enorme, trazida outrora de longe pelos "deuses". Aliás, como presente para o construtor. Como recordação disso, ele denominou-o "portal dos gigantes".

Quando o sagrado local de romaria, próximo ao lago Titicaca, foi destruído pelos seres da natureza, os tiahuanacos sabiam que o seu declínio fora também decidido. Eles consideravam a "punição" justa, pois os cultos aos ídolos, por eles praticados – veneravam deuses-animais, assim como os egípcios –, causavam repulsa aos espíritos da Luz...

Ao assumirem o poder, mais tarde, os incas reconstruíram o templo, os palácios e as casas da "cidade que se encontrava tão

---

* O primeiro dos presentes maléficos, trazidos pelos espanhóis para o país, foi a varíola...

perto do alto céu". O portal do templo que permaneceu intato, eles denominaram desde essa época "A Porta do Sol"!

É compreensível que os incas entrassem em pânico ao ficarem cientes do terremoto que havia abalado a cidade sagrada. Somavam-se ainda a isso os gases venenosos que saíram da terra em diversos lugares, obrigando os habitantes da região atingida a se domiciliarem em outra parte. Pelo menos temporariamente...

A desgraça viera tão inesperadamente, que os habitantes da região afetada não sabiam, no início, qual a direção que deveriam tomar. A pergunta "para onde?" não ficou muito tempo sem resposta, pelo menos para uma parte deles. Dois geólogos lembraram-se de repente da maravilhosa paisagem banhada por rios, a qual tinham chegado a conhecer por ocasião da construção de uma estrada, não fazia muito tempo.* Ambos descreveram a região, denominada por eles "terra sem limites", com cores tão brilhantes, que um grupo logo se decidiu a viajar para lá.

Entre os ouvintes encontravam-se alguns engenheiros e o arquiteto real Huascar, de Cuzco. Huascar ouvira com interesse os dois geólogos. Eles e outros já desde algum tempo procuravam uma região afastada, a fim de construir uma nova cidade dos reis; de certo modo como refúgio. O arquiteto Huascar foi um dos que tomaram as profecias a sério, contando com a possibilidade de uma invasão por "selvagens barbudos". Ainda havia outros e desconhecidos seres humanos na Terra... O primeiro alvo dos invasores seria Cuzco, a cidade real...

A decisão dele foi logo tomada. Iria ver a região que parecia situar-se nas divisas do grande reino... Os que estavam junto dele concordaram logo com a viagem, exceto dois. Os dois que não iriam junto logo voltaram para Cuzco, a fim de informar o rei.

O número dos que optaram pela viagem aumentou visivelmente, quando ficaram sabendo que alguns arquitetos e engenheiros, entre eles Huascar, o primeiro arquiteto real de Cuzco, também viajariam.

---

* Tratava-se de uma estrada cujos restos, ainda hoje, são visíveis no Mato Grosso e Goiás.

Chegando o dia predeterminado para a partida, cerca de duzentas e cinquenta pessoas – mulheres, homens e crianças – iniciaram a viagem para a "terra sem limites". A maioria era constituída de incas. Contudo, havia entre eles descendentes dos tiahuanacos, bem como membros do altamente desenvolvido povo dos lupacas, domiciliados ao longo do lago Titicaca. Os tiahuanacos, bem como os lupacas que saíram, podiam ser chamados incas, uma vez que já fazia muito tempo que existiam estreitas ligações de parentesco entre eles.*

Cheios de esperança e com os olhares corajosos, adultos e crianças puseram-se a caminho da terra desconhecida. Inti, o rei do Sol, iria presenteá-los com luz e calor em todos os seus caminhos. Tudo o mais dependeria deles mesmos. Avançavam rapidamente, visto não levarem consigo cargas pesadas. O único fardo, que assim podia ser chamado, os homens tinham-no colocado nos seus largos cintos de couro. Eram algumas ferramentas, como facas, cinzéis, martelos, paus de fogo e redes para pescar. Nas mãos carregavam apenas lanças leves. Ninguém transportava algo supérfluo.

Eram todos belos e sadios seres humanos. A cor dos seus rostos era bronzeada, como de todos os habitantes de altas montanhas. Os homens não usavam barba e tinham os cabelos curtos. Para os incas, pelos no rosto era considerado uma característica das raças inferiores. Mulheres e crianças tinham os seus compridos cabelos pretos arrumados em tranças. Durante a longa caminhada todos usavam chapéus de palha.

Os homens vestiam camisas, calças e, por cima, ponchos. Mulheres e crianças usavam túnicas até a metade das pernas, fixadas na cintura por cordas coloridas. Calças, camisas e vestidos eram de algodão. Para os ponchos haviam sido usados tecidos de finíssima lã de vicunha e de alpaca. Todas as peças de vestuário eram tingidas em cores

---

* Na margem sul do lago Titicaca vê-se uma antiquíssima pirâmide desmoronada no centro e cujas laterais medem quarenta e cinco metros. Dizem que em tempos remotos os antepassados do povo lupacas haviam levantado essa misteriosa construção.

vivas. Os incas eram grandes artistas em tintas. Eles conheciam mais de duzentas tonalidades diferentes de cores, extraindo-as na maior parte de plantas. Como calçado, todos usavam sandálias.

Nos ponchos das crianças e mocinhas encontravam-se entrelaçados, como era costume em todo o império, pequenos sinos de prata. Os incas tinham grande predileção por sinos de prata. Penduravam-nos nos templos e árvores, onde com o menor sopro de vento começavam a tinir. Também os prendiam em liteiras e ainda colocavam nos pescoços das suas manadas de lhamas...

Uma vez que havia armazéns bem providos em todas as estradas dos incas, os viajantes não precisavam preocupar-se. Por isso levavam consigo apenas dois porongos, presos por cordas no pescoço. Um continha um líquido semelhante ao vinho, no qual era adicionado um pouco de pó de "folhas verdes de coca". Todos os viajantes levavam consigo esse "vinho de coca". Mais como medida de precaução, pois ele não deixava surgir a sensação de fome, nem o estado de exaustão.

O segundo porongo era cheio de pequenas bolinhas duras. Eram feitas de batatas cruas socadas, das quais, por um processo especial, fora extraída toda e qualquer umidade. Conservavam-se por muito tempo e possuíam grande valor nutritivo. Por esse motivo eram usadas pelos guerreiros como mantimento de viagem.

Como é do conhecimento geral hoje, existiam duzentas e quarenta espécies de batata na América do Sul. Constituíam, além do milho e de uma espécie de arroz vermelho, o alimento básico dos incas e dos seus milhões de súditos. Algumas espécies de batata ainda hoje crescem de maneira silvestre nos vales altos dos Andes.

Também não faltavam frutas aos viajantes. Nas margens de todas as estradas dos incas vicejavam framboesas e outras espécies de frutinhas suculentas. Havia, outrossim, mamoeiros por toda a parte.

A única preciosidade, além dos copos de ouro e de prata, guardados no fundo dos bolsos dos ponchos, estava com o arquiteto Huascar. Era uma bengala de ouro, de mais ou menos meio metro de comprimento, em cuja ponta estava afixada uma pontuda lâmina de ouro. Essa bengala era chamada "flecha do sol", pois segundo uma antiga lenda, Inti, o rei do Sol, havia indicado aos incas com uma flecha similar o lugar de sua capital "Cuzco". Inti lançara a flecha. No local onde se fixou na terra, deveria ser iniciada a construção da cidade...

Cantando e bem-humorados, os viajantes seguiam o seu caminho. E era um caminho longo. Passava por montanhas e vales úmidos, atravessava riachos e rios. Contudo, quem caminhasse pelas estradas dos incas, sempre chegava ao seu destino.

Num meio-dia – ninguém havia contado os dias que já estavam em viagem – a caravana alcançou o alvo indicado pelos geólogos. Era o "rio das aves brancas"!

O rio das aves brancas! Era o Araguaia, no Estado de Goiás de hoje.

Os viajantes ficaram parados nas proximidades da água, olhando fascinados para a vegetação exuberante em volta e para os grandes bandos de aves brancas que pareciam dominar a região fluvial.

A "terra sem fronteiras", onde se encontravam agora, superava em muito suas ideias. Aí queriam fundar um novo lar. Longe de terremotos, de gases venenosos e de doenças. Mesmo os selvagens barbudos nunca encontrariam essa terra incomparavelmente bela...

Sentindo a mesma alegria que todos os demais, Huascar não se deteve muito em contemplações. Escolheu um lugar, algo distante da água, onde podiam permanecer temporariamente. Feito isso, todos se entregaram ao trabalho com o costumeiro afinco.

No mais curto lapso de tempo estavam levantadas as acomodações, e os camponeses logo semearam os grãos de milho trazidos nos bolsos de seus ponchos. Não lhes faltavam alimentos. Peixes, aves e outros animais havia em abundância. Também não demorou muito, e as mulheres encontraram frutas comestíveis e tubérculos semelhantes a batatas.

Quando a comunidade estava bem estruturada, um grupo de homens saiu a fim de explorar a terra. Antes, porém, de iniciarem a caminhada, vasculharam a região em vasta circunferência. Podia ser que índios se encontrassem nas proximidades. Por mais que procurassem, porém, nada indicava a presença de seres humanos...

Sossegados, deixaram a pequena "colônia inca", a fim de procurar o local para a nova cidade real. Nesse ínterim, todos haviam se entusiasmado com tal ideia. Como haviam visto até agora, nunca haveria falta de pedra, o material mais importante para construções. Disso havia montanhas inteiras. E o ouro necessário à decoração dos palácios talvez também fosse encontrado. Não havia entre eles um sequer que tivesse considerado irrealizável a construção de uma cidade nessa longínqua fronteira do império. Montanhas e rios nunca haviam significado obstáculos para os incas...

Depois de caminharem durante semanas e semanas, os homens chegaram a uma região que lhes parecia propícia aos seus planos. Apenas faltava a estrada. Uma estrada que conduzisse à estrada principal pela qual tinham vindo. A direção aproximada eles conheciam. Por conseguinte, a construção não seria difícil.

Huascar queria logo demarcar o local onde seria construída a primeira casa da nova cidade real. Por isso tirou a flecha de seu invólucro de lã, olhando em redor, à procura. Tendo achado o local apropriado, atirou a flecha. Esta cruzou o ar; contudo, não se cravou na terra, mas sim, ricocheteou numa pedra chata, coberta de vegetação.

Os homens olharam pensativamente para a pequena pedra erguida por Huascar; depois prosseguiram a sua marcha em direção ao norte, sem falar nada. Era visível que essa região não era apropriada para as suas intenções. Após uma caminhada de várias horas, atravessaram uma bela região que parecia um parque. Brotavam da terra várias nascentes de água quase quente entre as pedras. Quanto mais Huascar e os companheiros olhavam essa terra, tanto mais firme se tornava a eles a decisão de construir as estradas e domiciliarem-se no local, mesmo que o rei declarasse essa região imprópria para uma cidade real. O ar aí estava livre das sombras ameaçadoras que oprimiam a alma...

Huascar parou e deu a flecha ao arquiteto Maxixca, o qual era um descendente do povo tiahuanaco... Talvez fosse destinado a ele determinar a localização da nova cidade...

— Joga! E Maxixca arremessou. Atentos, todos seguiam com a vista a flecha, até que de repente ela sumiu completamente. Preocupados, correram todos até o lugar onde ela desapareceu. Somente depois de longa busca, encontraram-na. Tinha-se enterrado tão fundo num buraco de tatu, que mal se podia vê-la.

Huascar tomou alegremente a flecha, guardando-a de novo. O local fora achado. De acordo com a lenda, a flecha jogada outrora por Inti também se havia enterrado tão fundo no chão, que quase não se podia vê-la...

Os homens logo juntaram pedras, formando uma pequena muralha a fim de marcar o local. Assim poderiam, mais tarde, ao voltar, encontrar facilmente o lugar. Outro marco era constituído de sete palmeiras que se encontravam ali enfileiradas como se tivessem sido especialmente plantadas...

No dia seguinte puseram-se a caminho de volta, contentes.

Chegando ao acampamento, após a prolongada ausência, esperava-os uma grande surpresa. Haviam recebido "visitas". Tratava-se de uma pequena tribo de guaranis, cujos espiões haviam observado os incas desde o primeiro dia. Quando os guaranis reconheceram que se tratava de membros do "povo construtor de estradas", aproximaram-se sem receio. Supunham que os forasteiros tivessem vindo para construir novas estradas...

Um dia, logo após a partida de Huascar com o grupo de homens, os guaranis chegaram ao acampamento, pesadamente carregados. Trouxeram, como presente de boas-vindas, ovos, carne assada, nozes, frutas, vinho de frutinhas e leite de árvores para as crianças. As mulheres receberam ainda, além disso, testeiras enfeitadas com pequenas penas...

Os incas olhavam perplexos para os visitantes inesperados, que com afinco enfileiravam diante deles as cestas repletas, os vasilhames de cerâmica e os porongos, rindo a seguir alegremente, ao ver a surpresa dos forasteiros.

Entendendo rapidamente a situação, os incas riam agora também, alegres com tantos presentes... Desde o primeiro momento, gostaram dos "visitantes". De repente se tornaram conscientes de que a "terra sem limites", considerada sua até agora, era habitada. Aliás, por criaturas extraordinariamente belas.

Os incas tinham razão. Os guaranis eram pessoas grandes e bonitas. Sua pele era bronzeada e os cabelos eram pretos. O que mais chamava a atenção eram os olhos que alguns deles tinham: azuis como o céu ou verdes como as folhas...

Todos, homens, mulheres e crianças, vestiam saias de um tecido rústico, tingido de vermelho, verde ou azul, que lhes caíam até os joelhos. A parte superior do corpo dos homens era nua; as mulheres, porém, usavam em volta do busto largas tiras de tecido, ornadas com pequenas penas, como proteção contra uma espécie de insetos que de preferência se fixavam nos seios, sugando.

As mocinhas entrelaçavam flores ou coloridos cachos de sementes nas tranças longas e pretas. Os homens usavam o cabelo até a nuca. Se crescia mais, era encurtado com um pau em brasa. Todos, sem exceção, tinham testeiras. Vermelhas, azuis e verdes. As mulheres enfeitavam as suas com pequenas penas ou com uma trepadeira de flores, de modo que elas pareciam ter grinaldas nas cabeças.

O cacique tinha penas de um vermelho como fogo na sua testeira. O pássaro do qual provinham essas penas podia ser pego apenas uma vez por ano, mas não sacrificado. As penas eram-lhe então tiradas. Contudo, nunca mais do que quatro. Feito isso, ele recuperava a liberdade.

Os guaranis e os incas se gostaram muito, de modo que logo começaram com o ensino recíproco das línguas. Só assim podiam chegar a conhecer-se mais de perto.

A primeira coisa que os incas aprenderam foram as canções comoventes, cantadas pelos guaranis ao nascer e ao pôr do sol.

Anoitecia, quando Huascar e o seu grupo se aproximavam do acampamento. Eles ficaram escutando admirados quando o canto se fez ouvir. Depois viram os cantores: homens, mulheres e crianças. Mas viram também as pessoas desconhecidas cantando junto com os seus...

Esperaram até que a canção terminasse. Depois Maxixca tirou a grande flauta do invólucro de couro que sempre carregava consigo, começando a tocar. E então caminharam com acompanhamento musical até o acampamento.

A alegria do reencontro foi grande, pois os viandantes, que saíram para "construir uma cidade em pensamentos", já estavam sendo ansiosamente esperados. A presença dos guaranis foi explicada rapidamente. Huascar, bem como os outros, riram ao ouvir que diversos e grandes povos índios habitavam a aparente "terra vazia sem fronteiras" e que também continuariam senhores do país, uma vez que o rei não estava interessado na conquista de mais outros povos.

Huascar continuou com seu plano, apesar da situação alterada. Ele contou que tinham explorado uma grande região, não tendo deparado nem com seres humanos nem com quaisquer outros vestígios humanos. "Ninguém nos impedirá de construir uma cidade. Uma cidade real, que ao mesmo tempo será uma cidade fronteiriça, nessa parte do reino inca. Tudo o que necessitamos de material de construção encontramos aqui. Provavelmente também o ouro para o templo e para os palácios. O pessoal de obras e as turmas de trabalhadores poderão vir pelo mesmo caminho que também viemos..."

Huascar resolveu voltar para Cuzco, a fim de apresentar um relato exato ao rei. Se o rei concordasse com a construção da cidade, o que Huascar não duvidava, ele então logo poderia providenciar tudo o que fosse necessário...

Huascar não voltou imediatamente. Primeiro queria chegar a conhecer mais de perto os guaranis e cientificar-se a respeito dos povos radicados nessa terra...

O aprendizado da língua quíchua não ofereceu nenhuma dificuldade aos guaranis. Também os incas aprenderam rapidamente o idioma dos seus novos amigos. Depois de um ano, mais ou menos, não havia mais nenhum obstáculo à compreensão mútua.

O encontro dos incas e guaranis foi instrutivo e útil para ambas as partes. Os guaranis, da maneira mais desinteressada, fizeram com que os incas se familiarizassem com o país, ajudando-os a se ambientarem.

Os incas, por sua vez, descreveram a estrutura do seu império, das cidades, templos e palácios... Eles explicaram também aos guaranis as leis vigentes no grande reino inca, segundo as quais cada cidadão tinha de se orientar. Por fim, chegaram a falar do terremoto e da erupção vulcânica, mencionando então também a profecia a respeito dos "barbudos selvagens" com os "maléficos presentes"...

Os guaranis escutavam fascinados, embora pouco entendessem de tudo isso. Palácios e templos nada lhes significava. Faltava-lhes qualquer senso referente a poder terreno, grandeza e riqueza... Tinham mais compreensão para os dias de festividades celebrados pelos incas durante o ano e para as diversas danças sagradas de culto aí executadas...

Quando todos puderam entender-se bem, os incas, por sua vez, chegaram a conhecer muito da vida dos guaranis. Entre outras coisas, que os guaranis estavam em vias de extinção. As poucas tribos ainda existentes diminuíam cada vez mais.

— Não sabemos por que assim é! disse o cacique com perceptível melancolia na voz. Mas renasceremos aqui neste país, que desde muitas gerações é nossa pátria! acrescentou, como que consolando a si mesmo.

Nessa ocasião os guaranis também falaram da sua ansiosa esperança de encontrar o "enviado do céu" que lhes fora prometido outrora.

Os incas escutavam atentamente. Um enviado do céu! Há longos tempos um enviado das alturas havia chegado até eles, os filhos do Sol... Agora, porém... poucos, no conjunto de povos agregados que se denominavam incas, pensavam no céu ou em um enviado de lá...

À pergunta a respeito do que os guaranis esperariam de um enviado do céu, o cacique somente respondeu depois de demorada hesitação.

— Foi-nos prometido que desceria um enviado do céu, a fim de nos mostrar o caminho para guanhanhã! Isto é, o caminho para o país onde não existe nada de mal! acrescentou ele baixinho, quando os incas o olharam interrogativamente, sem compreender.

Essa resposta ninguém havia esperado. Os incas perguntavam a si mesmos, silenciosamente, se um país assim ainda existia... provavelmente queriam dizer com isso "o país sem nome"... lá onde as almas dos falecidos moram...

— Esse enviado do céu, exclamou uma mulher guarani, irá responder-nos também às três perguntas, cujas respostas ninguém conhece!

O cacique acenou concordando, dirigindo-se a seguir aos incas.

— As perguntas são: De onde? Por quê? Para onde? Sabeis vós a resposta?

Os incas olhavam pensativamente à sua frente. Finalmente um ergueu a cabeça e disse:

— Supomos que viemos do "país sem nome"! Estamos aqui na Terra para mostrar a outros povos como um ser humano tem de viver! Feito isso, voltaremos para lá de onde viemos!

Atentos e interrogativamente, os incas olhavam para o cacique. Seria suficiente a resposta para ele? Do prolongado silêncio, eles concluíram que a resposta não fora suficiente.

— Esperaremos até que o enviado do céu nos responda às três tão importantes perguntas! disse ele com seriedade. Todos concordaram. Guaranis e incas unidos esperariam a vinda do enviado.

Os incas, que se sentiam bem desde o primeiro dia, não somente nesse país, mas também entre os guaranis, haviam resolvido nunca mais voltar à sua antiga pátria; pelo contrário, edificariam aqui uma nova pátria.

Até Huascar, que voltava junto com um grupo de colaboradores para Cuzco, foi com a firme resolução de retornar o mais depressa possível. Se o rei não consentisse na construção da "cidade refúgio", ele transferiria o cargo de "arquiteto real" a outrem, voltando imediatamente com os seus para o país onde não havia sombras ameaçadoras obscurecendo a vida...

Os incas e os guaranis uniam-se cada vez mais estreitamente. Algumas mocinhas incas, destinadas desde a infância a virgens do Sol, casaram-se com moços guaranis. Em sentido contrário acontecia o mesmo. Homens incas casavam-se com moças guaranis.

Os guaranis levavam uma vantagem sobre os incas. Eles possuíam caracteres de escrita! Nem os incas, nem as culturas pré-incaicas conheciam sinais de escrita. Esse foi e continua a ser o motivo de se conhecer tão pouco dos antigos e altamente desenvolvidos povos que viveram outrora na América do Sul. Onde quer que os arqueólogos cavassem, em outros lugares, sempre encontravam sinais de escrita que os ajudavam a progredir em suas explorações.

Alguns meses depois da saída de Huascar, os incas e guaranis desmontaram o acampamento. Transferiram-se para uma região mais adiante, especialmente apropriada para a construção de uma aldeia. Para que Huascar, depois na volta, pudesse encontrar sem demora o caminho para a nova "aldeia", eles colocaram indicadores nitidamente visíveis em todo o percurso...

Huascar e os companheiros de viagem chegaram a Cuzco alegres e bem animados. Todos os seus planos pareciam realizar-se, pois o rei logo concordou em construir outra cidade real.

— Uma viagem faria bem para mim! disse o rei em voz baixa. A vida em Cuzco torna-se cada dia mais opressiva... e mais indigna. As sombras ameaçadoras estendidas sobre nós parecem ampliar-se cada vez mais. Também da cidade de Tumpitz recebi hoje notícias alarmantes...

O rei estava preocupado com razão. Cultos pré-incaicos e cruéis ressurgiam entre os povos agregados. Sacrifícios sangrentos eram feitos clandestinamente, pois os ídolos com cabeças de serpentes e de aves exigiam "sacrifícios vivos"... Mais perigoso do que todo o restante, porém, era a crescente toxicomania... Contra os estados indefiníveis de medo, que tanto os nobres como os membros comuns do povo sofriam, não havia nenhum remédio... Única e exclusivamente a "erva dos deuses" (arbusto de coca) estava trazendo uma libertação passageira...

Huascar e todos os que junto com ele estiveram na "terra sem fronteiras" tinham o ansioso desejo de voltar para lá o mais depressa possível. Mas o desejo deles não se realizou tão depressa, pois o rei convidou Huascar para acompanhá-lo numa viagem.

— Viajaremos para uma lagoa formada por uma cratera nas montanhas. Sua profundidade até agora não pôde ser verificada.

— Para uma lagoa formada por uma cratera? perguntou Huascar surpreso.

— Eu quero pôr a salvo um tesouro todo especial! disse o rei melancolicamente. São uma taça e uma corrente de ouro. A corrente é tão comprida que dá para circundar a cidade de Cuzco.

Como Huascar ainda não entendesse, o rei explicou-lhe que mergulharia esse tesouro, a fim de que não caísse nas mãos dos selvagens barbudos. E assim aconteceu. O rei e Huascar viajaram até o lago, afundando ali o pesado tesouro*.

Enquanto Huascar viajava, os seus colaboradores já estavam organizando turmas de operários, preparando ferramentas e escolhendo moços que deveriam executar o serviço de estafetas entre o "rio das aves brancas" e Cuzco. Mulheres e crianças, que viajariam junto também, já se preparavam com afinco para a viagem ao país desconhecido.

A viagem até o lago foi fatal para Huascar. No caminho de volta, uma das temidas moscas andinas, cujo veneno desintegrava o sangue, picou-o. Os médicos ainda não possuíam um antídoto seguro contra esse veneno mortífero.

A morte de Huascar veio para todos totalmente inesperada. Seus colaboradores, arquitetos, geólogos, engenheiros e especialistas em dutos de água, estavam dispostos a realizar os planos dele referentes à nova capital; contudo o rei não estava de acordo. O falecimento do seu primeiro e mais inteligente arquiteto era para ele uma prova de que não havia em parte alguma um refúgio para um filho do Sol...

Um ano depois da morte de Huascar, um grupo de pessoas – cerca de quarenta, entre homens, mulheres e algumas crianças – seguiu pelo caminho que conduzia para as pacíficas florestas nas beiras do "rio das aves brancas". Eram os companheiros de Huascar, que juntamente com ele haviam explorado o país desconhecido, a fim de determinar o local para a nova cidade real. Dessa vez eles foram com as famílias, pois não tinham a intenção de voltar para o reino inca. Antes de iniciar a viagem, eles escolheram por unanimidade Maxixca como chefe.

Maxixca, caminhando à frente de todos, tinha às vezes a sensação de como se algum outro caminhasse à sua frente... Numa ladeira íngreme ele até viu uma figura como que envolta em neblina...

---

* Franz Braumann menciona em seu livro *Sonnenreich des Inka* que uma comprida corrente de ouro do tesouro inca foi afundada certa noite no lago de "Urcos". É um lago formado por uma cratera de origem vulcânica, cujas beiradas descem verticalmente para a profundeza.

Imprecisa, aliás; contudo, era uma figura humana... No mesmo momento lembrou-se de Huascar...

"É ele!" pensou consigo mesmo... "Ele é nosso chefe dessa vez também... Eu apenas preciso segui-lo..."

Os viajantes chegaram bem ao "rio das aves brancas". Ali foram recebidos por dois jovens guaranis que lhes declararam, em língua quíchua, terem vindo a fim de acompanhar os recém-chegados da grande cidade inca, Cuzco, para a nova aldeia situada a distância. Logo depois acrescentaram que na sua tribo vivia uma mulher "visitada pelos espíritos".

— Um desses espíritos – foi o próprio Huascar – informou-a da vossa vinda! Por isso estamos aqui!

Maxixca estava satisfeito com tal explicação. Nem ele nem os outros fizeram perguntas desnecessárias; ao contrário, seguiram alegremente os dois guias.

Também esse segundo grupo vindo de Cuzco e habitantes de palácios familiarizou-se logo com a nova pátria. Eram gratos por terem escapado daquela cidade.

Tal como os outros, sentiram-se logo atraídos pelos guaranis. Cada um deles tinha a impressão de já se conhecerem há muito tempo... aliás, de uma época muito remota...

Os incas e guaranis, em determinados intervalos durante suas vidas, caminhavam até fontes quentes e mais além, até o lugar onde outrora a flecha do Sol se havia enterrado na terra. Geralmente acampavam ali durante algumas semanas, explorando a vasta planície. Ao anoitecer todos se juntavam, reunindo-se em volta das fogueiras.

Numa dessas ocasiões aconteceu que a mulher "visitada pelos espíritos" se acomodou ao lado da fogueira onde estavam sentados Maxixca e todos os homens que anos atrás haviam saído com Huascar a fim de procurar o local para a outra cidade real. Alegres e atentos, olhavam todos para a mulher, que muitas vezes já lhes havia dado bons conselhos.

— Quando Huascar e os outros chegaram até nós, começou a mulher, e quando chegamos ao ponto de conseguirmos nos

237

entender, soubemos que Huascar queria construir aqui uma outra cidade real. Nós, os guaranis, não compreendíamos o que ele queria dizer com isso... Os espíritos que me procuram viam nossa ignorância, ajudando-nos... Eles me ensinavam, mostrando-me vossas edificações de pedra com as paredes de ouro... Agora posso dizer-vos: o desejo de Huascar realizar-se-á... Pois vejo muitos edifícios de pedra aqui e vós estais no meio disso... Os homens olhavam perplexos e duvidando.

— Somos muito poucos para construir uma cidade! disse Maxixca depois de prolongado silêncio. Os planos, sim, nós todos os temos na cabeça! Transformá-los em pedra não mais podemos.

A mulher baixou a cabeça. Como eram ignorantes essas pessoas. A inteligência delas não alcançava além da Terra...

— Morremos na Terra e voltamos para a Terra! disse ela hesitantemente. Nós todos morreremos neste país e novamente aqui viveremos!

Depois dessas palavras, ela levantou-se, afastando-se lentamente.

Eles entreolharam-se perplexos. A fala da mulher tinha sido tão enigmática, que nada haviam entendido.

— Ela se refere à reencarnação, na qual os nossos antepassados também acreditavam! disse um dos homens pensativamente. Não somente à reencarnação dos reis, mas de todas as criaturas humanas.

— A mulher quer dizer, então, que numa próxima vida terrenal nós construiremos essa cidade? perguntou Maxixca duvidando.

— Teremos até esquecido todos os nossos planos! intercalou um outro, lamentando. Mais, não se falou sobre esse assunto.

Nenhum dos que estavam sentados em volta da fogueira, pensando com dúvidas nas palavras da "mulher visitada pelos espíritos", pressentia que eles todos, numa época posterior, voltariam à Terra e se encontrariam de novo a fim de trabalhar juntos na construção da cidade que eles mesmos haviam planejado há cerca de quinhentos anos...

Como esclarecimento seja dito aqui: planos e desejos que se gravam profundamente na alma permanecem presos nela firmemente, também depois da morte. Pois a alma não se modifica com a morte do corpo terreno. Numa encarnação posterior, somente o corpo terreno é outro! A alma que nele vive permanece a mesma! Tudo o que se gravou na alma e outras coisas ainda nela aderentes irão manifestar-se numa reencarnação, a partir de determinado momento, transmitindo os seus impulsos para o cérebro do novo corpo terreno. A espécie dos impulsos refletirá exatamente o estado da alma da respectiva pessoa! Encerram força anímica, podendo ser bons e construtivos ou maus e destrutivos! Nada fica oculto na alma. Tudo o que ela traz dentro de si será impulsionado com absoluta certeza numa próxima vida terrenal para a efetivação, isto é, para a ação.

Os leitores que não conhecem a doutrina de reencarnação, ou que a conhecem mas a recusam, não poderão compreender as conexões entre outrora e hoje. Diferente é com os leitores da Mensagem do Graal de Abdruschin, "Na Luz da Verdade". Eles não terão nenhuma dificuldade a tal respeito! Pois sabem que na reencarnação se expressam a justiça, o amor e a graça do todo-poderoso Criador! E sabem também que sem reencarnação não existe nenhum desenvolvimento humano e nenhum progresso espiritual!...

Os incas que queriam construir em Goiás uma outra cidade real estão agora encarnados aqui no Brasil! Dessa vez eles puderam realizar os seus planos! Construíram uma cidade magnificamente planejada! Brasília! O saber que eles, como "edificadores incas" (assim eram chamados os arquitetos no império inca), haviam adquirido surgiu novamente!

Os guaranis que se encontraram com os incas em Goiás reencarnaram-se novamente no Brasil no decorrer dos últimos séculos. A sua participação era de importância decisiva para a construção de Brasília. Para melhor compreensão seguem aqui os nomes de algumas personalidades pertencentes outrora ao povo guarani:

Francisco Tossi foi um deles! José Bonifácio de Andrada e Silva e Getúlio Vargas também fizeram parte outrora dos guaranis espiritualmente bem desenvolvidos! Poderia citar-se ainda muitos outros ligados de algum modo à construção da capital do país em Goiás...

Juscelino Kubitschek não pertencia ao povo dos guaranis. Ele era um inca com o título de "guardador de remédios". Quando o terremoto abalou a região do lago Titicaca, o palácio dele também ruiu. Ele fazia parte daqueles que depois do terremoto viajaram para a "terra sem fronteiras". Contudo, não foi a perda do seu palácio que o motivou a participar da viagem ao desconhecido. Ele viu no terremoto mais outro sinistro presságio de desgraça vindoura...

Um "guardador de remédios" era um médico. Entre os incas havia dois grupos distintos de médicos. Um grupo apenas executava operações. O segundo grupo dedicava-se à cura das demais doenças.

Muitos leitores perguntarão: por que justamente os incas de outrora tiveram que construir a capital do Brasil? E por que a região erma de Goiás foi escolhida para tal empreendimento?

Os arquitetos incas de outrora possuíam todas as condições preliminares necessárias para a construção de uma cidade como Brasília! Os incas eram, entre todos os povos da Terra, os únicos que não temiam distâncias e que faziam surgir cidades do nada. Eles lançavam pontes feitas de algumas cordas de fibras de agave sobre desfiladeiros nos Andes, em cujas profundezas estrondeavam rios turbulentos. Para os incas não havia impedimentos! Apesar dos seus palácios cheios de ouro, de jardins de ouro e da sua "sagrada ilha de rocha", pavimentada com ouro, no lago Titicaca, eles continuaram pioneiros até o seu fim terrível...

Por que foi escolhida a solidão de Goiás?

Na realidade, o local não foi escolhido por ninguém. Foi determinado para isso por forças superiores... por sábia previdência de futuros acontecimentos!

O Brasil é um país escolhido! Escolhido para ser um centro de poder espiritual! Uma ancoragem da Luz da Verdade, cujas irradiações encerram auxílio e salvação!

Um país escolhido encontra-se sob proteção especial! Já de antemão foram determinadas as regiões especialmente apropriadas para abrigar seres humanos. Havendo zonas de perigo em alguma parte, os grandes tutores do país advertirão a tempo as criaturas humanas aí radicadas, conduzindo-as para fora. Naturalmente apenas pessoas que ainda tragam dentro de si um espírito vivo! Todos os demais sempre serão surdos a qualquer advertência.

O Rio de Janeiro é uma das muitas cidades portuárias que muito sofrerão com as vindouras grandes modificações na superfície terrestre. Ou será inundada parcialmente ou desaparecerá totalmente, como está previsto para muitas outras.

O ser humano devia conscientizar-se do seguinte:

"Atrás de cada acontecimento está uma vontade superior! Uma sábia previsão e uma condução firme! Não existem acasos."

Abençoado Brasil! Que as criaturas humanas que aqui vivem sempre se desenvolvam de tal modo, que não percam o privilégio de poder viver num país que foi escolhido outrora.

Ainda quero acrescentar que hoje vivem no Brasil muitas pessoas que numa vida anterior foram incas, guaranis ou membros de antigas culturas sul-americanas.

No Peru, o antigo império inca, vivem hoje muitos que há quinhentos anos vieram ao país como conquistadores, lançando-se sobre o ouro com mãos cobiçosas. Também todos os que chegaram juntamente com os conquistadores, impondo ao povo uma religião a ele incompreensível, lá estão hoje encarnados para colherem os frutos da sua sinistra semeadura.

Os incas conduzidos outrora para Goiás, a fim de se familiarizarem com o país, nada deixaram. Não construíram casas de pedra, nem figuras de pedra ou algo similar. Eles, bem como a tribo de guaranis com a qual se uniram, extinguiram-se após poucas gerações. Contudo, os arqueólogos poderiam fazer muitos achados interessantes e elucidativos no Brasil.

ESCLARECIMENTO

Com relação aos incas mencionados neste livro, deve-se entender o grande conjunto de povos que no decorrer dos séculos uniram-se à pequena estirpe dos verdadeiros incas, constituindo o grande reino inca, que se estendia desde a Colômbia até o Chile e Argentina.

Existiam, aliás, várias tribos que devido à grande admiração que nutriam pelos incas também se denominavam incas, confundindo personagens, acontecimentos e datas referentes aos seus antepassados com os dos verdadeiros incas. As tribos que se agregaram aos incas passaram para a História com a denominação incas, mesmo porque entre essas tribos permaneceram alguns poucos remanescentes incas, os quais se mesclaram a esses povos, contribuindo esse acontecimento para que os citados povos agregados recebessem a denominação genérica incas.

Deve-se ressaltar, porém, que a verdadeira estirpe inca, na sua quase totalidade, desapareceu por ocasião da invasão espanhola.

Os relatos deste livro referem-se a esse conjunto de povos e não àqueles incas, propriamente ditos, que sempre permaneceram um povo relativamente pequeno, mas de grandes ideais, e cuja verdadeira história está narrada em "A VERDADE SOBRE OS INCAS" da mesma autora, Roselis von Sass.

ÍNDICE

INTRODUÇÃO 9

DA HISTÓRIA DOS ANTIGOS POVOS DO BRASIL 11

A ORIGEM DOS GUARANIS 49

A MITOLOGIA DOS POVOS ANTIGOS DO BRASIL! 74

ALGUNS PORMENORES SOBRE O DESCOBRIMENTO
DO BRASIL 87

DONA LEOPOLDINA, PRIMEIRA IMPERATRIZ DO BRASIL
   Primeira Parte 93
   Segunda Parte 121

D. PEDRO I 161

JOSÉ BONIFÁCIO DE ANDRADA E SILVA 188

CARLOTA JOAQUINA 205

O PRÍNCIPE DE METTERNICH 212

BRASÍLIA! CIDADE SEM LIMITES! 220

ESCLARECIMENTO 242

AO LEITOR

A Ordem do Graal na Terra é uma entidade criada com a finalidade de difusão, estudo e prática dos elevados princípios da Mensagem do Graal de Abdruschin "NA LUZ DA VERDADE", e congrega aquelas pessoas que se interessam pelo conteúdo das obras que edita. Não se trata, portanto, de uma simples editora de livros.

Se o leitor desejar uma maior aproximação com aqueles que já pertencem à Ordem do Graal na Terra, em vários pontos do Brasil, poderá dirigir-se aos seguintes endereços:

Por carta:
ORDEM DO GRAAL NA TERRA
Caixa Postal 128
CEP 06803-971 – EMBU – SP – BRASIL
Tel/Fax: (11) 4781-0006

Pessoalmente:
Av. São Luiz, 192 – Loja 14 – (Galeria Louvre)
Consolação
Tel.: (11) 3259-7646
SÃO PAULO – SP

Internet:
www.graal.org.br
graal@graal.org.br

NA LUZ DA VERDADE
Mensagem do Graal de Abdruschin

Obra editada em três volumes, contém esclarecimentos a respeito da existência do ser humano, mostrando qual o caminho que deve percorrer a fim de encontrar a razão de ser de sua existência e desenvolver todas as suas capacitações.

Seguem-se alguns assuntos contidos nesta obra: O reconhecimento de Deus • O mistério do nascimento • Intuição • A criança • Sexo • Natal • A imaculada concepção e o nascimento do Filho de Deus • Bens terrenos • Espiritismo • O matrimônio • Astrologia • A morte • Aprendizado do ocultismo, alimentação de carne ou alimentação vegetal • Deuses, Olimpo, Valhala • Milagres • O Santo Graal.

OS DEZ MANDAMENTOS E O PAI NOSSO
Explicados por Abdruschin

Amplo e revelador! Este livro apresenta uma análise profunda dos Mandamentos recebidos por Moisés, mostrando sua verdadeira essência e esclarecendo seus valores perenes.

Ainda neste livro compreende-se toda a grandeza de "O Pai Nosso", legado de Jesus à humanidade. Com os esclarecimentos de Abdruschin, esta oração tão conhecida pode de novo ser sentida plenamente pelos seres humanos.

ISBN 85-7279-058-6 • 80 p.

– *Também em edição de bolso*

RESPOSTAS A PERGUNTAS
de Abdruschin

Coletânea de perguntas respondidas por Abdruschin no período de 1924-1937, que esclarecem questões enigmáticas da atualidade: Doações por vaidade • Responsabilidade dos juízes • Frequência às igrejas • Existe uma "providência"? • Que é Verdade? • Morte natural e morte violenta • Milagres de Jesus • Pesquisa do câncer • Ressurreição em carne é possível? • Complexos de inferioridade • Olhos de raios X.

ISBN 85-7279-024-1 • 174 p.

ALICERCES DE VIDA
de Abdruschim

"Alicerces de Vida" reúne pensamentos extraídos da obra "Na Luz da Verdade", de Abdruschin. O significado da existência é tema que permeia a obra. Esta edição traz a seleção de diversos trechos significativos, reflexões filosóficas apresentando fundamentos interessantes sobre as buscas do ser humano.

Edição de bolso • ISBN 85-7279-086-1 • 192 p.

Obras de Roselis von Sass, editadas pela
ORDEM DO GRAAL NA TERRA

A GRANDE PIRÂMIDE REVELA SEU SEGREDO

Revelações surpreendentes sobre o significado dessa Pirâmide, única no gênero. O sarcófago aberto, o construtor da Pirâmide, os sábios da Caldeia, os 40 anos levados na construção, os papiros perdidos, a Esfinge e muito mais... são encontrados em "A Grande Pirâmide Revela seu Segredo".

Uma narrativa cativante que transporta o leitor para uma época longínqua em que predominavam o amor puro, a sabedoria e a alegria.

ISBN 85-7279-044-6 • 368 p.

A VERDADE SOBRE OS INCAS

O povo do Sol, do ouro e de surpreendentes obras de arte e arquitetura. Como puderam construir incríveis estradas e mesmo cidades em regiões tão inacessíveis?

Um maravilhoso reino que se estendia da Colômbia ao Chile.

Roselis von Sass revela os detalhes da invasão espanhola e da construção de Machu-Picchu, os amplos conhecimentos médicos, os mandamentos de vida dos Incas e muito mais.

ISBN 85-7279-053-5 • 288 p.

REVELAÇÕES INÉDITAS DA HISTÓRIA DO BRASIL

Através de um olhar retrospectivo e sensível a autora narra os acontecimentos da época da Independência do Brasil, relatando traços de personalidade e fatos inéditos sobre os principais personagens da nossa História, como a Imperatriz Leopoldina, os irmãos Andradas, Dom Pedro I, Carlota Joaquina, a Marquesa de Santos, Metternich da Áustria e outros...

Descubra ainda a origem dos guaranis e dos tupanos, e os motivos que levaram à escolha de Brasília como capital, ainda antes do Descobrimento do Brasil.

ISBN 978-85-7279-112-0 • 256 p.

FIOS DO DESTINO DETERMINAM A VIDA HUMANA

Amor, felicidade, inimizades, sofrimentos!... Que mistério fascinante cerca os relacionamentos humanos! Em narrativas surpreendentes a autora mostra como as escolhas presentes são capazes de determinar o futuro. O leitor descobrirá também como novos caminhos podem corrigir falhas do passado, forjando um futuro melhor.

Edição de bolso • ISBN 978-85-7279-092-5 • 304 p

O LIVRO DO JUÍZO FINAL

Uma verdadeira enciclopédia do espírito, onde o leitor encontrará um mundo repleto de novos conhecimentos. Profecias, o enigma das doenças e dos sofrimentos, a morte terrena e a vida no Além, a 3ª Mensagem de Fátima, os chamados "deuses" da Antiguidade, o Filho do Homem e muito mais...

ISBN 85-7279-049-7 • 384 p.

ATLÂNTIDA. Princípio e Fim da Grande Tragédia

Atlântida, a enorme ilha de incrível beleza e natureza rica, desapareceu da face da Terra em um dia e uma noite...

Roselis von Sass descreve os últimos 50 anos da história desse maravilhoso país, citado por Platão, e as advertências ao povo para que mudassem para outras regiões.

ISBN 85-7279-036-5 • 176 p

A DESCONHECIDA BABILÔNIA

A desconhecida Babilônia, de um lado tão encantadora, do outro ameaçada pelo culto de Baal.

Entre nesse cenário e aprecie uma das cidades mais significativas da Antiguidade, conhecida por seus Jardins Suspensos, pela Torre de Babel e por um povo ímpar – os sumerianos – fortes no espírito, grandes na cultura.

ISBN 85-7279-063-2 • 304 p.

O NASCIMENTO DA TERRA

Qual a origem da Terra e como se formou?

Roselis von Sass descreve com sensibilidade e riqueza de detalhes o trabalho minucioso e incansável dos seres da natureza na preparação do planeta para a chegada dos seres humanos.

ISBN 85-7279-047-0 • 176 p.

ÁFRICA E SEUS MISTÉRIOS

"África para os africanos!" é o que um grupo de pessoas de diversas cores e origens buscava pouco tempo após o Congo Belga deixar de ser colônia. Queriam promover a paz e auxiliar seu próximo.

Um romance emocionante e cheio de ação. Deixe os costumes e tradições africanas invadirem o seu imaginário! Surpreenda-se com a sensibilidade da autora ao retratar a alma africana!

ISBN 85-7279-057-8 • 336 p.

SABÁ, O PAÍS DAS MIL FRAGRÂNCIAS

Feliz Arábia! Feliz Sabá! Sabá de Biltis, a famosa rainha que desperta o interesse de pesquisadores da atualidade. Sabá dos valiosos papiros com os ensinamentos dos antigos "sábios da Caldeia". Da famosa viagem da rainha de Sabá, em visita ao célebre rei judeu, Salomão.

Em uma narrativa atraente e romanceada, a autora traz de volta os perfumes de Sabá, a terra da mirra, do bálsamo e do incenso, o "país do aroma dourado"!

ISBN 85-7279-066-7 • 416 p.

OS PRIMEIROS SERES HUMANOS

Conheça relatos inéditos sobre os primeiros seres humanos que habitaram a Terra e descubra sua origem.

Uma abordagem interessante sobre como surgiram e como eram os berços da humanidade e a condução das diferentes raças.

Roselis von Sass esclarece enigmas... o homem de Neanderthal, o porquê das Eras Glaciais e muito mais...

ISBN 85-7279-055-1 • 160 p.

TEMPO DE APRENDIZADO

"Tempo de Aprendizado" traz frases e pequenas narrativas sobre a vida, o cotidiano e o poder do ser humano em determinar seu futuro. Fala sobre a relação do ser humano com o mundo que está ao redor, com seus semelhantes e com a natureza. Não há receitas para o bem-viver, mas algumas narrativas interessantes e pinceladas de reflexão que convidam a entrar em um novo tempo. Tempo de Aprendizado.

Capa dura • ISBN 85-7279-085-3 • 112 p.

PROFECIAS E OUTRAS REVELAÇÕES

Esta publicação tem o objetivo de destacar a importância e significado de algumas profecias e outros temas, assim como levar o leitor a reflexões sobre a urgência da época presente e sua atuação como agente transformador. – *Extraído de "O Livro do Juízo Final".*

Edição de bolso • ISBN 85-7279-088-8 • 176 p.

LEOPOLDINA. Uma vida pela Independência

Pouco se fala nos registros históricos sobre a brilhante atuação da primeira imperatriz brasileira na política do país. Roselis von Sass mostra os fatos que antecederam a Independência e culminaram com a emancipação política do Brasil, sob o olhar abrangente de Leopoldina. – *Extraído do livro "Revelações Inéditas da História do Brasil".*

Edição de bolso • ISBN 978-85-7279-111-3 • 144 p.

Obras da Coleção
O MUNDO DO GRAAL

JESUS – O AMOR DE DEUS

Um novo Jesus, desconhecido da humanidade, é desvendado. Sua infância... sua vida marcada por ensinamentos, vivências, sofrimentos... Os caminhos de João Batista também são focados.

"Jesus – o Amor de Deus" – um livro fascinante sobre aquele que veio como Portador da Verdade na Terra!

ISBN 85-7279-064-0 • 400 p.

OS APÓSTOLOS DE JESUS

"Os Apóstolos de Jesus" desvenda a atuação daqueles seres humanos que tiveram o privilégio de conviver com Cristo, dando ao leitor uma imagem inédita e real!

ISBN 85-7279-071-3 • 256 p.

ÉFESO

A vida na Terra há milhares de anos. A evolução dos seres humanos que sintonizados com as leis da natureza eram donos de uma rara sensibilidade, hoje chamada "sexto sentido".

ISBN 85-7279-006-3 • 232 p.

ASPECTOS DO ANTIGO EGITO

O Egito ressurge diante dos olhos do leitor trazendo de volta nomes que o mundo não esqueceu – Tutancâmon, Ramsés, Moisés, Akhenaton e Nefertiti.

Reviva a história desses grandes personagens, conhecendo suas conquistas, seus sofrimentos e alegrias, na evolução de seus espíritos.

ISBN 85-7279-076-4 • 288 p.

BUDDHA

Os grandes ensinamentos de Buddha que ficaram perdidos no tempo... O livro traz à tona questões fundamentais sobre a existência do ser humano, o porquê dos sofrimentos, e também esclarece o Nirvana e a reencarnação.

ISBN 85-7279-072-1 • 352 p

LAO-TSE

Conheça a trajetória do grande sábio que marcou uma época toda especial na China.

Acompanhe a sua peregrinação pelo país na busca de constante aprendizado, a vida nos antigos mosteiros do Tibete, e sua consagração como superior dos lamas e guia espiritual de toda a China.

ISBN 85-7279-065-9 • 304 p.

ZOROASTER

A vida empolgante do profeta iraniano, Zoroaster, o preparador do caminho Daquele que viria, e posteriormente Zorotushtra, o conservador do caminho. Neste livro são narrados de maneira especial suas viagens e os meios empregados para tornar seu saber acessível ao povo.

ISBN 85-7279-083-7 • 288 p

MARIA MADALENA

Maria Madalena é personagem que provoca curiosidade, admiração e polêmica! Símbolo de liderança feminina, essa mulher de rara beleza foi especialmente tocada pelas palavras de João Batista e partiu, então, em busca de uma vida mais profunda.

Maria Madalena foi testemunha da ressurreição de Cristo, sendo a escolhida para dar a notícia aos apóstolos. *– Extraído do livro "Os Apóstolos de Jesus".*

Edição de bolso • ISBN 85-7279-084-5 • 160 p.

JESUS – FATOS DESCONHECIDOS

Independentemente de religião ou misticismo, o legado de Jesus chama a atenção de leigos e estudiosos.

"Jesus – Fatos Desconhecidos" traz dois relatos reais de sua vida que resgatam a verdadeira personalidade e atuação do Mestre, desmistificando dogmas e incompreensões nas interpretações criadas por mãos humanas ao longo da História. – *Extraído do livro "Jesus – o Amor de Deus".*

Edição de bolso • ISBN 978-85-7279-089-5 • 194 p.

A VIDA DE MOISÉS

A narrativa envolvente traz de volta o caminho percorrido por Moisés desde seu nascimento até o cumprimento de sua missão: libertar o povo israelita da escravidão egípcia e transmitir os Mandamentos de Deus.

Com um novo olhar acompanhe os passos de Moisés em sua busca pela Verdade e liberdade. – *Extraído do livro "Aspectos do Antigo Egito".*

Edição de bolso • ISBN 85-7279-074-8 • 160 p.

REFLEXÕES SOBRE TEMAS BÍBLICOS

de Fernando José Marques

Neste livro, trechos como a missão de Jesus, a virgindade de Maria de Nazaré, Apocalipse, a missão dos Reis Magos, pecados e resgate de culpas são interpretados sob nova dimensão.

Obra singular para os que buscam as conexões perdidas no tempo!

Edição de bolso • ISBN 85-7279-078-0 • 176 p.

QUEM PROTEGE AS CRIANÇAS?

Texto: Antonio Ricardo Cardoso

Ilustrações: Maria de Fátima Seehagen e Edson J. Gonçalez

Qual o encanto e o mistério que envolve o mundo infantil? Entre versos e ilustrações, o mundo invisível dos guardiões das crianças é revelado, resgatando o conhecimento das antigas tradições que ficaram perdidas no tempo.

Capa dura • ISBN 85-7279-081-0 • 24 p.

JESUS ENSINA AS LEIS DA CRIAÇÃO
de Roberto C. P. Junior

Em "Jesus Ensina as Leis da Criação", Roberto C. P. Junior discorre sobre a abrangência das parábolas e das leis da Criação de forma independente e lógica. Com isso, leva o leitor a uma análise desvinculada de dogmas. O livro destaca passagens históricas, sendo ainda enriquecido por citações de teólogos, cientistas e filósofos.

ISBN 85-7279-087-X • 240 p.

O FILHO DO HOMEM NA TERRA – Profecias sobre sua vinda e missão
de Roberto C. P. Junior

Profecias relacionadas à época do Juízo Final descrevem, com coerência e clareza, a vinda de um emissário de Deus, imbuído da missão de desencadear o Juízo e esclarecer à humanidade, perdida em seus erros, as Leis que governam a Criação.

Por meio de uma pesquisa detalhada, que abrange profecias bíblicas e extrabíblicas, Roberto C. P. Junior aborda fatos relevantes das antigas tradições sobre o Juízo Final e a vinda do Filho do Homem.

Edição de bolso • ISBN 85-7279-094-9 • 288 p.

Correspondência e pedidos:
ORDEM DO GRAAL NA TERRA
Caixa Postal 128
CEP 06803-971 – EMBU – SP – BRASIL
Tel./Fax: (11) 4781-0006
www.graal.org.br – e-mail: graal@graal.org.br